我們為何走向極端？

團體迷思下的
菁英操弄、放棄理性、
自由消亡

Jerome Booth
傑榮・布斯——著　張簡守展——譯

Have We All Gone Mad?

Why
groupthink is rising
and how to stop it

目次

＊編按：本書注釋分為兩種。以阿拉伯數字標記者，為引用書目，統一整理於書末。以數字加圈（例：①、②、③）標注者，為作者注與編輯注，編注會另行標明，以示區分。

前言

本書談論一種大規模的集體道德思考：團體迷思（groupthink）。書中將探討新科技帶來的衝擊，不僅人際溝通，連我們的思考方式和自我認同、對彼此的寬容態度乃至政治，都深受影響。文中極力爲理性、科學和歷史辯護，並敲響一記警鐘，呼籲大家挺身保護自由民主。早在新冠肺炎疫情爆發和封城前，這個世界似乎就已日漸失去理智、陷入焦慮，人們的精神狀況不斷惡化。在這之前，世界普遍處於和平狀態，而且全球人口健康、福祉和經濟都已明顯改善，在此情況下走到如今這種窘境，可說是非比尋常。回顧我至今的人生，全球不平等的現象已大幅減少，農業技術足以因應全球的人口成長前景，以少於目前的土地供應充足的糧食。

面對一連串危機，我們的事前準備顯得左支右絀，而當危機眞正降臨，我們又總是無法妥善處理。原因何在？我們的政治似乎有部分功能失調，與選民之間少了互動。政治菁英和媒體有時彷彿活在自己的泡泡中，與代表大多數人的輿論斷了聯繫。

難不成這世界瘋了？我們能否從現況中梳理出模式和原因，試圖阻止一切失控？

爲何防疫政策沒有考慮到封城可能造成的不良影響？爲何二〇〇八年爆發金融危機，而且未來還有可能重蹈覆轍？近年來爲何湧現政治正確的浪潮？淨零排放是明智的嗎？而我們負擔得起代價嗎？爲何人們對民主的理想破滅？

我寫這本書是想試圖解釋目前發生的事。我認爲，綜觀以上問題和近期的其他疑慮，我們始終未能看見令人滿意的回應，而從回應中至少可發現一個普遍情況。大規模團體迷思逐漸蔚爲趨勢。我主張，目前社會上的混亂與不滿日益惡化（包括許多人對政治菁英和主流媒體提出的想法和詮釋感到疏離），若能借助我們對心理學的認知，輔以部分後現代的惡意迷因（這裡是指深植人心、像認知病毒般在社會中自我複製的那些觀點），最能釐清頭緒。此外，近年來通訊科技的變遷（尤其網際網路和社群媒體）已對人際溝通及互動造成深遠影響。舉凡我們的人脈和社群、身分認同、歸屬的群體、價值觀和道德體系，以及對他人的包容，無不受到影響。不僅我們源自石器時代的腦袋尚未適應這一切，我們的社會和政治系統也跟不上變化的腳步。

大腦演化比科技進步的速度更慢，早已不是新聞；大環境錯綜複雜，我們必須仰賴思考捷徑來理解龐雜的事務，也不是新鮮事。不只是行爲規範，包括標準思考模式、概念聯想和是非觀念，都是思考捷徑。思考捷徑相當常見，無可避免，而且極其實用，但也可能使我們陷入困境。如果每個人的想法和價值觀不同，思考捷徑可能會遭遇有意義的挑戰；若所有人都抱持相同想法和價值觀，便可能形成「集體不理性」（collective irrationality）。面對環境中極爲顯著的變遷時，假若我們固守共同想法和思考途徑，可能會感覺失望透頂。要是這些思考捷徑因任何原因而快速改變，我們也可能深感難以應對。然而，瞬息萬變的人際關係和互動，都是形塑思考捷徑的因素，在此前提下，如果這些變化不是隨機發生，而是有人爲了利益或掌權而刻意操控，狀況就會格外令人擔憂。

在集體不理性的多種形式中，團體迷思尤其危險。只要一套部分或完全錯誤的理念未能受到有效質疑，而持續存在於世，這種現象就會發生。團體迷思會不斷壯大，而深陷其中的當事人往往毫無察覺。最糟糕的是，團體迷思成了二元的道德競技場，善惡對立，非白即黑；要不全心全意相信，就是非我族類，沒有質疑的餘地。違抗者可能遭受欺凌、排擠、懲罰，深信不疑者則使出渾身解數，阻止任何挑戰或辯論。

不管有意或無意，迴避批評及拒絕多方思考是滋生嚴重錯誤的溫床，歷史上相關實例俯拾皆是。美國心理學家歐文·賈尼斯（Irving Janis）廣爲宣傳團體迷思一詞，刻意和喬治·歐威爾（George Orwell）的「雙重思考」（doublethink）①相互呼應，並用以解釋甘迺迪（John F. Kennedy）內閣欠缺批判性的思考模式，終而釀成一九六一年美國意圖入侵古巴失敗一事，此即眾人皆知的豬玀灣事件（Bay of Pigs disaster）[1]。研擬軍事策略時，他們並未充分留意計畫缺失，也未思考其他替代方案。討論只聚焦於沒有爭議的決定因素。內閣以爲，總統支持入侵行動，沒人公開挑戰決策的整體思維，僅質疑其中的細節是否合理。後來，甘迺迪坦承計畫的確有所疏失，並採取因應措施以防日後復蹈前轍。一九六二年發生古巴飛彈危機，世界似乎就要爆發核戰，所幸前一年的教訓成功轉化爲改進的養分。面對蘇聯在古巴部署核武，將軍事威脅推進到美國外海，甘迺迪召集團隊研討各種因應策略。他與團隊刻意保持距離，以免個人的初步觀點影響團隊判斷。過程中，政策歷經激烈的辯論攻防，團隊也嚴肅思考各種選項。有別於豬玀灣事件的慘痛經驗，這次美國政府做出正確抉擇，獲得成功結果。

從那之後，賈尼斯提出的團體迷思概念備受管理顧問青睞，應用於指導企業董事會做出更完善的決策。他指出團體迷思的八個表徵：

（一）表面上看似無懈可擊；

（二）集體合理化；

（三）對群體道德深信不疑；

（四）認定異議者刻意與群體對立，且道德意志薄弱或心術不正；

（五）對群體中的意見不同者施壓，逼迫其合群或離開；

（六）自我審查；

①編注：喬治．歐威爾在《一九八四》中提及兩個新詞：「新語」（Newspeak）、雙重思考（doublethink）。此處雙重思考意指一個人同時接受兩種相互矛盾的觀念，而這兩種他都相信。而「新語」在後續會提及。

（七）貌似全體一致認同；

（八）以固步自封的思維防範並壓制群體中的異議人士。

儘管賈尼斯關注的是小團體的決策過程，但團體迷思也適用於整個社會。一旦發生大規模的團體迷思，群體對於「逆風」的恐懼加深，尤其在菁英身上更為明顯，於是默許的氛圍愈來愈濃。每個人開始自我審查，公共對話陷入僵局。光是抱持「不可能這麼多人同時誤判」的想法，便足以維持虛假的表象。有個詞語的確專門形容這種現象：大謊言（Big Lie）。

本書架構

第一章將探討團體迷思背後的心理。我們喜歡說自己是理性的人，但人類本就不是理性的。理性是我們發展出來替自身行為說話的手段，在當時說服自己，也在事件落幕後，向他人辯護。而且，愈是聰明、學歷愈高、見識愈廣的人，在這件事上，愈有說服力。因此菁英彷彿活在大泡泡中，與外在現實脫節。很多時候，政治人物和媒體菁英分子集體盲目跟風的情況，比他們周遭的人更嚴重。

我們有著不同的群體和身分認同，也擁有不同的道德基礎。隨著同一套思維在群體中反覆執行，並且愈來愈少受到外界質疑，這套思考模式便益加穩固，且有助於明確界定群體的凝聚力何在，但這同時也讓群體無法容忍異己。堅守共同價值觀並關懷群體成員，都是團體迷思得以茁壯的助力。

我也會探討風險和不確定性，並批判社會傾向捨棄更全面的成本效益分析，廣泛採取預防動機（precautionary motive）的陋習。一旦群體基於預防動機而只關注一項問題，就可能輕率地漠視衍生的副作用和其他問題。

第二章將探究個人行為方式在人際互動中占據的重要地位，並說明我們如何建立人際關係，此兩者其實極具深意。這些行為模式不僅影響社會資本（social capital）的形成和地方社群，也會左右我們對民主的參與。新技術和科技巨擘的商業策略同時扮演重要角色，對長久以來民主與專制之間的角力揭示了新的意涵。

在第三章中，我會探討新媒體和過去通訊科技的創新如何引發重大的社會變遷。許多世代以來，我們的心理沒有太多變化，但科技則日新月異。印刷機問世，人人都能取得《聖經》，導致後來的教會分裂和三十年戰爭（Thirty Years War），奪走中歐地區三分之一人口的生命。現代的新通訊科技創造了龐大機會，卻也帶來許多我們還不知道如何處理的危害。與更多不同的人事物接觸，促使我們產生新的身分認同、行為動機和價值觀。如今，新政治主張不只振聾發聵，更躍升為主導力量。

在解放與自由的新時代——我稱之為「大解放」（Great Enfranchisement）——新媒體掌握了即將到來的願景。不過與此同時，世界也將歷經部族意識（tribalism）和恐懼的催化過程，而後不僅難與異己相容，更充滿憤怒，最終活在仇恨和苦難之中。

價值觀是新的部族色彩，「區分異同」的思維漸強。某人覺得是美德的價值觀，在他人眼中可能是偏狹的表現。在全力強調應固守道德邊界的群體中，只要有人質疑內部奉行的價值觀，便可能受到惡毒攻擊，而攻擊時常從社群媒體開始。如今，毫無惡意的推特發文可能受到匿名人士刻意扭曲解讀，使當事人的事業毀於一旦。社會大眾害怕這類無妄之災以及不合理的攻訐，因此畏縮膽怯，自我審查。

在各種資訊大鳴大放的新世界，我們接收哪些閱聽內容並非偶然。這多半出於我們自己的選擇，只是企業廣泛蒐集個人行為相關資料並希望藉此獲利，無疑也扮演不容忽視的角色。監控資本主義（surveillance capitalism）已然降臨，而且不懷好意。

在後面兩章中，我會提供金融界和學術圈的團體迷思實例。我最早發覺集體不理性的現象，是從金融和經濟領域開始。第四章會提到二〇〇八、二〇〇九年的全球金融危機，我將解釋當初的幾點誤解和未察覺的徵兆，並說明爲何未來仍有可能再次發生。此外，我也會講述量化寬鬆背後的經濟原理，簡單評論新冠疫情期間的封城政策，並分析目前還算新奇的加密貨幣熱潮。該章指出，不理性和團體迷思可能發生的場域遠遠不僅止於董事會，也可能出現於大型議論場合和競爭空間，包括理念之爭。不得不這麼說，許多人對事情的看法的確可能出錯，而追根究柢，絕大部分是因爲陷入團體迷思。

寬容、自由、歷史、理智和科學備受威脅。第五章將爲科學辯護，探討現下反理性的趨勢。思想和言論自由岌岌可危，政治正確的浪潮興起。自我審查的現象日益普遍。後現代主義和其他哲學思想與主張單一客觀現實存在的概念背道而馳，卻已廣泛散播，而啓蒙時代奠定的研究方法以駁倒假設爲論證基礎，在科學發展過程中不斷精進，如今卻一點一滴受到侵蝕。客觀現實存在的想法已然遭到淘汰，現在每個人都有自己相信的「事實」。世人不再從當事人的道德角度觀看歷史，導致歷史逐漸失去應有的意義和用處，反而成了支撐現行道德觀的政治宣傳，而非理解人類的管道。篤信自己那套事實的人大肆攻訐科學方法，有些人甚至不再將懷疑論視為帶動科學進步的火車頭。

在最後三章中，我會更聚焦探討政治和現今民主面臨的威脅。第六章將回顧歷史上對於自由、民主和治理的概念，文中會提到專制威權和革命的幾種風險和規律。接著，我會點出社群媒體時代的幾項政治特色，包含團體權利抬頭所帶來的影響，以及政治理論和實務間的平衡。外交政策應符合國家利益，以獲得人民支持，但很多時候並非如此。我們似乎倒退回馬基維利主義②出現前的時代，任由理想形塑對外的國際政策，不顧現實情況。我們是否正在走向反烏托邦的未來？

無論在公共生活或媒體上，愈來愈多荒謬言論大行其道、無法無天。許多人覺得，媒體報導失之偏頗，且正有系統地誤導社會大眾，政府和主流傳媒不只販賣恐懼，還散播各種政治宣傳。第七章將探討媒體和政治圈已如何嚴重喪失客觀和公正立場，備受各種行動呼籲所腐蝕。菁英分子最終落入團體迷思的窘境，不僅散布政治宣傳，與大衆的溝通「弱智化」，同時在過程中也讓自己「愚蠢化」。

在這樣的完美風暴中，自由民主無疑正受到威脅。領導者尙且無法妥善應對。他們並未帶來希望，也未能展現應有的勇氣，挺身捍衛理性和正當政策。政治人物反倒像是透明人一般，一味委任技術官僚制定政策，並利用恐懼操控社會大衆。第八章將提點如何對抗團體迷思，緩解此問題對公共生活的影響。

本書的目的主要是協助讀者加速掌握狀況，明瞭如何最有效地運用新的通訊科技，避免延宕而錯失時機。最重要的，是要防止自由主義和理性遭受侵害，最終落入非民主政治的下場。

---

②編注：馬基維利（Niccolò Machiavelli, 1469-1527），義大利文藝復興時期重要人物，其所著《君王論》以去道德化觀看世界，即政治無道德，並提出現實主義的政治論。

第一章　自欺欺人

「唯一真正的智慧，是明白自己一無所知。」

——蘇格拉底

一九五七年的經典電影《十二怒漢》（*12 Angry Men*）幾乎從頭到尾只有一個場景，陪審團聚集在某個房間內討論案情，試圖判定被告的少年是否就是殺害父親的兇手。他們很快投票表決，十二個人之中，多達十一人認爲被告有罪。某些證據看似相當有力，其中包括兩名證人的證詞。樓下的老人聽到被告對父親說要殺了他，隨後就傳來重擊聲，接著他便看見被告匆忙離去。住在對街的女士在深夜裡醒來，看到被告刺殺他的父親，不過事發當時正好電車駛過，她是透過末兩節車廂的窗戶目睹少年行凶。

亨利・方達（Henry Fonda）飾演的八號陪審員並不確定。他無法排除合理懷疑，斷定少年是否殺了自己的父親，他希望至少可以有點時間好好討論。法官指示，他們的決定必須是一致裁斷（unanimous verdict）。其他陪審員施壓八號陪審員順應衆人的看法，因此他表示，要是經過一小時的討論，沒人提出合理懷疑，他就投票贊成被告有罪。於是，陪審團慢慢拼湊那些連被告辯護律師都顯然忽略的重要事實，最後，所有陪審員一致認爲被告無罪。過程中充滿激烈辯論和大聲咆嘯，但也不乏有人從新角度切入，質疑假設。其中一名陪審員只想盡快結束工作，早點去看球賽；有人戴著種族歧視的有色眼鏡看待案情；還有人（最後一位改變心意的陪審員）因爲本身就與兒子關係疏遠，判斷力遭到蒙蔽。全片劇情簡單，但扣人心弦。

之所以這麼打動人心，原因之一在於片中描述的情節與眞實世界中大家思考和對談的方式不謀而合，讓人深感共鳴。十二名角色就和一般人一樣，沒有什麼令人難以置信的突兀特質，但除了一人之外，所有人一開始都堅信被告有罪，並積極地斷送少年的餘生。討論過程中，他們回想起重要事實與背後代表的意涵，才紛紛意識到自己判斷錯誤。事實證明，老人的證詞並不可靠——他沒辦法及時跑到門邊，親眼目睹他所描述的犯罪過程。他大概是感到寂寞，渴望證人身分備受矚目的感覺。同樣地，對街在深夜醒來的女士沒有時間戴上眼鏡，清楚看見她所說的情景——當時她在眼前的，必定是一片模糊。

個體與集體不理性

我們比想像中更缺乏理智。理性行事並不容易。誠如奧地利現代主義作家羅伯特．穆西爾（Robert Musil）所言，一個人能不帶情感地客觀思考，由此成功獲得的結果才是事實[1]。然而，若不努力追求，自我往往會支配決策。我們總是認爲，較聰明、學歷較高的人懂得較多，因爲我們相信，他們理論上更有能力達到理性狀態。不過更準確的說法或許是，在習以爲常的有限思考領域之外，擁有較好的學歷和智商不代表具備較高尚的品德，也不等於做事較爲理性。的確，我們將會看到，當發生團體迷思，學歷愈高、愈聰明的人，可能會比條件沒那麼優秀的其他人更不睿智。

我們頂多只在某些時刻表現出很有邏輯的一面。而我們竟甚至將某些類型的思考模式稱爲理性，但更仔細探究後會發現，這些思考方式似乎相當不理性。認知科學家基斯．史坦諾維奇（Keith Stanovich）將理性分爲兩種：工具理性（instrumental rationality）描述我們如何運用所有可取得的資源達成目的；認知理性（epistemic rationality）反映想法與現實的吻合程度[2]。如果前者能粗略評估一個人有多聰明，後者則較接近世俗所謂的智慧，光有前者而沒有後者的話，經常促使人得出愚蠢的結論、做出糊塗的舉動——不過，最好別輕率地依此分類評判任何人是否理性。甚至可以這麼主張，工具理性基本上只能衡量自我如何促使人思考。如同《白鯨記》（*Moby-Dick*）的亞哈船長（Captain Ahab）在沉迷於獵捕白鯨時所說：「我採取的手段無比理智，動機和目標則近乎瘋狂[3]。」我不會將亞哈追捕白鯨的行爲稱爲理智，或甚至工具理性（你可以發現我對此說法不以爲然），他的整個行爲和思考模式根本有如瘋子。更廣泛地來說，由於理性高度符合個人利益，因此單憑在某些時刻展現理性特質，不代表他們在毫無個人利益考量的情況下也能保持理性。舉例而言，常見一種錯誤觀念，各種專家在缺乏強烈理性動機的特定領域之外，還能堅守客觀及理性的底線，因此値得信任。他們可能不比其他人更理性。的確很多時候，他們明顯缺乏動機去質疑正統、跳脫既有的思考框架，尤其是去挑戰攸關其福祉的想法。

理性迷思

認爲人總是依循理智行事，專家、機構和政治菁英多半都能理性決策，值得信賴，這種想法即爲理性迷思。這種迷思其來有自，其根源可追溯到古希臘時期，並顯現柏拉圖和蘇格拉底，以及由明君和民主制度治理的重大差別。柏拉圖強調，選擇英明領袖的重要，蘇格拉底則指稱，讓「有智慧」的人掌權但不必擔負責任，儘管如此也不覺得當權者會變成暴君，這根本是愚蠢的想法。

縱使理性迷思有如盛傳的迷因般屹立不搖數百年，但過去幾千年來，人類的哲學思想當然有所發展。相形之下，在這麼短的發展期間內，人類心理的進展幅度微乎其微。如同班傑明．富蘭克林（Benjamin Franklin）所指出，人類是擅長製作工具的動物。就大部分的人類史來看，維持部族和家族內部的服從精神一向是至高原則，和諧比正確更重要。我們發展出許多對群體有利的行爲，卻對個體並無助益。自我犧牲是共通現象，但在所謂「病態利他主義」（pathological altruism）的案例中，自我犧牲也會傷害群體（例如一味地支持所愛的人用藥成癮，即便是有害的），此時便能看清其背後不理性的思路。包括此案例在內的其他衆多行爲，我們最多只能將其視爲演化過程中成功存留下來的行爲模式，但不一定理性，更別說富有智慧。如今我們會看見諸多不理性的現象，原因就在於社會變遷的速度比人類行爲演進更快。不理性並非毫無用處——馬茨．艾爾弗森（Mats Alvesson）和安德烈．史派塞（André Spicer）在《愚蠢悖論》（*The Stupidity Paradox*，暫譯）一書中探討他們所謂「功能性愚蠢」（functional stupidity）的好處（例如不浪費時間盲目臆測）和隱憂（例如集體短視近利，但這本可避免）[4]。

就與其他生理和行爲特徵一樣，理性不一定人人都有，而且在與演化發生環境不同的新情境中，理性不一定隨時都能派上用場。另外，做事能力比理解力更寶貴，很多時候的確更令人重視。實用智力（practical intelligence）的效益可以獲得證實，正是因爲如此。心理學家蓋瑞．克萊恩（Gary Klein）在研究消防員時發現，資深消防隊長時常能快速掌握火場概況，洞悉火勢可能的延燒趨勢，但這樣的認知無法透過文字表達[5]。同樣地，化學家麥克．博藍尼（Michael Polanyi）創造「隱性知識」（tacit knowledge）一詞，用以解釋與實用知識大抵相同、但無法仔細解釋或具體監測的現象[6]。即便有人能解釋這種自發動機，他們提出的論點時常和眞正決定行爲的心智模式有所不同①。我們不應斷然認定，有意識地思考（更別說是有意識地理性思考）是觸發行爲的主要或甚至唯一因素。事實上，我們大多是先具備理性，再經過大量磨練，才能協助我們解釋世界萬物，並減少我們對不確定感的焦慮。

不理性的例子很多，起因大多是採用明知有誤的假設、未仔細檢視辯護理由，或未深入探究更廣泛的意義。不理性的具體表現可以很簡單，例如不聽明知正確的建議，或爲了蠅頭小利，獨排眾議入侵其他國家。行爲科學研究已找出所有類型的偏誤。就算我們試著理性行事，還是難免仰賴框架來決策（亦即將思維限制在特定條件之內——在框架內思考），並採取捷徑以期有所助益。許多決策可能不適合當下的情況。那些沒有明說及檢驗的假設經常是我們之間引發紛爭的根本原因，要是每個人對於同一段文字的解讀又不同，問題就會雪上加霜。

我們懶得思考，因此才有效率——一找到可信的解釋，我們便很少繼續深究。結果偏誤（outcome bias）與此有關，也就是只關注實際成果，卻忽略萬一情況稍有不同，結果可能變成怎樣。重點在於，決策當下能夠取得的資訊（包括預期機率）通常比事件落幕後更少，甚至不同——即使事後回想，成果不佳的決策看起來愚蠢至極，但當下或許顯得相當理性。道德評判也是一樣。當下的決定或許正確，但後來很容易改判爲違背道德。

此外，許多人可能陷入同樣的偏誤之中，得知他人採取某種思考方式，可能引來眾人爭相模仿。舉例來說，假如有人朝特定方向誇大某件事或某個事實，下一個人可能會進一步加油添醋。當人際網絡中的每個人在傳遞資訊時都擅自加入個人成見，累積下來，眞相可能就會遭到嚴重曲解。此現象稱爲「偏誤疊加」（bias cascade）。

不僅如此，對於近在眼前的證據，我們也會視若無睹。極其知名的例子之一，便是兩位美國心理學家克里斯多福．查布利斯（Christopher Chabris）和丹尼爾．西蒙斯（Daniel Simons）拍攝兩組人馬互相傳球的影片，兩隊分別身穿白色和黑色上衣。他們要求觀片者計算白隊傳球的次數，不必理會黑隊。觀看這部影片需要相當投入。影片播到一半，一名穿著大猩猩裝的女人出現了九秒，在畫面中非常顯眼，但當他們事後詢問觀片者是否看見任何不尋常的事物，半數人回答沒

①這種落差呈現於整個社會中的型態，是人類學家關注的課題。

有。如同《快思慢想》（*Thinking, Fast and Slow*）作者丹尼爾・康納曼（Daniel Kahneman）指出：「大猩猩研究凸顯大腦的兩個重要事實：我們可能忽略顯而易見的事物，而且對於這種現象，我們也視而不見[7]。」

我們確實普遍不了解自己「看」的方式。我們看到的是自己所預期的景象：視神經傳遞給眼睛的資訊比眼前所見還多，由此可知，視覺大體上是一種確認過程。

科學作家大衛・羅伯森（David Robson）歸納出四種高智商陷阱（intelligence trap）。我們可能：缺乏重要知識，例如隱性知識或在所處環境中相當重要的反事實思維（counterfactual thinking）；無法從自己的推論中找出瑕疵；對自己的判斷力過度自信；受根深柢固的慣性行爲驅使而未能察覺警訊[8]。不過，談到大腦思考的缺陷，能舉的例子不計其數。

例如，確認偏誤（confirmation bias）是指我們傾向尋找並解釋能鞏固既有認知、但不會促使我們自我質疑的證據；反駁偏誤（disconfirmation bias）所表現的，則是處處起疑，將可能的替代方案一一推翻。以草率及懷有偏見的方式思考其他選項，並忽視其重要性，可能會阻礙未來重新檢視的機會，而且愈聰明的人愈容易出現這種行爲。還有一種偏誤與此密切相關，到了十九世紀甚至形成法律概念，那就是「有意無視」（willful blindness），亦即拒絕正視可能挑戰群體信仰的資訊來源。自相矛盾之處在於，當事人必須明瞭應避開哪裡，才不會看見不願面對的事實——只不過，要巧妙迴避，勢必得先見識過才行。

我們往往爲自己的偏見大力辯護。這些偏見的確有助於我們定義自我形象，相當珍貴。一旦遭受質疑，即便證據和論述排山倒海而來，我們還是可能找到藉口，不自覺得提高聲量，而無視其他所有不利於己的說法。因此，偏見比單純的無知遠遠更難克服。另外，爲避免得到不樂見的結論，擁抱邏輯謬誤和忽略情境因素也是常見方法。心理治療師通常使用「心理防衛機制」和「非理性信念」等詞彙來形容類似的思考模式。

先行動再思考

一般來說，自我和情緒通常最先浮現，理性辯證隨後才會發生。康納曼在《快思慢想》一書中說明兩種思考系統。系統一快速、直覺、受情緒左右；系統二較緩慢、偏重解釋、更縝密思考，可能至少較爲理性。但人時常不理智。人類意識並非天生就理性，反而更像提供理由的社交機制，於公於私設法將行爲合理化。

美國社會心理學家強納森・海德特（Jonathan Haidt）進一步解釋[9]。他以桀驁不馴的大象形容人類的潛意識自我；理智騎在大象身上，但幾乎無法控制大象的行進方向。有時，我們可以提供大象實用的路況資訊，只是不能決定往哪裡走。然而，我們（理智的一面）卻會說服自己相信一切都在掌控之中，大象的行動是由我們決定。

有項事實極度重要：教育程度愈高、愈有學問、愈聰明的人，其象徵理智的「騎象人」愈懂得如何自欺欺人，營造一切都在掌握中的假象。聰明人更難接受與其世界觀相悖的事實，至於確切原因，則是在沒有心理防衛機制的情況下，他們更有能力、也更有可能仔細斟酌後果並發覺矛盾之處。正因如此，學歷愈好、智商愈高的人，往往最容易在面臨與其立場相左的想法時惱怒，並且堅決反抗。

別說大象，騎象人本身就不是天生理性，但透過情緒推理（emotional reasoning），騎象人能理解大象。如同海德特所述：「騎象人有如律師或新聞祕書，負責合理解釋大象的定論，爲大象無可改變的行爲辯護，而非深入探究——甚或渴望了解——眞相。

不過，情緒推理中還是有可能隱含些許理性表現，但這些行爲是例外。以下再次引用海德特的說法：

「騎象人還是有點能力可與大象抗衡，尤其當他能理解大象的語言（訴諸直覺而非邏輯），即可表達反對意見。若騎象人能以不同方式描述情況，改變大象對情況的觀感，大象也會產生新的感受，進而朝新方向移動。」

但什麼是情緒推理？這似乎與同理心有點類似。目前已有不少與情緒智商有關的研究，包括仿效智力測驗設計而成的情緒智商（EQ）測驗。然而，雖然某些人的測驗成績明顯較爲出色，但情緒智商對他們是否具有實用價値（至少在工作職場），尋找證據的結果卻令人大失所望。艾爾弗森和史派塞概括指出：「很多時候，人們從有益健康的角度看待事情，過分強調自我調整以適應及掌控個人情緒的重要。」這與前面提到的實用智力或隱性知識截然不同。情緒智商讓我們更能理解自己和他人的狀況——協助我們與自己和他人內在的大象溝通——卻似乎無法引導我們做出更理性的決定。

大多數人甚至從未意識到自己內在有一頭大象需要馴服，在此情況下，我們可有任何機會掌握主控權？當然沒有。就像康納曼所說：「我們之所以認定世間萬物一切合理而自滿於現狀，是基於一個穩固的基礎：我們幾乎毫無節制地無視自己一無所知的事實。」

大象想怎樣？

綜合以上所述，人類行爲的驅動力似乎源於潛意識自我，理智充其量扮演維持外在形象的公關角色。接下來要問的是：驅使內在大象的感覺從何而來？答案是，我們用情緒回應生理和心理刺激與需求——也就是熱忱（passion）。無論個體或群體都有這種傾向，而且熱忱可以受到操控，廣告企畫人員和政治人物都已證實這點。

長久以來，熱忱一向被視爲行爲的驅動力，哲學家對此提出各種理論，並深入探討。在政治領域中，第一位現代政治觀察家馬基維利破除柏拉圖對理型（ideal form）和現實的區別，推翻理性、完美的領導者懂最多的認知。荷蘭哲學家斯賓諾莎（Benedictus de Spinoza）同樣反對將人侷限於應有的樣貌，而忽略其本性。義大利哲學家維柯（Giovanni Battista Vico）則認爲，答案在於利用其中一種熱忱——追逐財富——抑制對其他事物的熱愛。英國哲學家伯納德・曼德維爾（Bernard Mandeville）和亞當・斯密（Adam Smith）進一步提倡個人私利可能促進更廣大群衆的利益，不過前提是，追逐私利必須符合現今所謂適當的治理框架。「利益」一詞原本是指從衆多愛好中脫穎而出的熱忱，但後來指涉的對象更加確切，語意限縮到經濟利益，從此之後，熱忱的概念便稍微失去光芒。儘管如此，在具破壞力的熱忱與起不了作用的理性之間，利益是公認的前進方向。

後來，亞當・斯密的主張聚焦於經濟利益，讓上述思想相形失色。經濟學家亞伯特・赫緒曼（Albert Hirschman）表示：「透過堅持該抱負，對權力和聲名的欲望與渴望，全得以隨著經濟改善而獲得滿足。以往普遍認爲，不同的熱忱之間互爲對立，或利益與熱忱水火不容，亞當・斯密打破了這樣的定見[10]。」於是，日後的思想偏重探討此一規則的例外，利益抑制熱忱的觀念不再死灰復燃。不過我和赫緒曼都認爲，舊概念確實有助於我們了解自律和社會激勵因子能如何發揮調節作用。透過有意識地改變習慣和動機，我們可以間接利用理性來改變行爲。社會也能提供誘因，引導人們建立好習慣。隨著個體逐漸成熟、制度日益深化，這些習慣、動機和誘因會不斷強化。當這些影響行爲的因素偶爾消失，自律機制失靈，追求利益的動機孱弱，以致更缺乏遠見、情緒化的衝動居於上風——例如喝醉乃至群衆暴亂——上述因素的常態影響力反而才能顯現。

除此之外，一旦我們承認不理性是所有人與生俱來的狀態（領導者也不例外），我們對於「由智者統治」的信仰就可能動搖。只要我們懷疑某人別有用心，自然而然會去懷疑他的智慧。我們不再一味相信他，也不再願意爲其效勞。因此，聰明的領導者學會迎合我們的喜好，慢慢調整帶給我們的刺激，進而改變我們的習慣，而非訴諸理性論證。領導者只要直接訴求理性，試圖改變選民的觀感，的確時常會因爲得到反效果而備感沮喪（而在經歷挫敗後，有些人可能不再那麼直率誠摯，而走向獨斷的領導風格）。換個說法，向騎象人抱怨，並不會讓大象改變路徑。總之，追求個體和集體利益最有可能促成理性決策。不管是人類大腦試圖理性行事，或籲請他人保持理智，往往都無法達到同樣的成效。

可惜的是，人們不一定追求自身的利益，甚至不一定清楚自己的利益爲何。這不只發生在個人，團體乃至國家，都是如此。所幸個人遠比政府更懂自己的利益所在。不過，人依然在利益與恐懼間拉扯，而後者足以掩蓋其他所有事物的價值。

焦慮漸增

佛洛伊德（Freud）將恐懼視爲精神生活的核心。他將恐懼和焦慮區分開來，前者與明確的事物有關，後者沒有單一成因，但與未來無以名狀的不確定性有關。實際上，愈焦慮愈會強化對確切威脅的擔憂。意料中的恐懼通常伴隨著最壞的打算，而當這種思維成爲習慣，就會演變成挪威哲學家拉斯・史文德森（Lars Svendsen）所謂的低強度恐懼，毒害我們的整個世界觀[11]。

在干擾理性的各種情緒中，恐懼大概是最重要的一種。一看見危險，長久演進而來的自然反應是先跑爲妙，不是先分析。如今，我們在非洲草原看到大型食肉動物時或許不再需要轉身就跑，但群體的逃命指令仍深深烙印在我們身上。其中一個觸發的關鍵字是「緊急事件」，這會引發我們對危險的膝反射反應，在面臨眞實或假想的共同威脅時，抑制我們思考和批評的能力。

儘管可能一向都是如此，但焦慮現象似乎不斷增加，而在焦慮的影響下，我們只能快速地情緒化思考，理性行事的機率更低。二十世紀中期，社會學家大衛・里斯曼（David Riesman）在其著作中描述三種性格[12]。隨著社會走向都市化，這些性格也和社會發展的階段有關。這些性格分類包括傳統約束型（tradition-directed）、內在導向型（inner-directed）以及外在影響型（other-directed）。傳統約束型的人受制於文化規範，在意每天接觸的交際圈如何看待他們。羞恥心讓他們的行爲有所節制。內在導向型的人「很早就在父母的教導下發展出行事準則，日後還會從與父母相似的其他權威人士身上汲取教誨」。這類型的人具備紮實的道德基礎，畢生循規蹈矩。愧疚感在他們的行爲中占有重要地位。相較之下，外在影響型的人則教導小孩察言觀色，尤其要觀察他人的行動是否富有任何象徵意涵，適當予以回應。這類型的小孩有接觸更多影響力的機會，得以從傳統和家庭的束縛中解放，樂於擁抱周圍足以產生影響力的各種事物——而且比起父母，他們的行事動機更容易受其他小孩影響[2]。

傳統約束型和內在導向型擁有清楚的行爲準則，爲了避免感到羞恥和愧疚，他們約束自己不踰越規矩；外在影響型則缺少清晰指引，雖然他們可能發展出內控者[3]，有助於應對不確定性，不過還是可能不斷飽受焦慮之苦。權威角色的解釋有助於理解未知，但在缺乏這種指引的情況下，焦慮成了主導行爲的主要力量，使人背離理性，連合理的風險都要閃避。或許就像美國前總統羅斯福（Roosevelt）所說，我們「唯一要恐懼的正是恐懼本身」，但光是如此，許多人就已身心俱疲。我們日漸成爲外在影響型性格，愈來愈焦慮。即便是堅守內在行爲分際或具備穩固道德基礎的人，也無法倖免於難。里斯曼認爲，爲了融入社會，內在導向型的人時常模仿外在影響型性格，但這麼做之後，他們反而與模仿的對象遭遇同樣問題。

追根究柢，焦慮源於對未來的不確定感。比起遙遠的過去，不管人們是否覺得現今的焦慮情緒更甚以往，以前我們的科學知識更爲貧乏，衆多事物都讓我們戒慎恐懼。然而，如今大家公開表達焦慮與恐懼，使這些情緒更加廣爲散布。沉著堅毅的精神已不復見。人們更樂意談論自己的感受，以致我們更容易意識到社

---

②當然在反抗、擺脫家庭束縛後，此階段的行爲表現可能就不再那麼激烈。如同馬克・吐溫（Mark Twain）所描述：「十四歲時，我總覺得父親什麼都不懂，我難以忍受和這樣的老男人一起生活。但當我二十一歲，我突然驚覺，這個老男人竟然在七年間學會這麼多事情。」

③編注：美國心理學家朱利安・羅特（Julian Bernard Rotter）提出所謂的「控制點理論（locus of control）。他認爲，一個人對生活中發生的事的控制源有兩種解釋，分別是「內控者」（internal locus of control）及外控者（external locus of control），而前者認爲，所有事情的發生，都是因爲自己，並認爲自己可以改變一切。

會上瀰漫的焦慮，即便這不一定代表有更多事情令人感到不安。

雖然無法洞悉未來早已不是新鮮事，但保有自認有能力理解未來的自信，實屬重要。焦慮程度不僅取決於我們具備多少知識，也與對知識權威的懷疑態度成正比。一個人愈有自信，焦慮和恐懼的情緒愈能受到控制。若擺脫恐懼，好奇心便得以充分展現，進而帶動理性探究，而非裹足不前。因此可以這麼說，減少恐懼可能有助於促進理性。

許多人不想承認自己害怕，尤其在公共生活之中，這可能讓人看起來能力不足，更糟的是還顯得懦弱。結果，恐懼反而轉化成憤怒，而憤怒需要發洩的對象。儘管赤裸裸的冒犯之舉不堪入目，但當事人時常以促進更多人的利益來美化這類行爲，因此構成道德侵犯（virtuous aggression）的現象。那些不認同群體看法的人，尤其是對群體造成威脅者，成了顯而易見的攻擊目標。他們的論述愈有力可信，帶來的威脅愈大，因而愈可能遭到排擠、歧視、誹謗及仇恨。

我們自然希望化解社會上的恐懼情緒，並預設領導者也抱持同樣的想法，然而，伴隨著恐懼，更有利於我們統治、宣傳——質疑的聲音減少，衆人更願意順從。此外，雖然有些人認爲，我們需要些許恐懼情緒，但法國作家巴思卡·

卜律克內（Pascal Bruckner）指出，他們眞正樂見的，是我們將注意力都擺在恐懼上，尤其是彷彿面臨世界末日那種程度的恐懼[13]。大災難可讓其他恐懼相形失色，使其看似可以忍受。議題聚焦可產生療癒效果。過去幾年，超級英雄電影形成一股風潮。如同恐怖電影一樣，在觀影的九十分鐘裡，透過簡化的善惡對決，而有了聚焦之處及宣洩出口。舉例來說，我們在冷戰期間的恐懼主要集中在全面核戰——某些人更如同前美國總統雷根（Ronald Reagan）所說，對隱身戰爭背後的「邪惡帝國」無比畏懼。多數時候大腦可將恐懼區隔開來，好思考其他事情。只是現在需要擔憂的事情似乎永無止境，有些事日後可能成眞，有些則從未發生，換句話說，恐懼無所不在。如今，儘管冷戰的威脅已然消退（即便並未完全消失），但氣候變遷造成的災難和其他値得恐懼的事情接力上場。一開始，新冠肺炎似乎是首要威脅，以致其他壞事顯得相對容易處理，除非有人大力撻伐特定的人爲來源（全世界一向極力避免這種狀況發生），否則很難將疫情渲染成人類無力抵抗的邪惡之事。不管怎樣，這股恐懼在疫苗問世後已經消散。無法證明爲虛假、緩解其影響力或削弱其勢力的人事物，才是最持久不散的恐懼源頭。

對某些人來說，焦慮根本無從擺脫。在這個關係與連結日益盤根錯節的現代世界，時時都有相互衝突的資訊迎面而來。如今我們更為焦慮和恐懼，是因為現代人面對的威脅（自由、環境、道德、價值觀、身分認同）比核戰大屠殺更危險、更難以承受？還是對於真假判斷的集體能力發生變化？我們之所以更恐懼，會不會只是因為我們比較無法確定資訊是否可靠？

先不論我們的焦慮感是否會因為面臨不確定的威脅而變得更加強烈，無法有效抵制恐懼所誘發的集體歇斯底里（mass hysteria）和缺乏包容，肯定是讓焦慮激增的原因之一。近來，美國最自由的大學校園已發生幾起學生霸凌教職員和行政人員的案例。二〇一七年，華盛頓長春州立大學（Evergreen State College）的生物學教授布雷特・溫斯坦（Bret Weinstein）反對學生修改一年一度「缺席日」（Day of Absence）活動的舉辦方式。以往，少數族裔學生和教職員會選擇在當天不到學校，以凸顯他們對學校的貢獻。未想在那年，異議者反轉了這項傳統，要求白人學生不進校園。溫斯坦認為，如此有意排斥，形同欺壓原本活動鼓勵不到校的某些族群。他一發表這番看法，其他學生無法包容異己的表現紛紛現形，一連串的抗議活動發展到最後，甚至連大學校長都成了眾人羞辱的對象。我們可以理解雙方為何出現這些反應，然而一旦認定只有採取專制作法才能體現道德，包容心便慘遭扼殺，於是原本鼓勵所有人自由思考及發言的環境遭到破壞，沒人再能感到安全。

從簡單（二元）的道德面向看待焦慮和恐懼時，這些情緒有時比較容易處理——我們可以將人們的恐懼和焦慮分門別類，幫助有這些情緒的人重拾正常生活，不再活在痛苦和不安之中。然而不幸的是，伴隨著道德分類，極端的極少數人可能出現狂熱、霸凌和無法包容異己等問題，另有一些人則變得懦弱，並成爲共犯。

追尋意義……

人因爲缺乏理解而焦慮，而爲了舒緩焦慮，我們渴求知識。我們透過集體努力，以敘事解釋世界。人是社交的動物，因爲知道彼此間共同擁有某些信仰，因而產生安全感。法國社會學家艾彌爾·涂爾幹（Émile Durkheim）談到我們擁有共同經歷特定情緒的能力。發生這種情況時，我們形同轉化成更高層次、神聖的集體存在——而且唯有透過群體，我們才會產生這番感受[14]。宗教、家庭乃至更廣大的群體迷思和意識型態（不完整的迷思）一向能帶給我們更踏實的確定感，而這些信念的集體特質使其更加穩定，永久流傳下去。

我們從何尋求集體觀點（包括集體愚昧），從眾心理（herd mentality）就從何而來。同儕壓力可能使我們做出意料之外的事，例如忽視以往的行爲和思考模式，當然也包含斷送理智。我們信任他人的智慧而走上思考的捷徑，畢竟思考是件苦差事。群體中，合群的壓力可能不小。人們不再發揮道德判斷的能力。目前已有不少文獻探討人置身團體中爲何與獨處時的行爲表現不同，如同歐威爾筆下的溫斯頓在飽受凌遲後，終於相信二加二等於五④。依循群體的看法去思考，不僅是在龐大同儕壓力下思考的輕鬆途徑，也是支持並在乎群體的一種表現。團體中，英雄可能蒙受犧牲自我的風險，而且過分在乎群體，也是自殺炸彈客身上可發現的一種鮮明特質，因此值得擔憂。某些恐怖組織已刻意培養成員具備這種心理，如果我們每一個人都能更容易察覺自己易受社會力量影響的事實，勢必能有所幫助。縱使大多數人變成自殺炸彈客的機率極低，我們也應像英國作家麥克·龐德（Michael Bond）所述，更常捫心自問：「我這麼做是因爲這件事本來就是對的，還是因爲身邊的人讓這件事**感覺**像是對的[15]？」

……但意義遭到扭曲

對群體產生歸屬感後，孩童會逐漸擺脫對父母的倚賴，建立社交生活。然而，要是心理發展止於群體認同，個體（以及群體）的發展就可能受到侷限，不再繼續成長。這最終可能造成群體解散的悲劇，而個體則是有如長不大的孩子一般，受到很大的傷害。無法離開群體可能導致兩種結果：頹廢與狂熱。所謂頹廢，是指拒絕接受所有傳統（當然包括所有秩序），在政治上則擁抱虛無主義（nihilism）；狂熱則是不顧一切地抓住信念，漠視所有外在影響，進而可能刺激群體發動攻擊。如同一個人在成長過程中不再順從父母，隨著智力和道德概念不斷發展，個體也會背離原本所屬的群體，若非如此，問題就嚴重了。

個體反抗的對象可能有哪些？信念可能遭到的操控及扭曲，一般是透過包含核心謊言的意識型態來達成，此謊言或許是群體信念的主要特質，或單純只是權

④編注：溫斯頓（Winston Smith），爲歐威爾《一九八四》中的主角。身在政府部門工作的他，因爲現實及黨教育之間的衝突而產生懷疑，叛黨的念頭油然而生。隨故事發展，他加入一祕密組織，後遭俘虜、凌虐，從而相信二加二等於五，意味著相信謊言即眞理。

力與眞相的綜合體——諸如堅信成年人或群體領袖一定不會錯。謊言不僅是指捏造錯誤想法，也是刻意利用精心挑選的資訊試圖誤導。意識型態的力量時常來自神話概念的挪用，這能吸引人相信，而且因爲無法驗證，便得以長期維持崇高地位。然而，這類不完整的理念有其危險之處——意識型態是經過簡化的思想，不樂見人們跳脫其界定的框架來思考。堅持不踰越界線，並全盤接納權威灌輸的眞相，而非基於證據和推論去釐清事實，可能使整個群體活在有心人士的操弄之中。縱使群體可能尊重個體，讓個體可以順利發展成熟，思想獲得啓發，但也可能壓迫個體，強逼他們低聲下氣地臣服，否定他們的存在意義，而爲了確保個體能堅定地認同群體，這是必要手段。這樣透過否定個體生存意義來維護群體紀律，可能激發個體對自我和他人的厭惡。

意識型態可能引發仇恨與其他負面情緒，但由於意識型態本就偏邪不正，可能也因受到關注而禁不起考驗。每種意識型態都是由層層信念交疊編織而成，外來的威脅愈強烈，不只激發的焦慮和抑鬱反應愈大，更會使人產生冀望、否定、欺騙和奮不顧身等行爲，進一步堅定原有信念。群體成員不顧一切地抓緊信念不放，然而只要有人堅持不懈地不斷說服，形同拿針戳破充飽意識型態的氣球，就能揭發謊言並促使個體獲得解放。在歷經創傷之後，醒悟和自由便隨之而來。

爲避免謊言遭到揭穿，群體必須築起目標明確的堅固防禦。任何與衆不同的存在都可能構成威脅，可能是陌生人、非比尋常的想法，或是富有創造力的個體——這些「異端」造成的衝擊與天災無異。意識型態愈簡單、核心謊言愈不牢固，或部分信念愈抽象，整體愈脆弱。即便只是不同的信念，都可能形成威脅——尤其當原始文化首次與較進步的族群接觸時，這現象最爲明顯。因此，面對不熟悉的群體及其信念，部族成員不得不抱持敵意。

理性的功用在於建構意義，進而防止信念系統在遭遇挑戰後留下創傷，以致個體出現頽廢和狂熱的現象。我們以理性建立起成見和敘事。我們理性的一面會向自己和他人解釋大象的行爲舉止，說明大象其實有明確的目標，而且本意良善。如此一來，我們才能從全心擁護信念的狀態中解脫並釋懷，將心思放在其他事情。

防衛是團體迷思的徵兆

意識型態（尤其是脆弱的意識型態）需要大規模的防衛機制，以維持擁護者的人數。這類防衛機制就算毫無挑釁之意——主要以不願參與辯論的方式體現——還是察覺得到，不過可能相當幽微。舉個例子，在英國很常聽見有人說某人「瘋了」或「有點瘋狂」，但這代表什麼意思？替對方貼上「瘋了」的標籤，表示對方的看法使其感到不快而不願採信——這種不舒服的感受進而演變成不願涉入。禁忌或敏感議題（從根本上就是錯誤的事情）都可能觸發這種情況。評論者可能不夠心胸開闊，但不想對自己或他人承認。成見或團體迷思遭遇挑戰時，他們會設法抵抗（他們可能並未察覺這點）。他們時常不確定該做何反應，而且實在不想責怪他人——一點都不想，因爲他們不確定該如何看待對方釋放出來的訊息。他們不一定抱持任何觀點，或單純只想迴避思考這個問題。他們可以感覺得到懷疑的情緒就要來臨，而懷疑令他們不安。

不同的道德觀

道德觀爲情緒和行爲撐起框架，有助於抑制自我。彌爾（Mill）等哲學家樂觀看待人類本性，認爲人擁有愈多能量，產生的衝勁愈強，愈有可能爲衆人帶來好處。也有哲學家指出，能否裨益社會並非取決於熱忱，而是仰賴理性和自我克制，在家庭、法律和道德觀的約束下，較能朝有益大眾的方向發展。

除了正規宗教之外，還有許多意識型態的中心教條有著無法證明有誤的論述，以及絕對眞理的信念。馬克思（Marx）和恩格斯（Engels）意識到這點，希望能設法避免讓人認爲，他們的倫理思想只不過是在自我證成（self-justifying）。爲防止這類指控，他們提出，各種社會正義概念會隨時間改變，而且會依社會形勢而異。哲學家卡爾．波普（Karl Popper）如此形容他們的理論：「如果社會改革者（或革命家）自認因爲憎恨『不公不義』、崇尚『正義』，而促使其採取行動，他大概飽受幻覺之苦……他對『正義』和『不公不義』的道德認知是社會和歷史發展下的副產品。」他們認爲，統治階級對正義的觀念必定與勞動階級不同。我們大可不必接受他們從歷史視角切入的詮釋，同意他們所說，道德觀的差異是由階級（甚或權力）決定。不過我們或許可以認同，道德觀是構成人類社會的重要元素，是時代與當下情勢的產物。因此，若依現代道德評判過去人們的行爲，只受到誤導已是最好的結果，最糟的是不僅未能覓得事實或解釋，更替虛假的政治宣傳推了一把。

道德觀不僅隨時間而變，且難免有點武斷，對其他時代和社會的道德解釋還可能遭受利用，以支持當時盛行的意識型態；有時道德觀還會辜負我們的期許。當道德秩序受到威脅，社會就會按下緊急按鈕，理智隨即短路，道德恐慌隨後發生。恐懼主宰一切，進而引發憤怒，而憤怒會滋生仇恨。所謂的霍布斯陷阱（Hobbesian trap），是指當兩個群體之間彼此畏懼，勢必會有一方在情緒的牽引下先發制人，而在道德恐慌的時候，這情況更有可能發生，就像社會強力壓迫異端，欺壓普遍認爲是威脅或可能構成威脅的族群。整個社會可能出現不理性、劍拔弩張的反應。當兩個群體彼此誤解，雙方對道德尺度的標準有所差異且充滿不確定，以及一方將踰越界線視爲一種威脅時，就會發生這種情況。

因此，維護道德界線有其必要，可惜在缺乏統一道德標準的情況下，這件事可說錯綜複雜。舉例而言，自由派可能樂見政府立法保障民權和墮胎權，但相同的法律看在保守派眼裡，可能是在縱容違反道德的行爲。更是火上加油的是，人們通常把恐懼當成固守道德邊界的標準工具。另一種選擇是盡量減少這類議題的相關立法——這樣一來，社會大眾就必須負起自我克制的責任。我們都希望可以包容價值觀不同的人，但只要有人堅守強烈的信念並感覺受到威脅，這件事就不容易達成，即便可以，也不是每次都能如願以償。

天生就有正義感……

上大學前，我在加爾各答度過一年時光，而我在那裡學到的第一件事，是領悟到自己有多傲慢。我母親在牛津大學的樂施會（Oxfam）服務，我不是醫生或工程師，也沒有任何有用的技能，所以當我去到加爾各答的樂施會辦公室，詢問我有什麼可以幫忙的時候，只換來所有人的笑聲。

如同海德特所說：「正義感是與生俱來的特質，但我們必須學習什麼時候發揮正義感才是合適時機[16]。」正義感可能會讓我們惹上不少麻煩。美國文學評論家萊諾．屈林（Lionel Trilling）寫道：「出於某些自相矛盾的天性，一旦我們將他人視爲實踐開明自利（enlightened interest）的對象，我們會對他們表示憐憫，之後便自顧自地展現極富智慧的姿態，最終形成脅迫。」因此，我們需要他所謂的道德現實主義（moral realism）。那些確信自己了解事實的人，才是眞正的危險人物。蘇格拉底早在兩千五百年前便已洞悉此道理。這不是要貶低許多人的善行，我只是想點出意圖時常與結果大相逕庭，「爲善」既危險又困難。

……但賺錢實在太迷人……

專心追求利益可能是開啓後續探索的先決條件，不只可能有助於個體自律，也具有鞏固認知的功能，協助個體認清自己與世界的關係。先前提到，有學者認爲經濟利益足以馴化熱忱。這牽扯到道德層面的爭辯，從過去到現在都未能形成普遍共識。從柏拉圖之前的時代，商業動機就已極具爭議。在《理想國》（*The Republic*）一書中，身爲統治階級的衛士（guardian）不可參與任何商業活動，但耕作例外，呼應現實中古希臘的城邦政體及當時的斯巴達（Sparta）。柏拉圖認爲，國家不穩定全是因爲統治者之間的分配不均，因此統治者必須維持平等狀態。任何帶來大量個人財富的交易，都是造成國家動盪的原因。日後的基督教教會禁止高利貸，直至今日，仍有許多人認爲賺錢是件令人反感的事。

因此，當賺錢反而受到推崇，擊敗其他熱忱成爲主要利益所在，便格外引人注目。原因之一在於，累積財富可以避免欲望和滿足感不成正比的窘境，可說是非比尋常的特性。英國文學家山繆・詹森（Samuel Johnson）甚至宣稱：「很少有比獲取金錢更單純的活動了。」但我猜想，賺錢始終居於抑制其他熱忱的主要選擇，主因在於該行爲體現了人類對可預測性的偏好。金錢富有中性色彩，具備穩定保值的特色，加上可兌換物資及衡量其他物品的價值，這些特質無不賦予金錢安全穩定的形象，更甚於變化較快速、較不穩定的其他熱忱。

……或只求不下地獄

追求私利可能帶來獎勵，但未能導致懲罰。比起缺乏物質享受，下地獄可能激發更強烈的行事動機。儘管自發入教的風氣衰退，尋求群體認同以消除對未知的恐懼，這股需求並未消失。個體需尋找替代規則，讓行事有所依歸，也就是加入推廣特定道德觀的群體（可能是政治或社運團體，抑或地方慈善組織或幫派）。群體敦促我們爲自身行爲負責，這也會對更廣大的社會有所助益。

在極權主義或其他專制社會中，個體可能不必擔負這類責任。當個體不想承擔這種責任，把責任丟給獨裁者，便會催生極權主義。若該獨裁者是經由選舉上任，所有人又對他言聽計從，就會形成榮格（Jung）用以形容納粹政權的「流行性瘋狂」（epidemic insanity）。二十世紀出現殘暴的法西斯主義和共產主義，而我們從中學到的教訓，正是我們免除了個體應承擔的政治責任，卻同時也把個體推入危險境地。想要修正此錯誤，就應避免加入那些鼓勵個體放棄責任的群體、包容異己，並且抵制缺乏包容力的人。哲學家漢那．鄂蘭（Hannah Arendt）提出平庸的邪惡：當我們忽視邪惡、害怕直面邪惡，以及接受邪惡是常態時，邪惡便會蔓延。

對群體認同的渴望，其代價很常是由外人承擔。擁有自我保護的傾向，代表著仇恨他人。尼采（Nietzsche）等人認爲，宗教組織式微不只和啓蒙運動有關，道德敗壞乃至黑格爾（Hegel）和馬克思將人們帶往虛無主義、極權主義和厭惡人類的現代思維，再再脫不了關係。這的確催生了許多新的大規模團體迷思和信仰，包括對國家的信任（黑格爾）、階級（馬克思），以及更近期的政治正確（或政治不正確）群體認同，這些理念無一不將群體的地位置於個體之上。只要經過精心包裝，即便是最偏狹的想法都能大肆擴散，而且表面上可能訴諸共同價值觀、公平正義或烏托邦願景，看似沒有什麼爭議。

道德自助餐

美國歷史學家葛楚德．希梅法柏（Gertrude Himmelfarb）在《道德淪喪的社會》（*The De-Moralization of Society*，暫譯）一書中探討從美德（行爲的絕對標準）到價值（個人自認遵守但較難驗證的原則）的轉向[17]。共同價值是牽領部族的新旗幟，雖然認同群體的價值聽起來無傷大雅，但或許不然。人們利用價值爲現代信念——協助我們建立自我認同以及自我對群體的認同——劃定思想和行爲的邊界，並堅定捍衛。此現象已外溢到政治領域，奉行不同道德體系（一套相互關聯的信念，是這些信念促成合作關係）的人無法理解彼此，導致缺乏包容心的現象日益普遍，而這對於改善前述問題無濟於事。

海德特試著解釋過去幾年像他這樣的自由派備感困惑的一件事：爲何將近半數（百分之四十七）的選民兩次都把票投給川普（Donald Trump）？不假思索便斷定他們太蠢是站不住腳的。海德特從描繪人內在的大象開始說起，內容如前文所述。接著，他援引人類學者喬．亨里奇（Joe Henrich）、佛教學者史帝夫．海因（Steve Heine）和文化心理學者阿拉．諾倫札揚（Ara Norenzayan）的研究，直指菁英泡泡的跡象：幾乎所有心理學的研究對象都是來自西方（western）、教育普及（educated）、工業化（industrialized）、富裕（rich）、民主（democratic）——英文簡稱WEIRD——社會的人[18]。此外，WEIRD族群的主流道德體系偏向自由派，高度關注人際關懷與公平議題。

然而，當今美國選民的樣貌更多元，粗略可分成三類：自由派、自由意志派、保守派。（海德特指出，心理學學術領域幾乎找不到政治立場偏向保守派的學者，或許這就是上述現象的原因。）每一種選民各自擁護不同的道德基礎，海德特將其歸納為六種：關懷／傷害、公平／作弊、忠誠／背叛、服從權威／顛覆權威、神聖／褻瀆、自由／壓迫。他們各自面臨不同挑戰（正好可以解釋他們演變的根源），且具有各自的痛點、情緒和美德。從極其自由到高度保守的光譜中，各類選民與對其至關重要的道德基礎之間具有密不可分的關係。自由派幾近一致地強調關懷／傷害和公平／作弊；自由意志派注重自由／壓迫；保守派雖然在選舉政治上時常與自由意志派站在同一陣線，但他們的道德體系天差地遠——保守派在六組道德基礎上皆有所著墨。根據海德特的解釋，保守派可以理解自由派，但自由派似乎不懂保守派，原因就在這裡。

很多時候，自由派無法對神聖／褻瀆這組道德基礎產生共鳴，但他們的確將平等視為至高無上的價值。因此，他們願意為民權和人權奮鬥，為資源平均分配而努力。保守派和自由意志派完全不同，他們將自由奉為圭臬，但不注重平等。

衝突因而產生：保守派不像自由派那麼在意關懷／傷害，自由派對自由的重視不如保守派，因此當促進平等的舉措無視自由，最容易爆發衝突。

一方面是里斯曼所指，大衆的性格從內在導向型轉向以外在影響型爲主，另一方面則是社會從保守派過渡到自由派道德體系，兩種發展趨勢顯而易見地相互呼應。內在導向型性格（或許偏保守派）更重視隱私，而且傾向不干涉他人事務。當某種明確的價値危在旦夕，內在導向型才會參與政治：那是他們對自己或他人的責任感，也就是說，利益驅使他們行動。對他們而言，政治是爲了解決議題，他們不需要、也不想要透過參與政治的方式涉入他人隱私。

對外在影響型性格來說，他人對他們的觀感非常重要。他們希望成爲政治和社交生活的中心，或至少能了解狀況。他們願意自我調整，讓自己與他人相同、好融入所有人。許多人不僅天生愛交際，也能快速改變自己與他人的關係及看法——亦即他們趕得上流行——而且可能蔑視不同群體的人，藉以展現對群體的歸屬感。然而，追求與別人相同的同時，他們也失去了社會自由和自主。

由於我們具備道德防禦機制，理解外人成了困難任務。行事原則要是沒有受到威脅，人通常可以感覺幸福；一旦遭遇挑戰，則形同面臨危機。道德推理有種前實驗（pre-experimental）的意味，功用是在某人的信念脈絡中解釋並支持行爲。如果我們想獲得特定結論，幾乎不管是什麼，我們都能找到所需的理由。誠如海德特所述，面對符合自身世界觀的資訊時，我們通常自問：「能相信嗎？」但若資訊與我們的立場有所衝突，我們反而會問：「一定得相信嗎？」我們給前者的答案幾乎都是「當然」，後者則是「不想」。換句話說，道德推理勾起我們對蘇聯公審大會（show trial）⑤的記憶，或是路易斯．卡洛爾（Lewis Carroll）在《愛麗絲夢遊仙境》（*Alice's Adventures in Wonderland*）中紅心皇后的態度：先判後審。

試圖理解共和黨人時，美國民主黨人面臨的主要問題是他們對關懷／傷害和公平／作弊的重視，以致他們無視其他道德基礎，尤其是神聖／褻瀆與自由／壓迫。此外，我也同意海德特的看法，左派的共通盲點在於，無法從他人的道德觀好好思考政策的影響。

預防動機與魯莽應用

由此看來，道德觀不斷變動。貪婪在中世紀是最骯髒的罪名，但到了十八世紀晚期，這已變成控制其他熱忱的手段，還是影響國家繁榮與個人經濟狀況的關鍵。更近期，社會生活的重心從宗教轉移到美德，直到現今以價值至上。道德體系開枝散葉，價值不一定獲得所有人認同，有時不是所有人都能理解，尤其那些離傳統最遠的人——亦即最擁護自由主義者——所推崇的價值，並非人人能懂。對道德體系的威脅不但令人恐懼，也會受到極力抵抗，包括透過仇恨他人的形式表現出來。

深入觀察這場混戰，如同蘇格蘭政治經濟學者史都華爵士（**Sir James Steward**）和亞當・斯密等人提升經濟利益的地位，以此促進行爲的可預測性，如今不僅企業在廣告中利用恐懼情緒，更明顯的是政治人物和政府，另外還運用「推力」（**nudge**）技巧，透過行爲科學幫助人們做出「更好」的決策——而問題來了，「更好」的標準由誰決定？現今與恐懼、焦慮等有關的心理健康問題日漸增加，或許並非巧合。

---

⑤編注：公審大會（show trial），指非民主國家出於政治目的而舉行的審判，判決結果早已確定，是政治鎮壓和意識形態控制的一種工具。

預防動機是讓我們深陷恐懼情緒的主要原因之一。以關懷他人爲說詞，默許此思維存在，進而產生一種必須優先完成的迫切感，取代範疇更廣、更理性的風險評估。

我們痛恨不確定感……

生活中充斥著不確定因素，爲我們帶來壓力。有時，我們爲了逃避可能的結果，害怕做出錯誤選擇，而延遲重要決策。我們可能愣在原地、裹足不前，避免接觸新想法。然而，拖延也可能延長焦慮時間。要是壓力大到無法承受，我們可能倉促選定解決方案，未能仔細斟酌，忽略所需的想法和資訊，而無法據以採取應有的作爲。愈不懂得如何面對懷疑，同樣會產生更多壓力。諷刺的是，因應不確定性的選項太多，可能帶來更多壓力。不管怎樣，一般來說，我們愈覺得自己了解曖昧不明的情況，而且有辦法加以區隔，表示能力愈好。

經濟學家凱因斯（John Maynard Keynes）和法蘭克・奈特（Frank Knight）不約而同強調風險與不確定性的差異。其差別定義如下：兩者都在我們遭逢未知事件時發生，而當我們知道機率分布，即爲風險，不清楚時則是不確定性。在金融市場上，這會轉化成避險或保險，只是就算沒有這些能力，若能進一步釐清機率和可能性，仍有助於應付各種狀況。當廣義的不確定性演變成風險，表示我們懂得愈多，更能有效劃分情況，除了憂慮減少，或許還能緩解不確定感。焦慮變成對象更明確的恐懼，於是我們更有機會往前邁進，將心思轉移到其他事情。

另外，由於某些不確定的事情相對更爲重要，因此足以轉移我們的注意力。透過某一事件帶來宛如末日降臨的龐大不確定感，有效引發關注——人們由此更清晰審視其他不確定性，減輕其造成的影響。

擁有創造敘事的能力，以告訴自己和他人，我們有辦法降低不確定性，這是一種珍貴的能力，能幫助我們應付壓力，就算我們採取的行動其實沒有顯著的影響亦無妨。因此，運用情緒能量大力宣揚攸關道德的全球議題，可能吸引眾人更多關注。此外，我們在心理上傾向說服自己相信，不確定性（我們很難預防）其實是風險（我們或許可以採取預防措施）。金融市場對量化資料的重視，遠遠超過無法量化的各種因素，比重早已失衡（例如，著重於推斷資料過往的趨勢，但時常未將可能的重大結構轉變納入考量）。不確定因子，凱因斯將此定義爲隨機事件，便經常遭到忽略，且普遍被認爲風險分類相當制式、沒有彈性。風險預測離（行爲複雜的）個體很遙遠，反而落實於金融商品。市場對流動性的迷戀就是貼切的例子：投資人過分注重金融商品理論上可以快速出售的特性（往往是他們的負債不需資金挹注之際）——但要是發生重大危機，他們自以爲擁有的流動性可能早已蒸發；流動性會受他人的行爲影響，不單單是金融商品的內在特性。

過去也似乎比未來更少風險，確切原因在於我們對過去更加了解——此即「後見之明偏誤」（hindsight bias）。心理學家阿莫斯·特沃斯基（Amos Tversky）和康納曼也利用展望理論（prospect theory）指出，我們對風險的偏好錨定於初始狀態——比起獲得，我們更在意失去[19]。這呼應我們對現狀的重視，也就是當下對世界的認知。當然，我們有時享受風險帶來的刺激感（例如賭博），這也是某些人處理焦慮的方法。

……並且誤解風險

巢狀（貝氏）機率不好理解，所以我們傾向相信極端狀況和極端化思考。連法官和政府官員都時常受騙上當。其理論本身與兩個以上的機率互動有關，並不複雜。用例子來解釋可能最好理解：假如某疾病檢測的僞陽性率爲百分之五（即一百個未染病的人接受檢驗，其中會有五人的檢驗結果呈現陽性，但此結果其實有誤），且爲了方便說明，假設該檢測可以找出所有確診案例（亦即僞陰性率爲零——此假設不會大幅改變稍後顯示的結果——而接受檢測的人之中，只會有百分之一染病率，那麼，每檢驗一萬人，會有一百人因爲染病而驗出陽性（10,000×0.01＝100）——要是僞陰性率不是零，人數會少一些——但同時會有四百九十五人驗出陽性，而他們其實並未染病（9,900×0.05＝495）。也就是說，檢驗結果爲陽性的百分之八三．二受測者（亦即五百九十五人之中的四百九十五人）並未確診。疾病愈不盛行，這比例會愈高。英國國民保健署的每位成員都理應了解這類原理，只怕有人不懂；搞不清楚巢狀機率的類似情況也發生於法庭上，由於法官和陪審團未能理解這類數學定理，而宣判被告有罪。

有時，這對我們來說還是太難。很多時候，連更簡單的機率問題，我們也無法透徹理解，往往會將低機率的事件放大，使其看似更爲嚴重。美國法學學者凱斯．桑思坦（Cass Sunstein）創造「輕忽機率偏誤」（probability neglect）一詞，用以形容人們無法將分母納入考量的現象[20]。舉個例子，當電視報導性侵案，儘管風險爲千萬分之一，人們可能就不願意讓女兒在那晚出門——這是恐懼影響行爲的另一實例。

當恐懼盤據內心，我們便預期會發生最糟的狀況，完全無法從機率的角度思考，而大腦強化這個傾向，正是爲了讓我們將心思全放在一件事上。社會學家法蘭克·富里迪（Frank Furedi）解釋，恐懼使人「展現出拒絕依機率分析風險的文化特質，因爲這太樂觀看待出現正面結果的可能和未來的機會[21]。」

即便我們努力評估風險，還是很常掉入幾種陷阱。其一是我們容易忽視自己無法評估的事實，包括手上的資訊無法輕易量化時，也是如此。人們往往無視難以理解但相關的資訊，這類例子在金融市場的風險評估領域比比皆是。之前我的工作需要嘗試釐清主權風險，而情況常常演變成必須從重要決策者——或許是財政部長或總統——的角度檢視問題，不僅選擇受限，還經常囿限於有限的時間內（如此通常更容易預測結果，而非更難）。動機、信念、政治、歷史，甚至人類學都有可能相關，當然也少不了艱澀的經濟和金融數據。

風險是爲了協助我們處理問題而發明的人爲概念，並非秉公監測的客觀特徵。風險是錯綜複雜的。不過，金融市場呈現風險的標準方式是著重於可測量的面向，一般只在意價格過去的波動情形。由於眾多投資人起而效尤——而且的確將價格往契合其信念的方向推動（至少一陣子）——因此注重量化面向的作法，多數時候都能增添實質價值。然而，當結構發生變動，這種方式也可能徹底失敗。大多數投資人並未妥善規畫，因應其他可能發生的情境，因此時常在面臨與過往模式有別的情況時犯錯。他們深陷於從眾心理，這是弱化版本的團體迷思。

金融市場當然只是風險遭受誤解的一種環境。不過，要是一個人會在金融市場中犯錯，很高的機率也會在其他地方重蹈覆轍。

與成本效益分析漸行漸遠

若不談較廣泛的政策面，公共投資計畫的嚴重錯誤大多發生於實施階段[22]。採取策略後，詳細評估實行後的狀況相當重要，包括連鎖反應和副作用，並且必須在執行期間持續監控及評估。我們可能依據現況評估影響程度，也可能與其他政策選項相互比較。我們可能運用成本效益分析來執行，縱使可能高度複雜，但在概念上，就是把政策的所有成本和效益兩相對照，簡單明瞭。爲方便比較，我們將政策的所有預期結果轉換爲金額，接著將成本與效益相減，審慎權衡各種政策方案。

這種實用方法聽起來很有吸引力，但應採用哪些衡量指標？不同選擇，得到的結果可能天壤之別，而使用哪些指標可能是依決策者對結果的偏好而定。也就是說，挑選及評估風險衡量指標相當於行使權力。許多政策在訂定時，會針對防止人員傷亡指定一個金額，同樣地，損害生活品質也會獲得應有的價碼。政府、保險公司和其他機構如何看待人命的價值，這方面已有眾多文獻加以探討，當然，不管使用哪種衡量指標，得到的數值都無法眞正反映一個人的存在價值，只是爲了輔助決策者做出困難選擇。有時，只要今天犧牲少數人，明天便能拯救眾多人的性命。政策制定者可能面臨艱困決定，明瞭無法輕易閃避下了判斷後的責任——例如在戰場上拒絕抉擇，或制定經濟或衛生政策也可能使人喪命，甚或賠上更多人的生命。

但爲何可以接受估量人命的價值，或做出甚至得犧牲任何一條性命的抉擇？不同道德體系有不同答案。釐清是哪些事件和抉擇會使人喪命也很重要——這的確比確認當事者是否死亡更重要。因此，大部分人根本無法接受某些選擇，例如透過積極、清楚的決議，選擇犧牲無辜人民的生命，即便該決定比起其他替代方案可以拯救更多人，還是讓人無法接受。

上述原則的適用範圍更廣。即使生命沒有受到威脅，若政策制定者認為，太多方案都令人無法接受，尤其擔憂某些政策決定在日後可能遭致批評，某些選項可能就會直接出局，因此決策者往往退而求其次，屈就第二理想的決策。要是愈來愈多政策選項以這種方式遭到剔除，達成單一目標的可行選項便將縮減。更大範圍的成本效益分析甚至不在考慮之列，許多策略一開始便慘遭摒棄。當政府部門或內閣沒人提出異議或跳脫框架思考，問題便可能因為團體迷思而惡化。萬一又平添大量恐懼情緒，預防動機（敦促我們寧願過度謹慎也不冒險犯錯）便會取代較平衡的風險評估。恐懼也可能成為對外護航政策的工具。一旦採取預防至上的行事準則，往往只會專注於單一或狹隘的幾個目標，並研擬能達成目標的相應政策，不顧是否可能衍生任何副作用（不管好的壞的）。如此一來，儘管可能利用某種形式的成本效益分析來為已成定局的決策辯護，但在決策過程中，並未嚴謹分析成本與效益。

政治人物當選後，通常會慎防任何可能流失選票的政策。在現今政治正確的環境中，一旦有任何政策挑戰過分強調人際關懷的價值觀，他們便顯得小心翼翼。此外，在恐懼主導的世界中，預防動機取代了更明理的利弊權衡，指控形同定罪——例如封城期間，立場激烈的宣導廣告無不暗示，違反外出禁令就是在拿生命開玩笑。看法比事實重要。因此，重點並非在於政策是否只關注人際關懷，政策能否成功向大眾傳達這項訴求，也是問題所在。預防動機已然取代了較周全的風險評估。我們放棄了理性，取而代之的是狹隘視野、集體愚蠢、以刻不容緩的危急感為號召，並且也暴露出缺乏通盤風險評估，或未對所有方案徹底研議。

過分溺愛

從以前到現在，制度逐漸加強對人民的保護。雖然這對社會大眾相當有利，但同時也改變了人們對正常期許的認知。發生問題時，我們在大環境的鼓勵下慣於尋找怪罪對象。從國家層面來看，則是人民仰賴政府扛起愈來愈多責任，減少我們生活中的風險。隨著生活富足、社會運作日益複雜，是否勢必就會走到這種結果？我不認為。財富比較像是縱容這種趨勢發生的助力，並非肇因。現實中比較像是，將人際關懷視為優先要務的道德觀刻意忽視其他考量（包括傳統、人身自由、言論自由），加上態度驕傲自負，且樂見政府干預，才導致目前的狀況。有些人將關懷至上的道德觀視為進步的表現，其實正是團體迷思的證據。如同其他團體迷思的例子所呈現，同一個核心信念可能有人認同、有人不同意，兩方立場涇渭分明。這種（內部）缺少有效制約的現象，也是團體迷思的一大特色——在裡面的沒人敢講，願意阻止的人受不了而離開。舉個例子，兩名行爲自主的成年人應擁有多少自由，才足以嚴重傷害對方——例如將對方活活吃掉？彌爾認爲，不干預個人自由的前提，是行爲不對他人造成傷害，這是約束關懷至上原則的基準點，但有明顯的例外——例如未成年人、患有精神疾病者等——而且這些定義在哪些情況下得以生效，也備受爭議。在剛剛舉的例子中，即使雙方都同意同類相食，但此行爲對他人的衝擊過大，他人能否以此爲由介入和阻止？希望被活活吃掉的欲望是否算是心理疾病，構成外人干涉的理由？顯然這是相當極端的例子，相信除了最激進的自由主義者之外，所有人都會希望政府出手干預。只是，如果是強制生命受影響的肥胖症患者（或許是在醫院）實行健康飲食，或防範散戶投資極高風險的標的呢？我想說的是，要在哪裡劃定底線不只涉及技術層面，也必然掀起道德論戰。

某種程度上，社會學家布雷德利．坎貝爾（Bradley Campbell）與傑森．曼寧（Jason Manning）呼應里斯曼從傳統約束型、內在導向型到外在影響型的三階段性格演變，主張人的發展有其進程。最早是「榮譽文化」，以劇烈的反應捍衛自身名譽；接著是「尊嚴文化」，不管他人如何看待，總是以自己爲豪，對於他人的輕蔑不以爲意；最後是「受害者文化」。受害者文化有三個特徵與尊嚴文化不同：對他人的輕視高度敏感、傾向透過對第三方抱怨來處理衝突，以及渴望將自己塑造成受害者的形象。其所表現出的，是當事人渴望與現實和挑戰隔絕，不受侵擾，且情緒發展缺乏自助與獨立的能力。這樣的文化容易養成與人爲善的官僚作風，接著後者再進一步強化前者[23]。

葛瑞格．路加諾夫（**Greg Lukianoff**）和海德特在《爲什麼我們製造出玻璃心世代？》（*The Coddling of the American Mind*）這本著作中批評社會養成玻璃心世代。他們指出三大謬誤：與非我族類的對抗（人生是好人和壞人的戰爭）、脆弱（殺不死你的，讓你更脆弱）、情緒推理（永遠信任感覺）。這些都與古老智慧相互牴觸，缺乏現代心理學研究的相關根據，而且對個體和群體有害。

他們認爲，敵我對抗的思維是恐懼（不管是不是害怕末日來臨）和基本部族主義的體現。依照截至目前的討論脈絡，我們可以看到，聚焦於關懷的道德觀在內團體中不斷強化，代價卻由其他人承擔，並且反倒激發宗派主義（**sectarian-**

ism）並導致社會無法包容異己、充滿仇恨、蒙受傷害，可說異常諷刺。

我們都擁有反脆弱（anti-fragile）的本質。挑戰讓我們成爲個體，促使我們思考；有挑戰才能有所發展。兒童尤其能反脆弱。緊迫盯人的教養方式對兒童有害，他們需要更多不受監督的玩樂自由。過度保護會使小孩的適應力下降。與其不斷一味迎合，適度給予挑戰也對成人有益。因此，我們不應如此擔心冒犯別人，反而可以刺激對方從不同角度看待事情，爲其帶來幫助。此外，我們也應避免過度寬以待己，應探尋挑戰自我的想法，而非不斷強化既有觀點。

這與前文提到的情緒智商概念也有關聯。大家普遍認爲，我們應避免得罪他人，最好順應他人的看法，而非提供他人眞正需要的資訊，這種觀念源自提倡職場和其他社交場合的情緒智商，而這可能得犧牲生產力。我們必須有意識地選擇好的決策方向，不是討好所有人，並培養對內在大象有益的習慣和動機。許多捷徑和道德推理都會造成不好的結果，我們應該極力避免。這不容易，但希望透過本書的說明，可以使人稍微理解，爲何在這方面下點功夫那麼重要，同時也揭示履行方法。

重點摘要

本章談及人類心理的各種面向——不理性、道德體系、恐懼和焦慮，以及我們應對不確定性的方式。在這過程中，我探討了團體迷思的誘人之處與其危險。

本章的重點如下：

- 理性迷思由來已久，我們自以爲理性，但其實遠非如此。遵從部族／親屬的決定是有利於演化的策略，維持表面和諧比採取正確行動更重要。做事能力比理解力更重要，占據更高地位。
- 然而，人類渴望透過敘事理解世界。我們的理智可以創造這類敘事，並扮演潛意識的公關。不妨將潛意識中的自我想像成一頭大象，理智坐在上面，但無法控制大象的行動。
- 愈是聰明、學歷愈高、愈有學問，愈懂得自欺欺人，使所有人相信理性的表象，因此菁英最有可能落入團體迷思的陷阱。
- 潛意識大象會依據我們的熱忱所在決定去向。我們可以學著透過情緒與內在的大象溝通，並全心追求自利以形塑熱忱。不過，擁有高情緒智商不代表更理性。

- 我們追求理性的努力時常不敵強烈情緒，尤其是恐懼和焦慮。
- 只要一個有如面臨末日的巨大恐懼，經常就能占據我們的所有心思，同時可能還具有療癒功效。這足以幫助我們集中焦慮，相較之下，其他問題便不會顯得無法應付。
- 群體信念和道德體系有助於應對恐懼，但也會將我們與現實隔離，促成大規模團體迷思。
- 一旦道德秩序受到威脅，理性便會短路，防衛機制隨即啓動。
- 比起強制推行理性的解決方案，引發衆人抗拒，進而激發不理智的作爲，依利益行事經常可以促成我們更渴望看見的結果，整體上也較符合邏輯。
- 伸張正義時常需要對他人行使權力，因而導致不必要的衝突、苦難和折磨。
- 社會變遷顯著，從強調美德轉變成注重價值，從內在導向演變成受外在影響——從著重培養內在力量到更在意他人觀感。當不同道德基礎彼此碰撞，結果往往是不解和衝突。

● 恐懼和焦慮主宰行爲，加上道德觀分歧，致使人們以不理性的方式回應不確定性，尤其是義無反顧地信任預防動機，犧牲了較周全的風險評估。

● 面臨不確定性，我們也躲回自己的世界，選擇善待自己，對孩子則是悉心呵護，而不是將挑戰視爲促使成長、有益健康的機會。

● 如同《十二怒漢》中的陪審團所示範，理性行事並非易事。迎合主流的團體迷思大多比較輕鬆容易，但這可能造成最糟糕的結果。

第二章　和睦共處

「置身社會網路之中，我們多少受身邊的人影響，必然失去部分個體性。研究群體行為時著重於群體關係，勢必減損個體的重要性。此外，人脈關係牽動許多行為和結果，在道德層面傳遞出弦外之音。」

——社會學者尼可拉斯．克里斯塔基斯（Nicholas Christakis）與神學研究家詹姆斯．福勒（James Fowler），出自《緊密相連》一書（*Connected*，暫譯）

理解了我們生活的社會存在多種道德體系後，該如何自處？更具體來說，我們該如何在崇尚各種道德體系的群體間斡旋，以確保政治單位——尤其是民族國家——順利運作？前文已指出，不同道德體系的追隨者想要理解彼此並不容易，有必要在某種程度上守衛自身的道德基礎。在現代風行多元主義的民主國家中，政府與人民之間必須要互相信任，但我們也明瞭，新願景和想法帶來挑戰和競爭，對現狀不啻是種刺激。我們不希望扼殺創造力和活力。因此，從不同道德體系的角度來看，國家應扮演一個不招致反感的統治角色，並協助防止衝突爆發。然而，國家也應鼓勵不同意見，帶動想法間的良性競爭，同時應促進公衆信任，營造穩定環境，而不是利用武力和恐懼試圖強制執行意志。

主要起因於宗教分歧的三十年戰爭（The Thirty Years War, 1618-1648）重創歐洲大部分地區，奪走約現今德國三分之一人口的性命（約八百萬人）。戰爭進入尾聲，各國在一六四八年簽訂《西發利亞條約》（Treaty of Westphalia），確立了各國不應干涉他國內部事務的原則。其所產生的結果是，君主和國王因而可以在領土內指定國教，並決定統御臣民的方式。這項不干預原則爲歐洲帶來和平，至今仍是國際關係的核心準則①。

嚴重的宗教衝突至今依然存在。北愛爾蘭依然因信仰差異處於政治對立；中東更因爲教派間水火不容而衝突頻傳。由於缺少中世紀的君主或現代獨裁者強制灌輸共同看法，社會中如有龐大比例的人口無法包容異己，想要維持和諧的社會氛圍可說困難重重。這種不寬容的態度可能出自感覺受威脅的宗教團體，也可能來自其他擁護某種道德觀的群體。

許多國家追隨美國的步伐，確立憲法在宗教信仰上的中立地位。這是政府展現包容其他信念的模式之一，不過某些國家並不接受這種作法。許多人深信，唯有他們信奉的宗教才是眞理，也有不少人認爲，不同的信仰對他們自身與生活方式都是威脅。第一章就已提到，一旦有人認定自己所屬的群體受到威脅，便可能出現不理性的回應、對他人仇恨和展開侵略行爲。我們很難說服活在威脅陰影中的人改變想法。儘管程度不一，但各種政治光譜的人面對異己都可能不甚寬容，甚至發動攻擊。雖然有些人可能認爲，這種無法包容異教的現象只見於右翼人士，從海德特對於不同道德基礎的見解，我們卻可以了解到，自由派（甚少認同神聖／褻瀆這組道德基礎）爲何也會覺得，某些宗教觀點難以接受。縱使他們想關懷他人（包括他人信仰自己的神的權利），但當此想法與他們堅守的平等原則

①不過該原則與後來的民族自決權有所矛盾——而現代人記憶中最血淋淋的實例，大概就是南斯拉夫解體後接踵而至的巴爾幹戰爭（1912-13）。

產生衝突，就不一定能做到。這是好是壞，端視每個人的思考角度而定。我的立場是避免評論價值觀，而是意識到這種衝突可能發生。例如，現今許多人基於宗教理由反對墮胎權，主張所有生命都是神聖的存在；有人拒絕醫療介入，拯救小孩的生命；還有人以類似的理由抗拒接種疫苗。這些衝突並非首次出現。統治英屬印度的英國官員在一八二九年禁止「娑提」儀式（sati，意指丈夫過世後，寡婦必須投火殉夫），並於一八六一年推行到全印度。此政策違反長久以來的宗教習俗。干預的重點在於，唯有受影響的人民感覺威脅減少，對這類政治手段的認同才能扎根，問題才會永久解決。

呼籲社會多點包容心的作法爲何時常以失敗收場？只要不傷害別人，所有人都能爲所欲爲，這是普遍爲人贊同的行事原則，但不同群體對於何謂傷害並無一致看法。就算政府試圖教育人民接納不同觀點，仍有不少人反對——鼓勵訴諸理性縱然沒錯，但在另一方的眼中，則是難以忍受的政治宣傳，尤其如果資訊來自外界（給人威脅感的）來源，負面感受更強。

社會資本

舉凡能賦予整體社會價值的行爲規範和人際互動網絡，從對商業合作對象的信賴、大街小巷的規矩和秩序，乃至政治人物兌現承諾的公信力，都是社會資本。我們以能創造社會資本的方式行事，因爲我們相信其他人也會如此。我們何時友善合作、何時果敢競爭，以及依循哪些規則與人互動，大致都可以從所處環境提供的誘因和制度得到解釋。然而，有些群體所處的社會資本匱乏，無論距離再靠近社會資本豐饒的環境，人若不在其中生活，還是無法從中裨益。遺憾的是，包容與合作可以建立起制度，爾虞我詐和充滿恐懼的社會當然也行。猶如恐懼足以摧毀社會資本，利用恐懼脅迫大衆服從的政策當然也會。在思想和行爲規範成形的過程中，團體迷思能扮演正面或負面角色，也能影響社會資本。選民和利益團體太容易陷入團體迷思，阻礙社會理解與合作，進而造成負面結果，這個現象愈嚴重，群體的思維愈封閉，對外來者的敵意愈深。

缺乏信任

人與人之間互不信任會怎麼樣？我們可能不相信任何外人，或是反對小孩打疫苗。但缺乏信任也可能是社會中更普遍的現象。美國政治學家愛德華・班費爾德（Edward Banfield）研究一九五〇年代南義大利的盧卡尼亞（Lucania）一地，寫成《落後社會的道德基礎》（*The Moral Basis of a Backward Society*，暫譯）。根據書中的描繪，當地極度欠缺社會資本[1]。他利用問卷調查彙整資料，檢驗他所提出的假設，即當地人是毫無道德觀念的家庭主義者（familist），只在意「提升核心家庭成員的物質生活和短期優勢，並預設其他所有人也以此爲目標。」研究結果與假設完全吻合。大概至少從諾曼人來到義大利南部後，該地區有幾百年時間沒有什麼發展。班費爾德發現，當地社會沒有追求改變或進步的傾向。取得中等教育學歷或有抱負的人乾脆離開。唯有需要人力幫忙家務的人家，才願意收留無父無母的姪子或外甥。人民預設所有政治人物都會貪汙，候選人只要略施小惠就能收買選民，願景對他們來說毫無意義。北義大利的情況截然不同。那裡有歷史悠久、充滿活力的城邦，公民傳統底蘊深厚，社會資本富足，人民遠遠更加富足、有活力。

爲何不是所有社會都能持續累積社會資本？各種理論從宗教和道德觀等不同角度切入，或許能解釋群體何以互相敵視，但實在無法眞正說服我，例如德國經濟學家馬克斯・韋伯（Weber）的新教倫理（Protestant work ethic）②便試著從不同宗教去探討經濟活力的差異。儘管足以從這些理論中發現其論述的道理，但爲何只考慮道德理念對經濟行爲的影響，而忽略其他衆多歷史因素？我們知道，心理學家所謂的凝聚力可團結群體成員，大幅提升衆人願意付出的心力和生產力，但前提不是每個人堅信什麼，而是所有人相信同一件事③。群體必須提供歸屬感，成員才會自願服務並無償付出。各個社會中，道德體系在不同時代不斷演

②馬克斯・韋伯（Max Weber）在一九〇五年發表開創性巨作《新教倫理與資本主義精神》（*The Protestant Ethic and the Spirit of Capitalism*），而後世普遍認爲，他在書中的論述傾向認爲，宗教改革爲個人帶來更多自由，假若繼續由天主教獨大，無法發展出如此有活力的資本主義。

③這也可能導致團體迷思。如同兩名英國經濟學家保羅・柯利爾（Paul Collier）和約翰・凱伊（John Kay）在《貪婪已死》（*Greed is Dead*，暫譯）一書中所述：「如果沒有多元主義，合作可能淪爲本位主義而停滯不前，引發團體迷思的謬誤。」

變，也是基於同一個目的，而那些維持超過一陣子的道德觀，基本上已和經濟活動與人際合作相互契合。我可以理解，擁有共同目標和身分認同的社群爲何能夠同舟共濟、新英格蘭（New England）的早期清教徒移民爲何出現類似情況，以及數百年來歐洲各國爲何總是（在挑戰的刺激下）針鋒相對，但爲何某個宗教能激發比其他宗教更強烈的向心力，這方面的論述竟是付之闕如。因此，若能深入探討身處不同情況的人們相互接觸時，在誘因的引導下如何回應對方，或許對我們有所助益。

賽局理論

賽局理論的宗旨在於，理解雙方關係人在考量誘因和結果的情況下，彼此之間的互動情形，而最終後果除了取決於各方行爲，另一方的決定也會造成影響。在囚犯困境的經典例子中，一起犯罪的兩人（嫌犯甲和嫌犯乙）遭到監禁。如果沒人自首，警方無法將另一人定罪，但要是有人自首，未認罪的那人將需承受最嚴重的刑罰（例如嫌犯乙坦承犯罪，而嫌犯甲不承認）。在這些條件下，嫌犯甲要不要自首？在這個一翻兩瞪眼的賽局中，執法機關可以精心規畫犯罪後果（刑罰），讓兩名嫌犯都有可能自首，一同入獄服完不算短的刑期，只是這種情況下的刑期，怎樣都不會比一人自首、另一人隱瞞的狀況更長。

要是不只兩人，且其中特定人員還多次互動，情況就更複雜了。如果是這種賽局，建立個人名譽就很重要，而且也會影響其他人與你互動時的行爲模式。我們可以利用電腦來模擬多方互動的行爲模式。一般而言，接觸的對象隨機決定，每個人當下自有一套選擇合作或不合作的策略。若與同一人再次遇到，則會勾起往日接觸交流的記憶。最早的賽局理論電腦模擬中，部分成果出自美國政治學家羅伯特．艾瑟羅德（Robert Axelrod）之手[2]。他稱爲「以牙還牙」的策略在某些賽局中尤其成功，而且成果斐然。一開始盡量合作，但要是有人背叛，下次遇見時予以報復，不過之後便會寬恕對方，接下來再次合作。這項策略不容易運用。由於會有嚴厲懲處，在「以牙還牙」的策略選擇背叛，其實並不划算，但這能防止世仇般的長期鬥爭永無止境地持續下去。然而，儘管「以牙還牙」在不同成員和策略組成的初始群體中可以大放異彩，在某些情況下還是難逃一敗塗地的命運，特別是當所有人都不願合作的時候。在這樣的環境中，沒人有好日子過，但如同囚犯一樣，那些永遠選擇背叛的人，策略的成效反而不是最糟。換句話說，一如班費爾德在南義的研究所顯示，當人與人之間沒有信任，合作策略就變得毫無意義。

賽局理論給我們的啓示是，如果你知道未來即將與同一個人多次互動，或除了實際互動過的人之外，還有更多人清楚你的行爲模式，你就能建立名聲。能夠打響口碑，表示你有能力建立信任感，擁有更偏合作性質、更有利的互動。在封閉的區域社群中，與同一群人多次互動是很普遍的現象，不過這情況也存在於特定市場，例如傳統的勞合社（Lloyd）④承保市場，裡面幾乎所有人都彼此相識。比起多數人互不認識，或人人可以選擇背叛，日後再避免相遇的環境裡，在上述關係如此緊密的人際網絡中，較容易建立並維持信任及社會資本。因此，你可以透過時常與相同的人打交道，建立起好名聲，這對往後合作相當有用。

另外，你也可以提高自己背叛他人的代價，藉此博取信任。方法是行事風格維持穩定透明——讓更多人了解你的行事作風，而不僅是你實際接觸的對象。開誠布公等同於宣示日後你將依憑特定方式行事，一旦違反，則需付出比具體交易結果更高的代價（極端情況下可能需付出慘痛代價！）當然也有完全相反的論述，認爲應保守行事，以免遭人利用。暫且不論其他因素的影響，雖然簡明的行事作風有助於提升公信力，但策略可能必須比「以牙還牙」更複雜。縱使如此，策略能否成功，以及行爲的透明程度，最終還是取決於遊戲規則／互動的本質，而且當下面對的是誰也很重要。

剛提到的公開宣示當然可能成爲道德法則的一部分——足以形成價值觀或行事原則，無法依個案推斷而隨意修改。總之，擁有無法打破的準則可能限縮你理性的行動和行爲自由，同時也能提高公信力和聲譽。這是堅守價值觀所產生的力量及必要的犧牲。我們知道，道德觀可能讓我們陷入狹隘的思考模式，導致艾爾弗森和史派塞所稱的功能性愚蠢，不過長期而言，功能性愚蠢也可能帶來好處。

共同目標

美國政治學家羅伯特・普特南（Robert Putnam）在二〇〇〇年出版的《獨自

④編注：勞合社（Lloyd），成立於一六八八年的英國保險交易市場（有如股票裡的證券交易所），爲來自世界各地的保險公司、保險經理人提供保險交易場所及相關服務，但其本身並未有承保業務。

打保齡球》（*Bowling Alone*，暫譯）一書中，探討美國在二十世紀下半葉（亦即社群媒體問世前）的社會資本流失問題，將保齡球俱樂部等社區活動衰退視爲大環境的縮影。他從社會資本減少的現象出發，連結到幾個社會問題，再延伸到參與式民主日漸遭受侵蝕：

「民主不要求公民成為無私的聖人，但的確以最溫和的方式，預設大部分人在多數時候都能抵抗誘惑，免於走上偏斜。愈來愈多證據顯示，社會資本可促進個體的正向發展，養成更開朗友善的性情。社會資本決定民主制度的成效，其影響能透過不同方式量化呈現。」

針對所觀察到的社會資本衰減現象，他也找到幾種可能的解釋。他推估時間和金錢的壓力（尤其雙薪家庭數量增加）或許占據百分之十，郊區化和人口分布逐漸去中心化也占百分之十。然而，另外兩個較重大的可能原因，分別是電視的影響以及看電視的時間拉長（占百分之二十五），還有世界人口離因應第二次世界大戰的生活而衍生出的高度社會資本愈來愈遠（戰時，人們必須、也容易發展出高度的信任和犧牲意願，這些特質在後來的世代逐漸消逝）。後面這項解釋，有一部分與電視世代的崛起緊密相依，總之兩個因素加總起來，最多可解釋百分之五十的社會資本減幅。

我們需仰賴共同文化，爲世界賦予意義（詮釋和指引）。傾全國之力支援行動（如戰爭）能更進一步強化共同身分認同和文化，同時也足以構成實際行動的動機。不僅如此，要發揮最好的效果，還必須營造急迫感，將其形塑成緊急事件，引發康納曼所謂「快思」的大腦反應。這可能轉化成敵人或代罪羔羊的形式體現於現實中（這是整個人類歷史的重要概念），或是換上更正面、更鼓舞人心的樣貌。正如甘迺迪總統所說：「別問國家能爲你做什麼，要問你能爲國家做什麼。」

至於如何樹立全國一致的使命和認同——或者換個說法，就是確立普世價值——戰爭／兵役和教育是兩種人類實際嘗試及測試過的方法。先前談到，國家以外的群體也能激發認同和忠誠。國家、部族和其他群體的效忠精神與品牌忠誠度相同，都有區分異己的特點：個體發展忠誠之心的同時，不理性的種子也在試圖扎根，基於獨特的情感，個體眼中的產品、群體和部族就顯得一支獨秀。

怎麼形塑共同目標或認同呢？爲了試圖達成這點，社群主義者從「經濟人」（economic man）的利己模式轉變成隸屬於群體的個體身分。他們強調制度形式和社會資本的重要，藉此協助填補經濟學和其他社會科學之間的差距。同樣地，行爲經濟學家提出各種模型，描繪個體應如何減少客觀的影響因子，以克服自身的偏見與不理性，並展示誘因在各種制度情境中的功用。然而，這類作法依然少了些什麼。我們要了解，經濟決策並不單單只是透過調整來達到最佳化，抑或仰賴制度形式，也要體認到，人往往並不在乎最佳化（甚至處於美國經濟學家赫伯特·賽蒙[Herbert Simon]所謂的「有限理性」[bounded sense]狀態）[5]。就像第一章所說，人眞的比我們想像中更不理性許多。

地方連結

也有人厭惡社會資本研究。有人認爲，社會資本縱使鼓勵我們與人合作，但涉及自由與包容時，便產生分歧。英國經濟學家沃爾特·白芝浩（Walter Bagehot）就曾談到，連鄰居都有可能造成專制。不過，礙於壓力而必須循規蹈矩，這種「專制」還是無法與眞正的政治專制混爲一談。我想大多數人都同意，家長多少還是必須管教小孩、教導小孩要有禮貌，或甚至（或許可能不太情願）要與鄰居和睦相處，正常來說，社會資本提供的好處似乎還是多過缺點。這是自律，而非專制。社會資本甚至還有不同類型之分：有些能鞏固情感聯繫，有些能促進跨域交流，對不同事情各有助益。普特南指出差異：「與親近的好友建立緊密連結，可確保你在生病時有人送上雞湯，但與疏遠的點頭之交維持薄弱的關係，比較有可能幫助你找到新工作。」

一如預期，群體或同溫層內的關係時常比群體之間的聯繫更緊密——群體往往建立於特別強烈的內部連結之上。儘管不一定所有人都贊同，但社會有愈多群體，愈難建立相互信任的人際關係，整個社會的社會資本愈難累積，可能是必然結果。普特南的另一項研究確實得到這樣的結論，該研究顯示，族裔多樣性可能減損結合型（bonding）和橋接型（bridging）社會資本⑥。自由主義陣營不僅大力宣揚多元族群共生共榮，更努力提升社會多樣性，儘管他們的努力諸多方面都值得贊許，卻反而可能造成社群出現更嚴重的社交孤立（social isolation）。海德

---

⑤他以有限理性的相關研究獲得諾貝爾經濟學獎。

⑥編注：結合型社會資本（bonding social capital）成員之間因共同的理念等因素而形成群體，各個成員之間彼此關係緊密。橋接型（bridging social capital）則是不同的個人因特定因素而彼此相關，包括朋友、同事等。

特統整美國自由派出於協助少數族群或弱勢團體所推動的各項改革，也提出類似看法：雖然違反直覺，但那些改革「可能導致社會福利損失，有時甚至傷害那些自由派試圖幫助的受害者。」如同許多事情一樣，矯枉過正並非好事。

那該如何創造更多社會資本？如果人們需要擔心哪天被鄰居告發，社會資本絕對無法累積。地處遙遠但擁有強大權力、常態實行歐威爾式監控、蒐集大量個人數位資訊並用於社會行爲操縱——以中國爲首，另有其他多國似乎樂於跟進——在瀰漫憤世嫉俗風氣、缺乏互信的社會，不可能有社會資本。

信任感大多是從地方開始產生。普特南的另一本書《讓民主發揮功效》（*Making Democracy Work: Civic Traditions in Modern Italy*，暫譯）聚焦義大利於一九七〇年爲實踐民主自治所成立的多個地方政府，審視其治理績效方面的落差[3]。其結論簡明清晰：公民傳統和社會資本愈多的地區，治理績效愈佳。義大利北部擁有更顯著深厚的社會資本，該地區的義大利人民期許更卓越的政府治理，並已準備好集體追求這項理想，反觀南部地區的人民則憤世嫉俗又疏離。不過，該書的第二項結論指出，制度改革能爲政治實務帶來改變。設立地方政府對義大利北部和南部都有好處，舉凡身分認同、價值觀和權力關係逐漸轉變，還有得以從不同社會學習他們的經驗。國家計畫能與地方制度相輔相成，逐步建立起社會資本。

不過，一旦社群之間發展出共同認同，領導者的影響力就不再侷限於特定地理區域，於是治理變得更爲困難。沒有地區性的社群，公民傳統和社會資本終將匱乏。社會少了立基於地方的約束力，形同助長迎面而來的浪潮，將我們推回班費爾德書中描述的南義大利。

正當政策

公共政策總是在權衡折衷的過程中尋求平衡點。比起社會資本較少的社會，社會資本較深厚的社會比較信任政府和政治人物。只不過，這份信任並非永久屹立不搖，只要人民認爲政策違反公共利益，尤其當他們覺得政府和政治人物刻意誤導，原有的信任根基便逐漸受到侵蝕。

新冠肺炎疫情期間推行的封城政策就是貼切的權衡例子，這類政策較不尋常，似乎顯得荒謬——儘管大部分民衆願意遵守規定，但不是所有人都苟同。當時政府一方面想確保社會大衆遵循封城規定（與其他相關健康計畫），另一方面也試圖維持政策正當性和民主自由，希望在兩者間找到平衡，在此前提下，政策制定者應謹記哪些問題？如果只注重人民是否遵循政策，就是落入了團體迷思的陷阱。由於恐懼是短期內讓人遵守規定最簡單的工具，所以引發恐懼無疑是相當吸引人的方法。英國與其他多國一樣，無不將疫情定調為緊急事件，公開呼籲民眾配合。政府刻意在公共宣導中加入恐懼元素，確保國人遵守公共衛生與封城政策。英國時事評論者羅拉．達茲沃絲（Laura Dodsworth）在《恐懼國度》（*A State of Fear: How the UK Government Weaponised Fear During the Covid-19 Pandemic*[4]，暫譯）一書中，細數了九個政府單位利用心理技巧，在疫情期間刻意操縱英國人民的作為。媒體則火上加油，協助政府渲染恐懼。

要是普遍認為政策有欠允當、不夠公開透明，且有證據證明，政策忽略封城的代價，反對聲浪便日漸激昂，威脅到大眾遵循的意願。更糟的是，民主正當性乃至更廣泛的對政府政策的信任，再再需仰賴社會資本才能實現，如此一來，社會資本會有流失的風險。

民主：不好好善用就會消失

綜觀歷史，推舉領導者是場賭注。我們現在知道，社會資本與民主績效之間顯然有所關聯，可惜的是，發展社會資本需要很長的時間。儘管近年有所進步，但有將近兩百年之久，南義地區大致上沒有任何進展。同時，也因爲年輕民主政體的發展速度不一，人民還不習慣公民文化，或還無法太信任家人以外的對象。我們很幸運可以生活在民主正常運作的社會，若不想失去投票權，以及與投票權休戚與共的自由，就必須格外警惕。別忘了，人民的權力從來都是辛苦爭取來的，並非不用付出代價就能輕鬆獲得。選民一不留意，可能就會喪失投票權，更慘的是，要是事後歸咎責任，可能還會發現其實步上了一九三〇年代德國的後塵，選出有史以來近乎邪惡化身的領導者。選民的確會選出配不上他們、更是糟糕的政治人物（尤其權力還會使人腐化），但大體而言，選舉不保證能選出更好的人選。選民必須謹記，每個人不僅應認眞思考該把票投給誰，還要想想領導者上台後，人民該如何約束其權力。

控制欲

二次大戰期間，許多公部門擴權指揮經濟運作，介入方式前所未見。希特勒統領的德國極度擅長集結兵力，整備軍隊與動員的效率遠勝對手。西方戰線軍心渙散，對於抵抗德國三心二意，尤其一開始更是如此。法軍兵敗如山倒，速度之快令人震驚。英國起初也沒好到哪裡去，幸好邱吉爾的演說多少穩住時局，而且多虧了不列顛空戰（Battle of Britain）的飛行員以及英吉利海峽等先決條件，英國才不至於早早投降。戰爭爆發之初，英國政治菁英面對希特勒的態度不一，掌權的政府官員和具影響力的政治人物依然傾向協商，採取綏靖路線。在這樣的情況下，號召作戰並定調爲緊急事件實屬必要。邱吉爾拒絕與敵軍和談。目標明確讓英國得以堅定對抗希特勒的決心，即便當時英國孤軍作戰，且似乎毫無勝算。

情勢險峻，勢必得傾全國之力才行。政府設立新職位，以集結人員和物資，全力備戰。國家職權擴張，介入指揮經濟活動。那時政府對經濟和人民生命擁有更大的權力和控制力，所有人習以爲常，不只恐懼，就連希望也是激發動機的重要元素。在人們眼中，審查制度和政治宣傳成了正當手段，不僅維護國安，也團結全國人民，滿足在戰爭中存活下來的至高需求。於是，英國儼然蛻變成槍口一致對外的部族，正如歷史上其他許多參戰的國家一樣。

史達林率領俄羅斯經濟轉型的能耐，不只打敗納粹德國，在東方戰線更是獲致比其他任何地區更大的勝利，讓許多人在戰後回顧時驚歎不已。處處都能清楚看見國家強力主導人民生活和經濟的景象，除了知名的海耶克（Friedrich Hayek）和凱因斯（John Maynard Keynes）之外，當時歐洲幾乎所有人都認爲，由中央政府統一掌控的集中式經濟是引領國家前進的正途。大多數人覺得，小型政府（或甚至中型政府）毫無未來可言。與此同時，政府也已習慣新的治理模式，不僅對公民加強控制，也運用官方政治宣傳達到目的。很顯然，這一切要眞正落實，恐懼肯定占有一席之地。

法西斯主義慘絕人寰的作爲，加上與西方國家處於敵對立場，後來更以挫敗收場，種種因素一再打破了人們對法西斯主義的幻想，但史達林的共產主義仍持續散發吸引力。隨著證據顯示史達林的極權統治無法無天、殘酷至極，已然構成違反人道罪，對深陷蘇聯團體迷思的人而言，無非是不得不正視的醜陋事實。衆多觀察情勢的海外人士都希望蘇聯並非如此不堪，而實際上，他們確實都被蒙蔽了雙眼。然而在馬歇爾計畫的援助下，西方領袖終於認清蘇聯是新崛起的敵人，體認「鐵幕」已沿著蘇聯軍隊駐守的歐洲防線落下。自由民主有可能倖存嗎？就算不是擁抱共產主義，許多人還是認爲，比起自由放任的小型政府模式，社會主義是更顯而易見的發展路徑。世人普遍深信，領導者和政府必須扮演主動積極的角色，才有機會恢復往昔的自由市場和自由。在冷戰的時代背景下，團結一心的抗敵意識仍是可以清楚感受得到。

行文至此，我想回過頭去談談古希臘。即使國家的職權將大肆擴張，當時仍有追隨柏拉圖的門徒強調，如何在保護國家利益及裨益人民的前提下實行政策。不過也有一派人推崇蘇格拉底的懷疑論。表面上看似再怎麼聰慧，都不應假定自己博學多聞。自詡智慧過人而能爲他人決策的同時，危險可能已悄悄靠近。不管是否接受國家擴權，這些支持民主制度的蘇格拉底追隨者始終堅持權力必須透明運作，並負起全責。尤其考慮到睿智的領導者可能容易淪爲暴君，與其挑選領導者，他們更重視權力制約。

當政者和選民都一樣，問題不僅僅在於應信任誰的權威，對自己的信任程度也是癥結所在。雙方都必須避免陷入團體迷思，具體來說，就是深信某一情況只有一種應對方式。政策永遠都有替代方案，制定者需要反覆評估和測試，從中選出最佳行動途徑。

然而，政治人物通常致力推動特定政策，即便情況有所改變，他們依然覺得有義務堅守立場。他們堅持採取以前奏效的策略，那些策略曾爲他們帶來成效、公信力，以及選民與共事者的信賴。就像在艾瑟羅德的賽局中，當事人可能不願改變做事方法，因爲這可能意味著他不值得信任。官僚系統同樣抗拒計畫出現變化，不喜歡遭受批評。由於上級長官和選舉時程給予的時間壓力，許多政治人物上台後發現，想要時時顧及選民想法、解釋複雜的細節，以及辯護所有政策的合理性，無不令人深感挫折。

媒體以選民名義敦促政治人物負責。與其耗費心神深入探究眞相，與媒體同業合力帶起輿論風向，成了極其誘人的選項。說服他人的欲望——拉攏批評者和潛在反對者加入團體迷思——此時就會浮現。二次大戰期間，對於政治宣傳的需求比承平時期更顯而易見，所以利用粗糙的手段指揮媒體報導特定事件，控制媒體的報導方式，往往容易得多。戰後，政府控制媒體的欲望並未消失：如果媒體不要爲了反對而反對，能夠理解某些政策的必要性就好了。要是媒體既明理又開明，必定可以理解政府試圖在做的事有何良善之意吧？

唯有選民不易受騙上當，而且媒體的公正立場不隨政府的意圖起舞，才能有效制約政府權力。這兩項條件不斷遭逢威脅。民主若要永存不息，人們必須時時警惕。

但國家要怎麼培養出不易被愚弄的選民？強健的民主有賴公民參與民主程序。領導者和人民之間必須相互信任，而這必須藉助社會資本才行。沒有社會資本便無法促成有建設性的政治參與，人民只會消極以對及抗議。普特南研究義大利南部設立地方政府所產生的影響，研究結果顯示，即使是數個世代以來一向缺少互信的社會，還是有進步的可能。不過，唯有先與所屬群體的其他成員大量且成功地互動，社會資本和信任才能在過程中滋生。這樣的信任必須透過學習和努力才能獲得。

選民也必須學會分辨政策和政治人物的好壞，也就是實際犯錯並從中學習。可惜的是，這件事沒有捷徑。選民無法只靠觀察他人的錯誤而有所領悟，只能親身體會犯錯的過程。意思是，在選出候選人和政黨後，才發現他們其實並非善類，承受慘痛的教訓，而後經過相同過程再次嘗試，不斷重蹈覆轍，直到獲得較理想的結果。

政治人物也要努力支持民主。要是察覺社會大衆對自己的信心正在流失，營造危急感——亦即打恐懼牌——會是一條捷徑。九一一攻擊發生一個月後，小布希總統獲得超過九成的支持率——創下歷任總統的最高紀錄。龐德在《他人的力量》（*The Power of Others*，暫譯）一書中談到所羅門（Solomon）、格林伯格（Greenberg）和匹茨辛斯基（Pyszczynski）的研究⑦，他們在下一次總統大選前半年，對（親民主黨的）學生實施問卷調查。他們提示一半的受試者想想面對死亡的感受，並告訴另一半的人（控制組）想像自己痛苦的情景。接著，所有人皆需回答可能投給哪位候選人。「結果相當驚人。控制組傾向支持凱瑞（Kerry），票數比例爲四比一，而收到死亡提示的受試者中，支持小布希的人數是凱瑞的將近三倍。」恐懼果然奏效了。同樣的情況可能在領導者的大腦中上演。我們知

⑦編注：即美國社會心理學家湯姆．匹茨辛斯基（Tom Pyszczynski）、傑夫．格林伯格（Jeff Greenberg）和謝爾登．所羅門（Sheldon Solomon），三人共同提出恐懼管理理論（Terror Management Theory）。

道，菁英更懂得說服自己和別人相信，他們已馴服內心的大象，也曉得他們更容易驕傲自大，陷入團體迷思。出於身爲菁英的優越感，領導者在制定政策上可能無法達到最大的透明度，也未能扛起後續責任，更別說要完全公開透明並負起所有責任。菁英泡泡可能導致施政正當性不足，並且以技術官僚治國。

朝技術官僚靠攏

美國哲學家詹姆斯・伯納姆（James Burnham）在一九四一年出版的《管理革命》（*The Managerial Revolution*，暫譯）一書中預測，取代資本主義的不會是社會主義，而是技術官僚（企業與政府機關的管理者）[5]。第二次世界大戰落幕後，有些人將此視爲社會主義的可行替代方案，只是後來由於冷戰的關係，加上國內的社會主義與主張更自由放任的意識型態彼此角力，轉移了大眾的注意力。然而隨著時間過去，國家治理已然轉向技術官僚，直到時間更近一點，社會大眾才意識到這種施政模式缺乏正當性，因而引發政治反彈。

技術官僚的影響力逐漸上升。獨立機關的勢力逐漸壯大，這類組織在政府底下獨立運作，卻不受政府直接管轄，也不太受議會監督。他們之所以受到青睞，多是因爲政治人物不想承擔伴隨著管理不同單位而來的政治責任與後果。不僅如此，儘管政治人物隱身在顧問背後，迴避原應負起責任的決策工作，或許給予人民投機的觀感，但這仍未能阻擋政治人物前仆後繼地效法。與決策組織維持愈疏遠的關係，躲過究責的機會愈大。

孟德斯鳩（Montesquieu）提出的權力分立有助於實踐問責精神；成立不必擔負責任（或責任微乎其微）的獨立機關，往往無助於歸咎責任。設立這類組織的初衷在於促進平衡，提高威信。許多人重視能力勝過正當性，且不知何故總覺得兩者無法兼具。尤其當政治力可能過度介入，而且選舉時程可能影響審愼的決策擬定程序時，獨立機關或許可以延長研擬政策的期限，使政策脫離選舉考量。然而，認爲政治人物不值得信任，因此不該賦予他們權力，這種想法相當危險。在民主政體中，即便認清社會議題錯綜複雜，需要高度專業的人才協助解決問題，還是沒有改變有必要妥善監督的事實。假設你和剛學走路的小孩一起走進軍械庫，而且你自認有能力在小孩把玩彈弓時從旁照料，但無法勝任讓他把玩一把上膛的手槍，在這種情況下，萬一你在小孩拿起槍時，刻意離開現場，再怎麼辯解都難逃責任歸咎。我們的領導者授予獨立機關這麼多權力，似乎就是這個例子的翻版。無庸置疑，相較於檯面上的政治人物時常受大眾檢視及要求負責，那些不受約束和制衡的人（特別是聰明的人）的確更像例子中的小孩。當我們有機會做錯事不必負責，回到像剛學走路那時被情緒牽著鼻子走的狀態，不過就是順從人類天性那麼簡單。

儘管以規則爲基礎的透明化體制能強化公信力，但現實並非總是如此。管制自然獨占事業就是很貼切的實例。當規模經濟造成某一國家或地區只有一家供應商提供某種物資——例如以特定基礎設施所構成的營運網——便可能形成自然獨占。監管機關想確立獨占者的收費水準，通常採用兩種方式，一種是設下嚴格規則（像是成本加成模式，以獨占者提供的平均成本爲基底，加上固定利潤後決定價格），另一種是讓監管機關握有更多決定權。這兩種制度都有缺點，例如只要呈報的成本刻意灌水，便能左右規則式的計價機制；而且監管單位即便廉潔公正，但轄下的實體掌握豐富資源，經過長時間偏頗失衡的資訊轟炸，主管機關難保不會任由擺布。

問題就在於，隨著社會更富足、更複雜，政府職責的範疇日益擴大。主張自由放任立場、由小型政府治理的觀點必須與現實抗衡，如同亞當·斯密等人指出，任由私部門自由發展，民間企業便有共同降低競爭的強烈誘因。在十九世紀的英國，國家能力（state capacity）大幅擴張，大致以管制及奠定基礎建設來促進競爭爲目的。新科技時常創造新的規模經濟，促成新的潛在獨占事業，因此社會大眾對國家也出現新的要求。在市場競爭中，國家必須確保創新、成長和消費者保障。部分公共財（如國防）不僅需要管制，也必須由國家提供。所以，即便希望政府權力愈小愈好，政府仍有眾多職權需要履行。其中許多已衍生複雜的動機問題，這方面已有大量文獻加以論述。由於我們生活的世界既複雜又充滿不確定性，以前透過較簡單、較易監控的規則來處理的事務，如今愈來愈多審議權已交到獨立機關手上。

結束在英國央行的輝煌經歷後，經濟學家保羅．塔克（Paul Tucker）寫了厚厚一本《非民選權力》（*Unelected Power*，暫譯）探討獨立機關[6]。他在書中詳盡述說哪些情況應委託民間行使公權力，並說明執行方式。獨立機關不只包括監督及管制特定經濟和社會活動的監管機構，還涵蓋有權推動新計畫、擬定新政策，乃至動用各種方法處理預期以外各式問題的組織。現今獨立運作的央行不僅實施已取得共識的規定，更有權決定如何達成已取得共識的目標。獨立機關擁有非經選民授予的權力，可能影響數百萬人的生活。

現在英國已有數百個獨立機關——數量之多已非議員可以有效監督。雖然政府、議會或國會或許耗費大量時間和資源去監督，但可能缺乏實質的制衡效果。端上檯面的各種構想和結論經常缺少替代方案。這情況令人擔憂，彷彿把我們帶回蘇格拉底和柏拉圖的時代。無論獨立機構的專員多麼睿智，一旦缺乏有效、嚴格的約束或監督，就有可能在決策時忽視政治人物的意志或民意，如此一來，儘管沒有明確的歸類，但可能淪為專制獨裁。

獨立機關管理階層與媒體和大眾直接溝通，不僅止於傳達事實，還可能提供不同解釋，與政府對事情的立場有別。他們也會形塑世人對事情的認知。他們積極涉入政治議題，一方面展現專家形象，另一方面又無需直接負責，享盡好處。他們有能力為自己的行為辯護、獨立於政府之外運作，並在政治人物做重要抉擇的時候，為其減少選項，但犯錯時無法由社會大眾汰換。他們不必和民選政治人物一樣承擔責任。

透明度是另一個問題。有些議題不適合公開，最明顯的是安全和國防方面的議題。於是民代難以監督，特定細節可能只有少數人知悉。哪些事項不得透露或許主要由執行機關的高層決定，監督方無從施力，包括支持替代行動計畫的相關資訊也無從揭露。公部門多少意識到這項問題，因此須祕密執行的事務通常不會委託獨立機關處理。儘管如此，公部門缺乏競爭與監督可能造成嚴重的浪費公帑和追加成本等現象，軍事採購就是貼切案例。

獨立運作的央行是特別重要的獨立機構，擁有比大部分監管機關更多的決定權。目前人們普遍讚譽透明化對央行決定貨幣政策有益。如同塔克指出：「經濟思想的演進過程中，宣揚透明化是促進政策效率的手段，同時也有助於央行實務契合民主價值，其附帶影響極其珍貴。」如果他說的民主價值是指僅在口頭上讚揚透明化，那倒還行。只是透明化要做到多高、多理想的程度，還是有很大的差別，而當不同目標之間發生衝突，差異尤其顯著。央行宣稱崇尚透明化，實際上也多少實踐此價值，市場信心就能維持。然而，我在寫這本書期間，央行購買政府債券的金額幾乎毫無減少，大動作實施擴張性貨幣政策，從經濟的角度來說，幾近與印鈔票無異，同時也試圖壓制對通貨膨脹的預期。第四章，我會就此再進一步說明。

領導者（與公民）想敦促國家機構開誠布公、廣納意見，進而有效守護國家利益，辨識並緩和公部門內部有害的團體迷思可說至關重要。央行可能無法大肆公開某些事務，但有些國家官僚閉門造車的現象嚴重許多，執著於守舊的行事方式，造成資源浪費與成效不彰。階層式組織尤其容易陷入團體迷思。內部普遍不鼓勵提出不同意見。正如第二次大戰前極具影響力的美國作家與民主黨政治人物厄普頓・辛克萊（Upton Sinclair）所述：「要是一個人的收入有賴於刻意不去了解某些事，那麼實在很難要他理解。」在技術專業備受推崇與尊敬的文化中，決策可能由小圈圈內的少數人掌握，而這些人總能成功摒除內外可能出現的批評聲浪。面對這般官僚制度，政治人物可能會被說服，或因為不願與專家學者已形成的共識正面交鋒，而被迫屈從。

我一直試圖指出政府轉向「有權無責」執政方式的趨勢（儘管每一步可能都有充分理由，但造成的整體效果並不合理），以及官僚制度持續壯大，逐漸難以控制。於是，預防原則獲得發展的養分，取代面面俱到的風險評估。想要均衡評估各種風險，不管是人員或單位，都必須先統整所有相關事實，展現做出最佳決策的能力及意願。可惜現今的情況是，每天行使無數選擇的人員，都是在追求有限目標且未充分考慮副作用或其他方案的情況下履行職權。對於他們未考量整體形勢便下達重要決策，我們不僅可以理解其中原因，確實也能了解爲何他們依賴預防原則行事。然而，我們眞正需要的是推動組織變革，以確保一特定決策得以由某個人更有效執行，而不是退而求其次採取預防原則，甚至在歪斜的誘因結構下行事。此外，我們也希望領導者能適當委派職權，以增進決策效率與品質爲訴求，而非犧牲問責精神。換言之，決策不必全部集中於某些機關，去中心化的確是許多決策的最佳模式，但也確實需要獨立單位給予某種程度的抗衡（對識別及減少團體迷思相當重要），並建立回報與透明化機制，讓領導者和選民能夠確認政府委任的決策者用心替公共利益把關。不僅如此，更高階層的長官也不能尚未充分掌握相關細節，就擅自如事後諸葛般批評或修改決策。遺憾的是，政府架構歷經沿革，有時已顯露功能失調跡象，而且抱持預防動機行事的情況日益普遍，尤其是爲了防範事情出錯而保守作爲。中央政府也欠缺足夠的治理機制，無法驗證決策是否適切，只有不熟悉細節的政治領導階層任由技術官僚和說客操弄。

重點摘要

本章探討信任與社會資本，兩者都是促進民主參與和有效執政的重要元素。我們注意到，委由技術官僚決策的趨勢，這可能減損問責精神，導致政策生硬僵化，決策未能受到適當挑戰或考量其他替代方案，進而造成正當性不足，傷害民主。

- 假如人民想要和睦共處，社會上必須減輕對彼此的恐懼。國家必須在某些道德議題上採取中立路線，鼓勵信任與合作。國家不應再激發更多恐懼情緒，可惜政府時常看似在打這個主意。
- 賽局理論告訴我們，最理想的合作策略取決於其他參與者的互動與行為。電腦模擬結果已顯示，建立聲譽有利於博取信任，進而促成合作（但也缺乏靈活變通的空間），有其價值。
- 社會資本是促進政治參與的要素。沒有開放共享、有利整體發展的社會資本，我們可能遭逢的危險是選民不願積極履行在選舉中應有的責任。
- 選擇政治領導者是場賭注，相較之下，監督掌權者負責更重要。不實踐民主，民主就可能逝去，改而走上通往專制的道路。

- 政府擁有強烈的控制欲，但贏得人民信任勢在必行，換句話說，減少煽動恐懼，並循循善誘促使人民配合。利用恐懼迫使人民遵守政策或許短期內有效，但也可能摧毀社會資本，扼殺日後合作和參與政治的可能。
- 地理界線不再清晰、舉國上下缺少一致目標，以及欠缺共通價值觀，也可能破壞社會資本，減少政治參與。
- 隨著情勢日益錯綜複雜，國家尋求技術官僚代爲解決問題，而且缺乏問責機制，是如今可見的發展趨勢。
- 結果，政策內涵未受到充分挑戰。形成決策的過程失去制衡的力量，且過度注重預防動機。
- 沒人顧及全局，沒人提出立場相反的疑問，也沒人督促當權者負責，於是我們面臨了菁英泡泡的風險，產生大規模的團體迷思。

如果至此描述的現況還不夠糟糕，下一章和後續章節將會探討新型態通訊科技造成的其他威脅：社群媒體革命解放人際交流，讓人感覺更具影響力，同時也令人迷失自我，危機重重。社群媒體促成新的經濟與個人發展潛能，可惜也導致短視近利、喪失理智、心胸狹隘、造成傷害。還有過分注重權利，卻忽視相伴而來的責任，以及多重身分認同與受害者文化，這些再再致使問題益加嚴重。要想有效因應，我們需要強化防線：更多社會資本、更多信任、更多包容。

第三章　社群媒體

「法國大革命發展到後來出現了公共安全委員會（Committee of General Security），該組織通過一條法律，明定任何人只要拿張紙，寫下諸如『某某人是革命行動的公敵』，再貼到中央廣場的燈柱上，那個人便會遭到逮捕。基本上，這就跟上推特發文一樣，沒什麼不同。這是沒有證據的公審和羞辱，不留餘地。」

——史蒂芬．佛萊（Stephen Fry），二〇一八年，《走火入魔的政治正確？》（*Political Correctness Gone Mad?*，暫譯[1]）

科技：強大的顛覆力量

從史前時代以來，科技發展一向無法逆轉。新科技可能帶來翻天覆地的變革，過去已有許多通訊技術改變了我們的思考與行爲方式。蘇格拉底反對書寫，認爲文字會毀壞記憶。古騰堡發明印刷術，一方面使梵蒂岡可以印製贖罪券，另一方面也方便人們取得各自母語版本的《聖經》。過去人們普遍認爲，購買贖罪券是一種墮落的行爲。馬丁・路德（Martin Luther）明白，新科技讓社會大衆得以接觸「上帝的話」，連一般人都能變成神學家。在此浪潮下，新教革命爆發，在十七世紀引發數十年的戰爭——這場戰爭波及社會上的每一個人，可謂前所未見。之後，電報縮短了距離，使人們著迷於「新聞」，亦即遠方發生的事件，而這股愛好時常只是出於新鮮感。前一章提到，普特南認爲，社會資本之所以減少了百分之二十五，肇因於美國戰後電視問世。

電話、電報、電視、個人電腦、電子信箱和網際網路無不對文化產生影響，改變我們互動和學習的方式，且時常是以嚴重破壞現狀的模式發生。通訊科技的演變始終帶有意識型態上的意涵，而且更甚於運輸科技的變遷。不僅帶來新詞彙，也改變了現有詞彙的意義。我們不應過分樂觀——不管什麼文化都一樣。現況將會遭到摧毀。這股力量勢不可擋，只要人們相信世界終究會朝著進步的方向發展，變遷速度就不會放緩。

以往，通訊科技進步如同運輸技術創新一樣，大幅降低人們接觸資訊的門檻，使人躍躍欲試。人們受到新思想洗禮，並經常性的與距離更遠、觀點多大相逕庭的人溝通，因此一開始可能受到嚴重衝擊。這賦予個體更大的自由和權力，也可能導致與領導者和菁英間出現不同看法，有時更釀成重大的政治變動。一般而言，我們可以看見誰占上風、誰屈居弱勢，而最終感受到整體情況有所提升，尤其是對先前沒有話語權或未完全發揮潛能的人來說，最是明顯。

然而談到弱智化，新通訊科技通常是公認的元兇。爲迎合如今更廣大、教育程度大多較低的群衆，內容變得更「接地氣」，至少一開始傳達的訊息往往較爲簡單。不過，如以前的實際情形所顯現，當大衆的教育程度提高、品味提升，此情況就可能改變，從印刷術發明以來，書寫素材的廣度和精緻度日漸精進，乃至廣播電台和後來的電視內容益發多元，都是例證。當以上現象發生，新媒體依然可以迎合菁英的品味，只是內容不再僅限於菁英導向。

網際網路和社群媒體是最新一波顛覆現狀的通訊科技浪潮。這些科技擴大了我們的人脈網絡，爲我們帶來更大量的資訊，除了造就明顯的好處，也引發具有爭議的效應。例如，現在愈來愈少看到有人深度閱讀，即仔細、緩慢地閱讀書籍，以求徹底理解其中意義。就像蘇格拉底惋惜記憶史詩的藝術，因爲文字書寫而消亡，如今我們可以感嘆專心閱讀益發困難，因爲許多人的專注時間縮短，並養成滑社群媒體的習慣。快速瀏覽和容易分心的現象日益普遍，甚至還有些神經學研究提出證據，直指重度社群媒體使用者的大腦發生變化。

新溝通模式

以前我們溝通的速度較慢，做政治決策和其他較重要的決定時傾向慢慢來。依據古希臘作者希羅多德（Herodotus）的說法，古波斯人的習俗是決策兩次：在清醒跟喝醉的時候分別決策一次。電話問世後，人的焦慮隨之而起：電話打斷原本進行中的事，減少面對面社交拜訪，而且相較於寫信，使用者缺乏時間深思。里斯曼觀察到，大眾媒體使我們對政治感到疑惑不解，「其嘈雜聲響和各項主張」侵犯我們的隱私。他指出：「以前我們先了解個體利益，才依序從個體過渡到地方、從地方到國家，最後從國家到國際利益，循序漸進，但大衆媒體強勢入侵後，此秩序遭到破壞，直接將個體推進全球政治的複雜環境，個體對於自己的利益所在，尚未建立起清晰明確的概念[2]。」

普特南對於電視侵蝕社會資本的觀察也爲我們帶來啓發。人們可以選擇待在舒服的家裡享受娛樂和獲取資訊，意味著某些類型的社交模式已經過時。他認爲，這損失影響了地方聯繫與信任，連帶民主參與也受到衝擊。因此，過去時常有人點出問題，擔憂新科技壓縮我們思考的時間，減損我們維護民主的能力。這種過時的擔憂可能過度誇大，不適用於嶄新的通訊模式——其實電子郵件創造比電話更充裕的思考時間。人們也發展出滿好的快速決策能力。只不過，根據我們對快思慢想的認知，思考速度再怎麼增進，是否會有極限？在短時間內，我們最多只能應付多少分散注意力的事務，才不致養成由情緒主宰回應機制的習慣？隨著社群媒體蓬勃發展，我們開始在幾秒內就給出反應，而且頻繁爲之，或許反思的習慣眞的會衰退一些。

從電視問世以來，人們便習慣被動接收資訊，而開始瀏覽網路後，情況也大致維持如此。電子郵件是雙向溝通，其限制在於使用者無法看見彼此，察覺對方細微的行為訊號。許多人從經驗中體悟到，某些情緒曖昧的訊息最好別透過電子郵件來傳遞。前文曾提到，眼睛所見的資訊多於大腦接收到的訊號——「看」的功用比較像是確認，而非發現。同樣地，每次溝通多半都帶有確認的目的。當我們懷有戒心、尋找反對的切入點時，很容易在閱讀電子郵件時加入自己的負面詮釋。就這方面而言，視訊是比較理想的方式，但仍比不上實際見面。電子郵件也可能不小心複製並寄給他人，造成各種尷尬和難以善後的狀況。社群媒體在這方面是否更加糟糕，因為我們不清楚有誰在看我們發布的內容？

以往，對談大多以雙方一對一的形式進行。有時我們也以聽眾的身分聆聽，而講者處於單向傳輸模式，根據現場規則或由主持人決定聽眾的發言時機。若有某些聽眾想在同時間講話，很容易演變成多人互吼的嘈雜場面，一片混亂。參與者想要大家聽見自己的聲音，就必須提高音量、過度簡化內容，並用更激進的形式表達，以便能脫穎而出、受到注意——也就是所謂的譁眾取寵。當每個人的火氣上來，場面便難以控制，進而可能激起憤怒情緒、引發情緒化的回應，甚至淪為暴力相向。

電子郵件和社群媒體的好處在於我們不必高聲吼叫，就可以接收到所有人想傳達的訊息，實現群體溝通。通常人身安全不會遭受任何風險，我們也能省下許多交通時間。然而，社群媒體（或更具體來說，社群媒體自二〇〇九年後所發展出的形式）改變了我們的溝通模式。我們的所有朋友、他們的朋友，以及他們朋友的朋友，以此類推，都可以看到我們的行爲、外貌、尷尬的錯誤和個人線上活動紀錄的任何一面，並留言評論。他們可以當著你的面討論你，或在背地裡談論。如果是人數衆多的社群，大家實際上可以匿名發表意見，甚至缺乏大型辯論場合一般該有的規範。

電子郵件已盛行好一陣子，並未造成重大問題，更近期的社群媒體反而引發令人擔憂的現象。臉書（Facebook）直到二〇〇六年才開放所有人使用，iPhone在二〇〇七年上市。不過，二〇〇九年才是關鍵的一年。那年，臉書新增了「按讚」功能，推特（Twitter）[①]也增加「轉推」功能——自此，社群媒體便讓人嚴重成癮。這些功能將我們窺探世界的窗，轉變成美國社會心理學者肖莎娜・祖博

---

①編注：推特已於二〇二三年改名爲「X」，不過本書出版之際「推文」一詞仍爲多數人採用，故暫不修改。

夫（Shoshana Zuboff）所說的「鏡子暴風雪[3]」。

「按讚」和「轉推」功能大幅擴張了使用者輕率評斷內容的能力，這種操作的便利性助長人們給予情緒化的即時反應，而非深思熟慮的回應。部分在社群媒體時代長大的孩子正遭受嚴重傷害——尤其是一九九六年後出生的Z世代。如同路加諾夫和海德特在《爲什麼我們製造出玻璃心世代？》一書中解釋，Z世代女孩比男孩受到更嚴重的影響。男女生霸凌他人的情況不分軒輊，但男生比較常採取肢體霸凌；女生則從關係層面下手。不管是頻繁的社會比較（social comparison），還是害怕錯過活動或落單，女生都更感到困擾。女生也比較常聊到自己的情緒狀態，儘管與他人分享感受可能有助於緩解問題，但透過分享，負面思緒和感受也得以在人際關係中流傳。雖然肢體暴力的威脅因爲網路社交興起而減少（不必當面接觸），情緒霸凌的機率卻因而提升。智慧型手機和社群媒體不只使人習於久坐不運動的生活型態，也導致焦慮和憂鬱的情況大幅增加，試圖自殺的案例隨之激增，尤其在Z世代女生身上最明顯。

上述意思不是說，人際交流的增加全然沒有健康方面的好處。紐約大學行銷學教授史考特・蓋洛威（Scott Galloway）在《四騎士主宰的未來》（*The Four:*

The Hidden DNA of Amazon, Apple, Facebook and Google）一書中表示，死於暴力事件的人數減少絕對是諸多正面發展之一。然而，Z世代的心理健康問題與高度使用手機和其他電子裝置有關，兩者之間存在強烈關聯②。

雖然暴力致死的情況減少，但包容心也是。現今這個世代將暴力視爲可接受的手段，同意此看法的人數之多著實令人詫異。路加諾夫與海德特提到近年來美國大學校園的變化，並以二〇一七年年底的問卷調查結果總結，兩成的學生認爲，爲了阻止不適當的人物到校演講而使用暴力，是可接受的抗議手段，而差不多時間所做的另一份調查顯示，抱持此觀點的學生多達三成。這簡直與文明和進步背道而馳，我禁不住瞠目結舌。十七世紀詩人、《論出版自由》（*Areopagitica*，暫譯）作者米爾頓（John Milton）生前曾大力捍衛言論自由，要是看見如今這番景象，大概要氣到從棺材裡爬出來吧。

看來，「按讚」和「轉推」功能大幅激化了人與人之間的敵意，加速憤怒情

②路加諾夫和海德特的看法令人信服，他們認爲，Z世代女孩飽受焦慮和憂鬱之苦，並有自殺傾向，此現象與使用手機和社群媒體不只具有關聯，更存在因果關係。

緒往外散播。如今快速給出回應早已成爲家常便飯，沒有時間可以好好思考。

缺乏深思熟慮事關重大。許多實驗再再顯示，人在面對同儕壓力時容易受不理性所影響。舉例來說，龐德在《他人的力量》中講述美國社會心理學家索羅門．阿希（Solomon Asch）的從衆實驗，該實驗向受試者展示兩張畫著線段的卡片。第一張卡片上只有一條直線，第二張則畫著三條線，一條與第一張卡片的線段等長，一條顯然較長，一條則短上許多。受試者必須比對第一張卡片，辨識三條線段。這任務很簡單，至少前四回合是這樣沒錯。沒想到，在十六回合接下來的十二回合中，其他人刻意說出錯誤答案，目的是要看看受試者會不會被旁人說服，不再相信自己的感官能力。最後只有四分之一的受試者全程答對。這就是暗示的力量。

不過，我認爲這也爲我們提供了線索，揭示最終該如何更妥善因應社群媒體的影響。如果你意識到自己處於實驗之中，且前人早已做過該實驗（阿希的實驗距今已超過七十年），而你懷疑自己容易受影響的特質可能就是實驗所要研究的對象，或許你就能更相信自己的感官一些。同樣地，最終人們可能都會更懂得辨別演算法提供的建議，而在使用社群媒體時，或許會在隨衆人起舞之前，更謹愼地思考後果。只是，這需要時間。誠如法國思想家阿勒克西・德・托克維爾（Alexis de Tocqueville）所述：「對於物質享受的品味……比思想啓蒙和維護自由的習慣發展得更快。」我們必須培養這些習慣才行。

偶爾被實驗人員誤導是一回事，但我們現在正持續不斷地被情緒化訊息轟炸。心理學家派翠克・法甘（Patrick Fagan）呼籲正視這個趨勢。「更廣泛而言，智慧型手機、社群媒體和網際網路傾向促進較膚淺的思考風格——也就是充斥更多情緒、衝動和刻板印象。」他指出，連番轟炸下，「我們比以前更容易產生集體歇斯底里」。於是，個體的心理狀態互相傳染，一人焦慮致使他人同樣出現身心狀況，這情況也就不令人意外了。實際案例中，有個學生覺得自己聞到瓦斯漏氣，促使其他人認爲自己出現瓦斯中毒症狀，進而導致全校疏散，但其實瓦斯並未外洩③。

加速決策等同於壓縮理智發揮作用的空間。就像第一章所說，我們甚至連一

---

③克里斯塔基斯和福勒在二〇〇九年的著作中，曾提及一九九八年發生於田納西州麥克明維爾（McMinnville）華倫郡立中學（Warren County High School）的實際案例。

點點理性都稱不上。我們尋求資訊來鞏固既有的觀點，且追求的人際關係通常有助於減少（而非增加）現有偏見受到的挑戰。

新人際網絡

海德特形容，增加「按讚」和「轉推」功能有如上帝決定更改萬有引力常數。不僅溝通方式改變，人際關係也是。從第二章提到的賽局理論可知，這對人類行爲的影響可能非同小可。

人際網絡可以有許多不同類型，發展成不同交流模式，並以不同方式擴展。以視覺化方式表達的話，最簡單的型態是一直線，位於兩端的人各自只與一個人有連結，身處兩者之間的人則個別與另外兩人往來。或者，人際關係可能像樹一樣，每個人都認識其他好幾個人，而這些人彼此不認識。這類型態據說擁有低遞移性（transitivity），反觀若每個人的朋友彼此相識，這種型態則呈現高遞移性。我們也可以這麼說，認識愈多遞移性相對高的其他人，在人際網絡中愈靠近中心。一如我們所知，一個人位居愈核心的位置，愈具備利社會（prosocial）的特質（可能信任他人／與人合作，但也可能未多加質疑就傳遞或採信新想法）。

某些人際網絡具有清楚的核心（有些是以上帝爲中心），某些則有多個明顯交匯點，這些節點的人際聯繫複雜熱絡許多。這類交匯處可以促進資訊傳遞，不過也會是外來攻擊的焦點。最穩定的人際網絡往往擁有多個交流極度頻繁的節點，不會只有一個。正如電網的核心變電站要是停擺，可能引發連鎖故障，社會網路的主要溝通者一旦發生變故，也會造成嚴重衝擊④。總的來說，一個人的社會網路和定位有四項因素可以衡量：規模、密度（牽涉到多少段人際關係）、與中心的距離，以及是否有交流極爲頻繁的匯聚中心或節點（個體或關係緊密的小團體）。

我們擁有與他人建立關係的高度能力，但也並非毫無極限。人跟猩猩一樣是群居動物，對社群的仰賴有過之而無不及。比起猩猩，我們可以在更龐大的群體中生活，因爲我們已發展出經營更多互信關係的能力。人類何以發展出語言，有

---

④舉個假設性的例子，假如瑞典環保人士格蕾塔・童貝里（Greta Thunberg）確認她錯怪了二氧化碳，長久以來只是在瞎擔心。要是她怪罪起全球菁英分子害她和整個世代活在不必要的精神痛苦中，那麼，會發生什麼事？雖然許多具有影響力的溝通者不斷重申並強調同樣的訊息（這對吸引支持者有其必要），但要是眞有一天，當他們眞正提出具有挑戰性的新看法，就可能造成龐大衝擊。

一種解釋是說，語言讓我們可以建立這種關係。有別於猩猩透過為彼此理毛建立信任感，我們可以同時與多人談話，還能一邊講話一邊做其他事。不過，人能維持穩定的關係數量有其極限，大概落在一百五十人左右——這項數據俗稱為「鄧巴數」（Dunbar's number），以人類學家羅賓・鄧巴（Robin Dunbar）來命名。社群一旦超過這個規模，如果沒有正式執法機制，會很難維持整體的團體紀律，畢竟矇騙並躲過懲罰總是比較容易。歷史發展過程中，多數時候都可發現這個現象。組織極度要求個體承受風險，以換取全體利益，這在軍隊中尤其明顯。維持紀律的效果取決於士兵是否關心彼此的福祉，而這需要彼此間有著深刻友誼才行。很顯然，從羅馬時期至今，陸軍一個連能有效管理的人數並未改變，始終維持於一百五十人左右，頂多超過一些。同樣地，加拿大作家麥爾坎・葛拉威爾（Malcolm Gladwell）等人也發現，員工人數超過一百五十人後，管理效果便開始下降[4]。

這意思是，隨著社群媒體為我們的人際關係網增加新接觸點，縱使能跳脫地理限制，卻也難免斷了與某些人的聯繫。當我們與思維相同的群體愈走愈近，所能接觸到的新觀點和反方立場勢必減少，與傳統、家庭和地方的聯繫也跟著減弱。重要的是，在更大程度上，這些較貼近地方的關係並不是我們自行選擇，因此，我們遇到的想法可能會比在社群媒體小圈圈內看到的資訊更隨機。或許不一定總是如此，但在社群媒體出現以前，當我們移動到其他地理位置，在途中就有可能接觸新想法，而我們可以勉勉強強的理解並學著應對。明瞭觀點的來源，對我們如何衡量觀點本身的眞實性與重要程度，一向相當重要。在社群媒體的世界中，這些脈絡大多已消失。

人際網絡內有參考團體（reference group），這些群體具有兩種功能：第一，做爲我們的比較基準；第二，影響我們的想法。你的影響力或受影響的程度取決於你的思想來源，以及你受他人想法左右的難易度。不過，所在網絡的確切結構、影響的來源，以及是否容易受網絡中的其他群衆所影響，也都有關聯。你有可能對此毫無察覺（但科技巨擘觀察你的一舉一動，反而愈來愈有可能比你更了解）。不過，我們倒是發現了幾件事。其中之一是，假設我們希望社會大衆對傳染病免疫，鎖定人際交往最頻繁、最靠近社會網路中心的人口，嘗試讓他們先發展出免疫力，是很合理的作法。一種方式是隨機找人詢問他們跟誰認識，接著先提升那些人的免疫力，而不是先從詢問的對象下手。克里斯塔基斯與福勒合著的

《緊密相連》一書指出，如此選擇免疫對象是「參考網路科學的研究結果，效力和效率可能提高七百倍[5]。」這體現出上述隨機偶遇和地方地理的重要性。而如此令人驚訝的顯著差異則顯現出，非隨機（相較於隨機）接觸可能對我們所在的社會網路造成強大衝擊。

這兩名學者研究並檢視了社會網路的特性。由於人們待在網路上的時間延長，他們更能對應社會網路中的眞實行爲，特別是動輒數百萬名玩家的大型線上遊戲出現，更助他們一臂之力。他們得到的其中一項結論是，影響力常見可橫跨三層關係：朋友、朋友的朋友，以及朋友的朋友的朋友。在大多數人際網絡中，超過這個範圍之後，其他影響力便會接替主導，包括廣告、新聞報導乃至更隨機的想法和事件。另一項發現，則是當有問題需要解決時，若團隊中原本就有成員互相認識，搭配部分彼此不認識的成員共同合作，團隊的運作效果最佳，其成效普遍優於大家幾乎都認識或幾乎都不認識等情況。當彼此間的熟悉程度不一，強弱連結並存，能創造最理想的結果。在醫療情境中，佐曼效應（**Zollman effect**）形容的現象大致相同：熟識的研究人員之間傾向快速取得共識，但交情不深的團隊較有可能達成正確結論。迅速決策之際，某些異議和替代方案便會遭到忽視。

換句話說，緊密的人際關係容易落入團體迷思：雖然快速得到結論，但結論可能有誤。

社會網路也會隨著新媒體普及而持續演化，尤其在社群媒體的推波助瀾下，社會網路的演進方式已嚴重影響我們遇到的對象和接收到的看法，進而左右我們對群體的忠誠度及對外來者的包容力。上一章談到賽局理論，以及行為人彼此間多次互動的多期賽局（multi-period game）。不過，假設人能選擇互動次數和互動與否，那些極少溝通的人一般會被視為處於網路邊緣，比起可能需要不斷迎合他人，對他們而言，這或許是更合適的策略；頻繁互動的人則最具利社會的特質。所以，若要試著模擬社會網路，我們可以將多種類型的行為人列入考量。有人願意信任並與他人合作，有人較常欺騙，有人懲罰欺騙者（「以牙還牙」策略），有人退居網路邊緣。

還有另一項觀察。社群媒體與孤獨感加劇劃上等號，位處邊緣的人自發與社會保持距離，不過在這麼做之前，他們的孤獨感經常也會感染身邊寥寥可數的親友。因此，儘管整體而言，社群媒體大幅強化人與人的聯繫，但也導致他者遭到排斥，相關精神狀況和其他問題也就隨之而來。

許多孩子想融入群體生活，社群媒體已變成必要之惡，因爲周遭所有人都在使用。小孩子想在街坊巷弄找同伴一起玩，還眞的找不到人。但在這樣的人際網絡中，恐懼和合群的強烈欲望可能變成主宰的力量。這會囿限思考和身分認同，使觀點更趨統一。你永遠不知道誰在網路上窺探你的一言一行，加上龐大的同儕壓力迫使所有人合群，於是引發焦慮。

新團體迷思

人際網絡、溝通模式和資訊流會如何影響我們對意義的理解？接觸新事物才會觸發學習動機，但社群媒體上的隨機或私人互動減少，所以社群媒體才逐漸變成重大問題。人們不追求新觀點，既有想法由思維類似的人際網絡及相關的外部資訊來源不斷強化，而非受到挑戰。當有人踰越思考的界線而遭到排擠或抵制，這現象尤其顯著。經驗與資訊的隨機性（randomness）也已降低，而且我們（以及試圖引導我們的演算法）已能更有效率地找到思考頻率相同的同路人，讓自己包覆在支持團體迷思的資訊來源之中。但在此過程中，我們得不償失。隨機性不只對思考至關重要，也會讓新的人際關係和想法得以成形，由於缺少啓發的契機，我們更無法跳脫特定敘事獨立思考。這需要自我意識的輔助才行，而這股自我意識不能源自敘事的內部邏輯。如同數學家哥德爾（Godel）的理論協助我們理解電腦發展出自我意識的限制⑤，因此不論我們多努力，若只檢視當前敘事的內部邏輯（不管我們多篤定其眞實不假），依然無法驗證其眞僞。集體歸屬感令人嚮往，但要言之有物地評論，我們必須走出同溫層。

此外，充斥更多焦慮情緒的環境對成長一點幫助也沒有，不只一堆事物使人分心，更時時提醒我們需要擔心各種問題。恐懼擊敗其他所有情緒，阻止我們保有好奇心。經常感覺焦慮的人甚至發展出強烈的自我保護心態。從衆心理（缺少新鮮感）導致認知發展緩慢，個體無法發展出自己的觀念，也無從檢驗。許多邪惡事端都是因爲順從群體而不思考所致。

---

⑤哥德爾的第二不完備定理（incompleteness theorem）指出，形式邏輯系統絕對無法展現一致性。數學家與諾貝爾桂冠得主潘洛斯（Roger Penrose）在《心靈陰影》（*Shadows of the Mind*，暫譯）一書中簡潔明瞭地解釋了結果。其基本概念如下：按照我們目前對物理定律的理解，人們可以推斷出某些關於電腦的結論，但電腦本身卻永遠算不出這些結論。潘洛斯宣稱，我們因而可以肯定，我們非但不了解如何建造具有自我意識的電腦，也不明白人類心靈的運作原理。他認爲，量子力學的某些方面或許能提供解釋，但這部分還有待研究。

如果與人爲敵，使用社群媒體會很危險。任何人都可能無故遭到指控及譴責，卻又毫無證據支持、立場也毫不客觀，甚或沒有太多機會可以回應或辯解。一般來說，萬一在社群媒體遭遇攻擊，只有兩種方法可以倖存，而這兩種辦法完全不在乎事實。第一種方法是大力仰賴公關，第二種是一開始便加入正確的群體，因爲比起外人，人們遠遠更樂意原諒同一群體的成員。這裡可以呼應第一章談到的其中一點：如果新資訊可以強化團體迷思，我們往往自問該內容是否可以相信（當然可以），要是無法，我們則會自問是否必須相信（不一定要）。在所有人都可能成爲攻擊目標的環境，加上永遠都有藉口可以貶低受害者，上述行爲等於爲團體迷思的成長提供養分，並加深群體間的隔閡。

智慧是選擇性地破壞資訊，但若輕率使用（受恐懼驅使，而非深思熟慮後才行動），會導致集體智慧降低。如有系統的依據群體喜好並摒除客觀認知而爲之，集體智慧將進一步減損。總之，新的人際網絡經營與思考方式正帶領我們朝更嚴重的集體愚蠢與團體迷思走去。

不僅如此，團體迷思一旦形成，讓更多人參與決策只會愈糟，結果不會更好。如此，將增加壓制不同聲音的作爲和資源，強化既有看法，並提高偏執固守錯誤決策的可能。若每個人都能獨立思考，群體的評估能力多會優於個體（例如，找來多人估測物體重量，其平均值往往相當準確），但當集體落入團體迷思，情況就不同了。謊言愈大，愈需要偏狹心態去維持，然而群體規模愈大，愈容易達成這點。當泡泡膨脹到最大，往往催生最冷血無情的行徑——反面觀點和異端分子最常慘遭全面排擠。或許集體持有極其強大的權力，抱持的認知卻也徹底錯誤。

個體依然渴望理解，並試圖反抗以獲得啓發。可惜目前的情況是，反抗者（大多是年輕人）都在泡泡內採取重複的模式，未能進一步得到啓發。小孩和青壯年族群採取的反抗方式，愈來愈屈服於不同的團體迷思——例如遵循對氣候變遷與政治正確的激進看法。這麼說或許違反直覺，但行動主義（activism）可能給人勇於反抗的印象、滿足挑戰權威的欲望、使個體以爲一己之力足以改變世界，因而要求賦予個體權力，過程中卻完全支持主宰行爲的團體迷思，甚至學校和大學還教他們怎麼做。像這樣打擊稻草人——代表反方思維的膚淺象徵——的行動主義以採納獲認可的事實爲特色，而非秉持懷疑態度看待主流理論，也不公正獨立地評斷反方的看法、試驗和資料。又一次，恐懼（尤其需有災難引導我們將注意力集中於恐懼上）讓我們甘願固守正統敘事。這類偽裝成反抗的行動主義也會進一步約束那些可能猶豫不決的人。年輕人經常是最有效的思想護衛，最無法容忍異己。在激進派的眼中，暴力、暴力威脅，甚至自殘，都是強迫他人接受其看法的正當手段。

此外，科技巨頭聘請數以萬計的員工審查內容。有時，網路交流內容全面遭到刪除。審查標準取決於少數幾個科技企業負責人的看法，以及他們想迎合的大多數人意見。公共領域中的非主流人士和異議分子在有系統地掃蕩下，從此絕跡。

設法阻止不同觀點或辯論，本身或許就已站不住腳。除非完全遭到否決，否則當敘事常常無法針對世界現狀提出令人滿意的解釋，陷在團體迷思內的群體成員便與理性和證據漸行漸遠。要是群體的普遍看法與實際觀察相互牴觸，他們就拒絕相信證據，必要時，理智和科學也可拋棄。取而代之的，是沉浸於弱智化的老套迷因和解釋之中。同一套說法經由眾人不斷傳播、鞏固，但從未詳盡闡述。沒有新論點產生。有句話應該是愛因斯坦所說：反覆做著同一件事而期待會有不同的結果發生，非瘋即癲。或者，群體成員也可能不再試圖解釋，只管默許、遵從、自我審查反動思想，或是逃避現實，以此紓解心情。為了維護自己的偏見，維持群體賦予的安全感，我們幾乎什麼都願意做。

公私之別

柏拉圖對極權政體的美好想像，乃至後世許多暴君的統治藍圖，都是力圖根除私人或個體的一切。在過去許多社會中，隱私基本上備受限制，因此更顯珍貴。如果公共生活是指一個人能超越其本身認識的人脈，而被更多人認識，且能與更多人溝通，那麼一直到近年來，始終只有領導者、藝術家和其他行爲或社會地位廣爲人知的知名人士擁有公共生活。

要以公衆形象立足於社會，尤其當這樣的身分可能樹立敵人或與人產生衝突時，或許就需要點勇氣和決心。政治人物需有厚臉皮。安迪．沃荷（Andy Warhol）在一九六八年曾說，未來每個人都能成名十五分鐘。他口中的未來已然到來，而且許多人主動追求舞台且樂於其中。現在有些名人聲名大噪，就只是因爲大家都知道他（因此也很快被遺忘）。雖然有些人不想吸引大衆關注或貪圖名聲，但大多數人樂於擁有些許知名度，認爲這是某種形式的認可，也有自我肯定的意味。然而，滿漢大餐天天吃也會膩。許多人像一度登上美國富豪榜首的霍華・休斯（Howard Hughes）一樣，反而偏好隱居的生活。幾乎沒人想要時時受監視，經常有媒體跟拍的生活壓力已造成各種身心狀況，使人失去快樂的能力。

不過，大多數人開始使用社群媒體時，都沒有廣獲大衆關注的經驗，也不曾經歷社群媒體可能帶來的創傷。使用者不了解、也未處理社群媒體是公開場域而非私人領域的事實，以致社群媒體可能展現出專橫武斷的特質。而且，衝擊會突如其來。人們可能將你好幾年前發布的推文重新拉回世人眼前，公開羞辱你。還有人創了「黑歷史考古學家」一詞，形容那些挖掘舊文的人。

心理學家格雷格・亨利克斯（Gregg Henriques）點出在私人領域和公共領域爲自己辯解的重要差異。由於我們需在發展穩定自我觀點的同時，以穩定（但不同）的方式向外界展示自己，因此在兩者間設立「濾網」相當重要。從私人領域跨入公共領域時，這層所謂「羅傑斯濾網」（Rogerian filter）⑥決定了我們與他人分享哪些資訊[6]。許多人誤判狀況，引發災難後果，正是因爲未釐清在社群媒體上的談話對象，尤其以爲對話內容只在私人的交友圈內流傳，而實際上有更多人看到。

許多社群媒體使用者還是小孩，仍處於建構個人身分認同的成長期。傳統道德觀與地理和家庭的群體認同日漸稀薄，迫使他們必須及早建構身分認同，不只承受更多壓力，還得獨自奮戰。當所有同儕都在網路上，他們也沒太多選擇，只能跟著上網尋找認同。另外，網路環境還有大企業密切監看，而企業除了蒐集個人資料、形塑網路行爲，也藉此獲取商業利益。

這些商業利益追求行爲的可預測性——包括人的購買習慣和思維。然而，決策過程經常、也必要是混亂的。想法愈有創意、愈創新（愈跳脫窠臼），通往最終決策的路徑便愈顯得混亂。若要保持創造力、毫無拘束地思考，個體和小團體必須保有試驗各種構想的隱私，而後才能決定是否揚棄某些想法——包括那些讓人難以忍受的——而且最起碼我們最後可以知道爲何這些想法令人無法接受。

將私人想法記錄保存下來，模糊了私密／公開的分界，使自我定義的過程有所顧忌，尤其在政治正確和禁忌當道的今天更是如此。對每天長時間耗在網路上的人而言，建構身分認同和思想時開始備受束縛。沒有空間獨自處理事情——所

⑥ 編注：所謂「羅傑斯濾網」，意指在自我（ego）和人格面具（persona）之間的一道濾網，是形塑個人印象的心理工具。

有過程全都公開展示，永遠無法抹滅。不僅如此，滿足他人的窺探需求即表示犧牲私人時間，進而壓縮建構自我所需的時間。這個發展過程大多沒有妥善完成，導致內在與外在自我之間一輩子處於不穩定狀態。許多成人患有人格障礙，問題大抵正是源自於此[7]。

一個人甚至只是腦中浮現想法，便害怕可能舉世皆知，這股恐懼促成自我審查。團體迷思就是後果。如同亨利克斯所說：「人類意識的首要功能在於擔綱提供理由的社交系統，尋求個人和公共交際層次的充分理由，將實際行爲正當化。如果我們明白這點……就能輕易理解團體迷思和其他衆多社會心理歷程。」論理是實際情況的延伸，目的是爲行爲辯護。因此，改變動機可以輕易改變論理功能，甚至演變成歐威爾式的約束機制。

新語

「新語的目的不僅在於提供表達世界觀的媒介，以及協助擁護英社⑦的人民發展出適切的思考習慣，更徹底摒除其他思考模式的存在機會。一旦新語成為永久的慣用語言，舊語被社會遺忘，人民理應就不會出現異端思想——亦即有違英社規範的想法——至少當思想仍需仰賴文字而生的時候不會。」

——喬治．歐威爾（George Orwell），出自《一九八四》

在某些團體迷思中，歐威爾的新語日漸扎根。同樣的話聽在不同人耳裡，代表不同意義。如今公開發表言論，必須將許多公眾族群列入考慮。任何群體都能評論你說的話，不管現在或未來，而他們秉持的意圖範疇廣泛，包容程度分歧不一。說者無意，但聽者可能很容易感覺被冒犯，幾乎所有引人注目的溝通，內容一旦超出老生常談的分際，對講者而言就很危險。總是會有人刻意錯誤詮釋。儘管說出的話在合理情況下不會遭到誤解，卻不代表不會有人故意曲解，因此，公開發言幾乎不可能維持一致原則。事實上，我們勢必感覺綁手綁腳，就算是擅長與不同（或任何）群體溝通的政治人物亦然。很多時候，結果只會是老套的陳述、語焉不明，絲毫無法發揮質疑或領導的作用。語言開始失去應有的功能。

⑦編注：英社（Ingsoc），即英國社會主義（English Socialism）的簡稱，為一新語，是喬治．歐威爾在《一九八四》所提及的意識型態。

在團體迷思下，核心概念從來不會受到適當的挑戰或辯護。禁忌話題普遍沒人觸碰，往往多年下來，還是缺乏有效的反方意見。儘管有時甚至禁不起粗略檢驗，情況還是不變。人們並未深思熟慮並充分理解言行造成的結果，反而一向將有失精準的典型迷因視爲理所當然的資訊來源。

那麼，是誰決定哪些是禁忌，哪些不是？在取消文化盛行而引發衆人恐懼的時代，禁忌清單愈來愈長，涉及的領域不斷擴張。這現象有如癌細胞擴散，跡象之一是可容許的笑話主題減少。我年輕時曾聽人說，法西斯主義永遠不會發生在英國，因爲希特勒會直接變成衆人嘲笑的對象。或許這種違反事實的說法不致成眞，但令人擔憂的是，現在這句話或許不再完全背離現實。笑話少了，而冷嘲熱諷多了。有些人學會仇恨，而非歡笑。在歐威爾的《一九八四》中，每日都有集體參加的「兩分鐘仇恨時間」。所有人必須對國家公敵高斯登（Emmanuel Goldstein）的影像表達仇恨。這項每日療程有助於釋放挫敗感，讓人感覺更加安逸自滿。

監控社會

二〇一二年，一名男子氣憤地走進目標大賣場（Target），拿著滿手的育嬰用品優惠券，要求店家解釋爲何要把這些優惠券寄給他還在念中學的女兒。他控訴企業在鼓勵他女兒懷孕。他不曉得的是，女兒已經懷孕，雖然那時她……根本還沒向賣場購買任何孕婦用品，但該公司的演算法早就瞭若指掌。

我們可提出很好的理由，支持以公共政策保護隱私。但從匿名資料識別個人身分，向來簡單到不可思議：大多只要三項可公開取得的資訊就已足夠——包括出生日期、郵遞區號和性別。而且，取得手機便能找到當事人的所在位置。如今，科技公司也有權利在未經當事人同意的情況下，使用臉部識別技術辨識路上的行人。歐盟的一般資料保護規則（General Data Protection Regulation，簡稱GDPR）爲監控商業模式的規範工作立下基礎，但目前看來，該法規的主要影響似乎是限制市場競爭。然而，現今許多用戶數驚人的主流科技解決方案都是免費或幾乎免費開放使用，若沒有監控機制，其商業模式將完全無法運作。目前矛盾發生於另一端。公部門的推力小組（nudge unit，即協助政府設計政策／協調溝通的單位，這類團隊嘗試形塑我們的動機，促使我們選擇普遍認爲最好的選項）或許集中心力保護我們的隱私和個體性，只是有太多時候，政府的選擇（例如偏重商業利益）反而讓我們的行爲更趨向一致和統一，而非百花齊放。

赫胥黎（Aldous Huxley）的《美麗新世界》（*Brave New World*）似乎降臨得太快。他在書中描繪一個耽溺於享樂的世界，每個人從出生到死亡的行爲和生活早已注定。下一步是讓所有人進一步弱智化。在柏拉圖的《理想國》中，教育是菁英日後得以治理國家的必經歷程，但其本質高度危險，所以只有年長者能接受教育——這些人因循守舊，不可能產生與衆不同的思維或挑戰政治秩序。

B．F．史金納（B. F. Skinner）大概是五十年前美國最有影響力的心理學家，可惜他毀譽參半。他以形塑人類行爲的野心聞名，並認同知識不再讓我們對自由抱有幻想。至少在今天以前，這種極端決定論的作用有限，畢竟不可能有個中央組織徹底了解每一個人，更別說要協調數百萬人和他們的決定，因此出現了經濟學家海耶克（Friedrich Hayek）。他大力反對雄心勃勃的中央計畫，蘇聯經濟崩潰正好支持他的分析。

五十年前，史金納追隨柏拉圖的步伐，爲文論述人類或許可以利用科技的力量，逐漸壓縮個人的私領域，將生活重心逐漸推向公領域。二十世紀，世界籠罩在戰爭、法西斯主義和共產主義掀起的驚濤駭浪之中，史金納擘畫的藍圖大抵沒有受到太多關注，但隨著物聯網問世、我們的一言一行受到監控，而且與生活相關的資料愈來愈多可透過數位方式來掌握，他的理想未來早已死灰復燃。

目前，有四家企業主宰西方國家的數位生活：Google、Facebook、Amazon、Apple。這些公司不只形成壟斷，更跨越國界，力量強大到足以與政府談判，還有國際逃稅之虞。他們的商業模式奠基於那新創的名詞「監控資本主義」（surveillance capitalism），其基本要件是蒐集大量使用者資料，再利用這些資料銷售產品。在《監控資本主義時代》（*The Age of Surveillance Capitalism*）一書中，祖博夫將這種資料蒐集行爲比喻成西班牙征服者占領拉丁美洲。蒐集和擁有個人行爲資料，乃至以資料輔助銷售活動，皆未付費給當事人便單方面主張權利，而且並未明確徵詢同意。擷取這類個人資訊的技術隱而不宣，藏在背景中運作，在不知不覺中偷走個人資料。暗中竊取是必要手段，因爲要是清楚詢問，大部分人都會拒絕。二〇一五年的一份問卷調查結果顯示，百分之九十一的受訪者不認同給予價格優惠就能偷偷蒐集個人資料，這項交易並不公平。但除去這類監控，商業模式必將無法運作，這就是爲什麼企業似乎使出渾身解數也要保護監控機制，像是遊說立法機關、採取法律途徑、採取掠奪型商業行爲、審慎營造品牌形象、尋求學術補助，或甚至輔助政壇友好人士當選，並在他們退休後安排有利可圖的工作。

祖博夫將蒐集個人行爲資料視爲一種「轉換」（rendition）：「如果轉換作業中斷，監控資本主義將無以爲繼，因爲整個企業正是仰賴這項原罪在運作。」大企業不願放棄對個人資訊的掌握，於是採取三種策略。第一，表明由此可大幅節省成本；第二，以有點有趣或消遣的方式呈現行爲監控；第三，強調一切畢竟無法避免——你的個人資料遲早都會流入企業手中，所以就別掙扎了。就像《星艦迷航記》（*Star Trek*）中的博格人所說：「反抗是沒用的。」

假如產品提供使用者免費使用，意味使用者並非客戶。若你不必付費就能使用Facebook或Google等公司的服務，表示你並不是他們的推銷對象。他們眞正的客戶是掏錢購買其資訊分析服務的公司，而該分析資料正是透過監控你的網路行爲而來。資料擷取後經過分析，從中找到行爲模式後，就能輔助未來的銷售活動。提供給使用者的產品和通訊內容都能個人化，藉以提高銷售額、推動行銷試驗、實現自動化，以及暗中（且經常持續不斷）精進對使用者行爲模式的了解。

不過，與使用者的互動並非只能單純觀察和分析；互動方式也經過精心設計，意圖引導使用者養成更一致的習慣，進而更容易預測。一旦使用者更容易預測，提供給第三方的資料就更珍貴可靠，更能確保行銷和廣告支出可以轉化成銷售額。如今，高度精密的演算法不僅主動利用使用者行爲，更形塑有利於回應企業商業動機的行爲模式。智慧型裝置無時無刻監視著你、執行試驗，以及引導和形塑使用者行爲，促進企業客戶的最大利益。也就是說，在極爲不妥的手段下，我們的隱私遭到侵犯，我們的行爲受到制約。這股左右行爲的力量並非爲了促進個人或社會的最佳利益，反倒是迎合我們的自私心理和情緒化回應，宣揚揮霍浪費、導致成癮，而非鼓勵自制、謹慎、反思或包容。

談到這些問題，這些企業只是一味地敷衍了事。儘管網際網路和社群媒體具有許多令人上癮的設計，但最危險的，是催促使用者迅速回應並分享到社會網路的機制。舉例而言，當我們懷疑「按讚」和「轉推」功能是造成社群媒體使用者出現嚴重成癮行爲的主因，甚至導致焦慮、憂鬱和自殺，爲何這些平台還是向青少年提供這些功能？沒人負起必要責任。基於獲利動機，企業對負面後果置若罔聞：使用者待在社群媒體上的時間愈長，他們的獲利愈多。大部分政治人物未敢改變這現象。

此外，行爲改變之餘，個體和群體的身分認同也無可避免地有了變化。這會影響社會網路結構，而且是全面、有系統的影響。我們已談過社會網路變化可能帶來多大的衝擊，散播想法的效果會是原本的數百倍。不只我們的行爲，連道德觀都會受到侵蝕，而且實際上，是在他人獲取商業利益的基礎上，由演算法形塑我們的行爲。現今科技巨擘的品牌形象塑造工程潛力無窮，遠遠超越過去所能達成的效果。促成團體迷思、引導情緒、給予鼓吹享樂主義的獎勵、阻礙獨立思考、推廣特定價值觀和世界觀，並同時篩除其他看法，都是我們需要承擔的後果。

預測及改變投票模式也有利益可謀取，而所謂的預測，則自然而然促成人爲操作。怎樣的操作可以接受，哪些作法超出可容許的範圍，中間的界線很難明確定義。劍橋分析公司（Cambridge Analytica）分析選民資訊，將商場上廣泛使用的技術運用到政治領域。國外勢力介入選舉讓人無法苟同，但歐巴馬團隊聰明地利用社群媒體，在民主黨初選中擊敗希拉蕊（Hillary Clinton），則是可接受的方法。

這個領域也鮮有競爭。企業使用蒐集而來的個人資料，展現龐大規模經濟，構成壟斷力量。一旦建立壟斷地位，價格就能調升，且少有其他勢力可以制衡。這或許不一定會發生，目前也尚不清楚新的數位經濟是會摧毀或是創造更多工作。不過我們可以篤定的是：第一，消費者深信更便宜、更便利的服務能帶來好處；第二，壟斷帶來的獲利極大。

我們也知道，自從數位時代來臨，社會資本已大幅減少。就科技巨頭而言，社會信任漸顯多餘。他們的目標是降低使用者行爲的不確定性，而副作用就是我們不再需要那麼信賴別人。信任的確可能讓行爲難以預測，也可能激發新奇想法，柏拉圖早就明白，這對萬物自然而規律的秩序來說，顯然是一大風險。我們不必像祖先一樣冒那麼多的險，所以我們既不執行也不需要風險分析。我們只需依信號回以相應行爲，最好能具備預防動機，並只爲我們「巴夫洛夫式的自我」（Pavlovian self）設定與風險相關的回應能力。

科技巨頭與新聞

Google與Facebook不只販賣商品。他們現在已跨足新聞和政治，形塑我們看待世界的眼光。他們可以爲使用者提供免費新聞，是因爲新聞能吸引流量，因爲他們能在過程中蒐集個人行爲資訊，因爲他們能使用自訂的動態消息雕塑我們的想法。可以肯定的是，除了衡量和預測，這些企業又往前推進了一小步，利用演算法對我們持續試驗，讓我們的想法和行爲更好預測（因而更容易在商業上運用）。

較傳統的媒體因此面臨激烈競爭，尤其在爭取年輕讀者這方面，更是艱困。讀報的好處在於，報紙的內容不是專爲某人設計，因而能讓人察覺新聞的相對重要程度，至少從報社編輯的角度，明瞭哪些新聞相對重要。這不代表報紙完全公正中立，因爲報社編輯的目的是要銷售報紙。恐懼能刺激銷量，在報紙出現之前就已是如此，這與我們截至目前的觀察一致。災難和其他負面新聞與醜聞是票房保證，皇室軼聞、運動賽事和時尚消息也容易引人注目。正面新聞比較沒人在意。比起類似的國內新聞，國際新聞在版面爭奪賽中一向是輸家。然而，在因應這些偏好適度調整之際，給予哪些報導版面、如何決定新聞篇幅長短，的確傳達了世界正在如何改變的相關資訊。

報紙的功用是從謬誤中分離出眞相。如果讀者願意接觸新的觀點，報紙可以教導讀者包容，儘管實務上時常有其侷限；有些讀者則可能在讀報後動怒。換句話說，現有觀點不僅可能遭受質疑，也可能獲得強化，同樣的意見反覆傳頌，重複使用。很多人樂見自己支持的想法不斷受到鞏固，不過這點現在已能透過許多管道達成，還不必承受相同挑戰。讀報人口因而萎縮。潛在讀者擁有許多消息來源，選擇衆多。任何人想持續追蹤確切主題的相關資訊，都可以在網路上找到更安心一致、更無法刺激思考的資訊來源。當人們愈來愈無法包容他人觀點，讀者不再那麼注重均衡和公正，報社編輯就不得不設法求生。一般人爲何閱讀報紙？對某些人而言，這只是一種習慣，也有人當成娛樂來源。因爲這些理由，閱讀報紙的人愈來愈少，原本的商業模式正受到擠壓。何況資源逐漸減少，競爭格局低落，而且降低標準簡直已成趨勢。調查報導很難迴避既得利益、投入的高昂成本，就是例子。

Google和Facebook的商業模式對新聞業的高標準不感興趣。他們並非訴求眞實報導或公正立場，似乎也不怎麼在意觀點是否多元——反倒是反其道而行。他們的核心宗旨是要理解及控制人類行為，而這只不過是合乎意圖邏輯的作為。遺憾的是，許多人不再有能力發現其產品與主流媒體之間的差異——原因是兩者的差距日漸縮小，終究沒有太大差別。

這些企業正在侵蝕人們對傳統新聞的需求，但他們是否對自己的內容負責？他們似乎在玩兩面手法：一方面聲稱，自己只是為他人提供傳播內容的平台，對平台上的內容概不負責，另一方面，依舊聘請上萬名員工監控及審查內容。審查機制的目的在於排除特定類型的內容和溝通者，而標準大多由政治正確和團體迷思來定義，並非由這些私人企業以外的任何人加以限制或控制。

他們甚至可以將美國總統拒於門外。總統川普在二〇二一年一月表態支持闖入美國國會的示威群眾後，Twitter便永久禁止他使用平台。美國總統挑戰制度是否踰越了分際，威脅到維護民主自由所必要的權力平衡？還是同樣的問題，是Twitter的哪位人士依據哪項權利，阻止美國總統與社會大眾溝通？

即便不封鎖或審查，企業也能阻止流量湧入他們不樂見的目的地，傳播他們不認同的觀點。為輔助負責此作業的人員，他們特地導入機器學習公平性（machine learning fairness，簡稱MLF）。MLF的目的是要接手決定網路流量的流向，取代人類的主觀判斷。MLF主要是從規律中學習，但也只是改爲參考集體人類判斷，而非履行單一個人的決定。這麼一來，這項技術其實是在協助鞏固團體迷思，而非破除。

自爆發新冠肺炎疫情以來，我們實際見證了多起言論審查事件發生。多位著名科學家和英國軍情六處前首長迪爾洛夫（Richard Dearlove）指出，疫情可能是人造病毒所致，吸引了社會大眾的注意力。迪爾洛夫因爲點出不確定的可能性，而在社群媒體上慘遭封殺和批評，當時反對他的人相信官方審查此議題後形成的團體迷思，指稱迪爾洛夫等人提出的觀點形同相信荒謬的「陰謀」。然而一年後，這種解釋在二〇二一年六月獲得接納，不再只是極度不可能發生的無稽之談。但除了截至當時病毒跨物種感染一說的公信力受損之外，證據始終沒有改變——跨物種感染未得到證實的時間愈長，確立爲正式解釋的機率愈低。

另一個例子是防止大眾接收牛津大學流行病學家古普塔（Sunetra Gupta）的主張。她在二〇二一年三月宣稱，強制孩童戴口罩及告訴小孩他們會爲他人的性命帶來風險，將造成深層的心理創傷。這番言論發布於YouTube，但三週後遭該公司移除。發言人表示：「我們移除這支影片，是因爲影片中的內容與國內和全球衛生權威組織對口罩防範新冠病毒傳播效果的共識相牴觸。」這讓我們聯想到「思想警察」一詞。我不是要評斷古普塔的論述正確與否，但我的確認爲，阻斷大衆對於重大政府政策副作用的討論並不正確，而且交由商業公司YouTube高層判斷哪個版本的論述才是眞相，完全不恰當。他們不只壟斷眞相，更如同我之前所指出，該產業的公司亟欲促進觀點一致，進而讓行爲可以預測，因爲這可以爲他們和客戶創造更多獲利。

假文化與假訊息

對新想法缺乏包容的現象不斷擴散。二〇一三年左右，許多美國大學校園中興起一種思想，認爲學生們與其受到不同看法的挑戰，更不應接觸讓人不舒服的觀點。這與大學宗旨徹底矛盾，大學本應教育學生，讓學生在不同新思想的碰撞中成長。路加諾夫與海德特指出，在二〇一七年的問卷中，百分之五十八的大學生認同「校園務必不能讓學生接觸到狹隘封閉、具有冒犯意味的想法。」[8]新的「安全主義」道德文化正逐漸盛行，預防動機已然奪走人們的理智，安全成了神聖教條。安全空間（safe space）、觸發警告、微歧視（microaggression）、偏見應變團隊、語言即暴力、指控文化等概念應運而生。不幸的是，有些人著迷於透過單一鏡片（或不同鏡片）觀看他人的行爲和想法，可能是種族、性別、氣候或其他涵蓋一切的切入角度。這些都是以馬克思主義的思想爲基礎發展而來的典型結果，其中認爲，比起將人視爲個體予以尊重，了解不同群體間的權力關係更重要。反智主義（anti-intellectualism）、偏執、混亂和憤世嫉俗緊接而來。

在這種大環境下，大家不願敞開心胸，接納其他未從同一角度看待事情的觀點，於是催生出假新聞，亦即有人極力散布的錯誤資訊以及已知錯誤的新聞。不過，這個定義並未概括全貌，因爲最反常怪異、最不可信的事情，還是有人相信。他們可能散播他們實際上深信是事實的資訊，儘管大多數人一眼就能看出這些資訊並非眞實，甚至有人直呼其爲假新聞。會造成如此令人遺憾的結果，部分原因可能出自社會普遍揚棄客觀現實的概念，不再認爲世上存在一個客觀現實，而我們應研究並試著理解。雖然有許多可能的事實可以納入考量，但啓蒙時期出現的現代科學研究法（第五章會深入探討）堪稱一大突破。這方法的功用不是尋找恆久不變的眞理，而是能夠驗證至今仍未推翻的假設。從這個角度切入，懷疑論不啻是科學進步不可或缺的助力，以公共安全或眞相已明的名義阻斷公共辯論的機會，則會阻礙科學發展。當愈來愈少人在乎這類以科學或科學進步爲本的觀點，或甚至沒人在意單一客觀現實，在進一步朝至高目標邁進時，假新聞就有可能變成重要工具。以自我爲中心的菁英——或許是自詡最了解狀況的科技巨擘老闆或公部門技術官僚——狂妄自大，展現高人一等的姿態，是造成以上結果的直接原因。那些憤世嫉俗、放棄相信有任何人可以提出客觀看法的人，將此視爲政治宣傳或笑話。對某些人而言，這或許比強調客觀現實的傳統新聞更有趣、更有品味。假新聞的目的本就是要在社群媒體之間廣泛傳遞，很輕易就能壓縮眞相的生存空間。不過，當傳統媒體不顧一切想與社群媒體競爭，假新聞也能經由傳統媒體散播，特別是當一則假新聞在現實世界造成騷動，並被視爲事實時。釋出假新聞是混淆視聽、終結辯論及防止大衆理解眞相而蓄意爲之的手段，例如就有證據顯示，俄羅斯試圖操作美國總統大選期間的民心。只不過，有人信奉虛無主義，有人爲了一己之私渴望發生戰爭，有人喜歡天下大亂，也有人單純看中可能造成一定程度的傷害而樂於使用社群媒體——他們的自我中心，正肆無忌憚地放大。

後果

英國小說家威爾斯（H. G. Wells）和赫胥黎都認爲，我們處於教育和災難彼此競逐的時代。科技巨頭暗地裡擷取行爲資料，接著在用戶身上試驗並操弄人心，其本質與民主反向而行。邪惡時常體現於平庸之中，而平庸者經常展現邪惡。各種極權主義政權在二十世紀輕易獲取權力，部分原因在於他們解決了既存的問題。儘管掌權者的自我扭曲膨脹，盡顯荒謬，但並不對他們的瘋狂行爲構成阻礙。

科技提供我們拓展人脈的機會，我們得以獲取更多資訊，卻也觸發了我們對改變的恐懼。我們的調整速度通常太慢，在受到刺激產生新思維前，恐懼往往已主宰全局。因此，儘管新發現的通訊方式爲我們帶來驚豔的功能，我們得以馳騁於更廣闊的空間，但沒有勇氣和自律（尚未學會）的話，我們便缺乏逃離團體迷思的能力，進而如第一章所述，墮落且盲目狂熱。

新科技不只帶來新責任，還賦予眞實權力：我稱之爲新一波的大解放。問題癥結在於，我們是否應與新科技締結正面且穩定的關係，以免先飽受某種反烏托邦形式的折磨。而競賽就此展開。

重點摘要

- 新通訊科技往往挾帶強勁的顚覆力量，改變我們的溝通方式、人際網絡和道德觀。
- 社群媒體（尤其從二〇〇九年開始）導致我們快速反應、減少深思、包容力下降。孩童沒有太多選擇，只能在網路上與朋友互動。兒童的焦慮、憂鬱和自殺傾向加劇，在女孩身上尤爲明顯。
- 隨著在社群網路的交流增加，我們對其他人際關係的重視程度因而減少。我們與所在地的互動愈來愈少，且逐漸只與固定的對象接觸。隨機性下降可能對人際網絡造成極爲龐大的影響，且其中的成員更容易陷入團體迷思。
- 團體迷思的現象不僅增加，在防衛機制啓動後，其規模變得更大，而且更難以突破。謊言愈大，愈需欠缺包容心的人去維持；群體人數愈多，愈容易達成。恐懼（尤其是靠災難凸顯恐懼）把我們綁在正統敘事的框架中。關係緊密的個體可對其他許多人產生重大影響，易使眾人的觀點趨於一致。

- 不再與社交圈中的其他成員互動後，孤獨感是其中一種後果，不過在此之前，他人或許早就出現相同感覺。
- 孩童和年輕人的反抗方式日漸展現對不同團體迷思的屈從，例如針對氣候變遷危言聳聽的極端言論以及政治正確。反方證據一概遭到駁回。
- 在私領域和公領域爲自身行爲辯駁具有重大差異，而這概念已變得混亂不明。個體和小團體的辯證空間受到壓縮，難以將未達共識的想法付諸測試，而這似乎損害了認知發展。
- 一旦內容超越老生常談的範疇，幾乎所有備受矚目的溝通都會爲講者帶來風險。於是，要在公開場合維持原則幾乎不可能。
- 在團體迷思籠罩下，從私人決定到政府政策，行爲的後果不再受到周全審視。
- 文中解釋了監控資本主義的商業模式。科技巨頭堅稱有權蒐集、擁有及販售用戶的個人行爲資料，除了並未付費，也未明確徵求當事人同意。

- 高度精密的演算法正充分發揮作用，不僅利用、也在形塑使用者行爲，以回應企業的商業動機。
- 在監控資本主義的世界中，社會資本顯得多餘，而且可能有違企業形塑可預期消費者行爲的目標。
- 科技巨擘如今也掌控了新聞內容的主導權。
- 公部門的推力小組和其他政府政策也許極力保護我們的隱私和個體性，但很多時候，政府的偏好（例如商業利益）反而使我們更傾向從衆、行爲更趨於一致，與預期結果相反。

第四章　危機不斷

「我曾覺得，如果真有輪迴，我想投胎成總統或教宗，或下輩子當個打擊率四成的棒球選手。但現在，我希望下輩子能成為債券市場，這樣就能威脅任何人。」

——柯林頓政府政治顧問詹姆斯．卡維爾（James Carville）

接續第一章所述，博學多聞、聰穎過人的高學歷知識分子最容易陷入團體迷思。接下來要從金融和經濟領域來闡明，這些領域充滿出類拔萃的成功人士，但還是躲不過集體愚蠢的窘境。

第二次世界大戰後，可想而知，冷戰結束大概是對全世界大多數人最重要的事了。已開發國家的外交政策不再基於意識型態支持特定政權，商品價格因而得以由國內經濟參與者（消費者和生產者）的喜好決定。在大部分人民生活的社會中，價格足以反映這類選擇，而包括行爲規範在內的各種制度也在隨之演變。不同想法彼此競爭，歷經充分考驗。過去一段期間，曾有政治團體迷思以特別令人不悅的形式到處流傳，此即蘇聯共產主義思想。然而隨著蘇聯瓦解，不理性的內容並未因而消逝。

我對團體迷思的研究興趣源於我在金融和經濟領域的經驗，縱使在這些產業中，想法的碰撞並不少見，仍可發現從衆心理的蹤跡。顯而易見的是，儘管金融市場可說是民間競爭的縮影，許多買方和賣方全力追逐最高報酬，而且爲了確保自由競爭，公司和個人全面受法規約束。或許是因爲產業環境極度複雜，風險重重，但似乎時常缺乏跳脫框架的思考能力。大多數時間，合群能帶來助益，其背後的獎勵機制能提供支撐。談話和評論的內容大多反覆出現，且容易預測。

比起錯綜複雜且經常高度政治化的政策制定工作，金融市場的目的或許無比清晰，令人耳目一新。作家珍・雅各（Jane Jacobs）在《經濟本質》（*The Nature of Economies*，暫譯）一書中，透過柏拉圖式的對話對比公私部門[1]。她強調的主要差異之一，在於政治圈通常奉行零和思維（zero-sum thinking），而商場與貿易界普遍採行陽和思維（positive-sum thinking）。開放與合作的優勢在私部門比公部門顯著許多，且遠遠更加常見。政府爭權奪名、涇渭分明，執意掌控全局，充滿繁文縟節。根據科學家兼專欄作家麥特・瑞德里（Matt Ridley）在《創新原理與作用》（*How Innovation Works*，暫譯）一書[2]的說法，公家機關傾向限制創新，就算立意良善，還是容易扼殺創新的可能。

近代歷史發展已提供充分證據，足以證明自由、民主、自由市場和社會進步之間高度相容，更遑論西方民主國家的成長與繁榮都發生於過去幾百年間，遙相呼應蘇格拉底對民主的提倡，與柏拉圖對政治停滯（political stasis）的偏好形成鮮明對比。從世界出現貿易活動開始，某種形式的資本主義就算誕生，而在數百萬個決策的推動下，資本主義有時朝著不可預料的方向演進①。在商品和服務相互競爭、各種想法可以自由碰撞的地方，創新便得以蓬勃發展，因而促成進步。

---

①我認爲，馬克思和恩格斯的決定論思維沒有說服力。馬克思描述及批評的資本主義，在他完成代表作《資本論》（*Das Kapital*）前早已成爲過往。墨水還沒乾透，資本主義就已演變到新的階段——更別說還有《工廠法》（Factory Acts）的規範——實際狀況已脫離他筆下那般無情且極端的剝削情形。他指稱，矛盾必將引發嚴重危機，那樣的情況已不復見。資本主義致災前早已蛻變成新型態，回顧歷史可找到不少實例。

然而，國家和市場要維持最佳平衡並不容易。如同傲慢自負的政府可能帶來傷害，自以爲是的自由放任，以及將政府職權限縮到最小，同樣也可能造成負面影響。缺少管制和任由市場自由發展，與市場競爭並不相同，尤其私人企業還有可能私下勾結。金融市場的某些案例，就能完美說明爲何政府有必要立定法規管理市場，這不只爲了促進競爭，也爲了避免發生金融危機。本章會集中探討某些近來發生的事件，說明許多人（時常涉及上百萬人）如何把事情搞得一團亂。但在這之前，我想先補充一下背景脈絡，依序談談金融市場和商品市場的差異，以及誘因扮演的角色。

金融不穩定

經濟學上價格與需求之間的傳統關係不適用金融市場——更具體而言，當商品價格上升，需求正常來說會下降，反之亦然。市場上之所以有奢侈品，在於商品變得更加昂貴，需求也會隨之上揚，但也更少人能購買，可以說改變了商品屬性。較無模糊空間的例外是季芬財（Giffen good）②，商品價格上升對購買力造成衝擊，進而嚴重影響消費模式。這相當罕見，一八四〇年代愛爾蘭的馬鈴薯就是經典例子。由於當時的馬鈴薯依然是最便宜的食材，因此儘管價格上漲（起因於馬鈴薯染疫歉收），需求依然隨著攀升。隨著馬鈴薯日漸昂貴，在不得不購買的情況下，導致家庭採購其他商品的能力嚴重受到壓縮，因而負擔不起其他食物。

雖然商品和服務都極少發生上述情形，但如此違反常理的需求行爲，卻是金融資產的日常。金融資產價格上升會帶動需求增加——至少一陣子。投資人擔心錯失機會與貪婪，加上扭曲的誘因推波助瀾，時常導致投資人在通往泡沫的路上盲目追逐。反過來說，恐慌和恐懼則可能激起拋售潮。投資人反覆歷經一連串的恐懼、一心追求資產保值和流動性（即能快速脫手），再轉往低風險（或所謂「無風險」）投資工具③。投資人可能未正視羊群效應而犯下同樣的錯，導致買入

②編注：英國經濟學家馬歇爾（Alfred Marshall, 1842-1924）所著《經濟學原理》（*Principles of Economics*）中提及，違反市場需求法則的劣等財，即爲季芬財。最初由另一名英國經濟學家季芬爵士（Sir Robert Giffen）觀察而來，他發現，當麵包愈貴，勞工會減少對其他商品的需求，如肉類，買更多的麵包，在此情況下，麵包即爲劣等財。

③資產不可能完全沒有風險。即使是公債，仍有違約的可能，且價值可能因貨幣貶值和通貨膨脹而遭到侵蝕，很多人依然將政府公債歸類於「無風險」。假如某個概念框架認爲風險是外加的因素，有些資產毫無風險可言——那麼我們可以斷定該框架遭到嚴重簡化。

的資產風險增加，從高流動性演變成乏人問津，最終損失慘重。儘管其他金融市場特性也一樣，但普遍認爲，流動性與特定金融工具的連結尤其強烈。然而，流動性基本上更受其他市場參與者的行爲所左右，而他人的行爲可能劇烈變化。

什麼是安全標的？最好投資什麼？由於牽涉到他人的行爲和理念，因此答案很複雜，且時時在變。熱門的想法或許能奏效一陣子，單純只因爲許多人爭相追捧。迷因具有反覆強化理念的特性，大多源自分析師和思想領袖，而他們就跟其他人一樣，擁有跟風的傾向。想法可能在某段期間正確，然後突然變成錯誤——可能由於常識，也可能是團體迷思。參考這類建議和其他思考捷徑無可避免，同時也相當危險，但人們時常未察覺其中隱藏的風險。幾乎沒人對金融詐欺犯馬多夫（Bernie Madoff）進行簡單的會計盡職調查（due diligence），還能有什麼原因？世人經常將保守與謹慎混爲一談，然而兩者可能截然不同。

固有的正回饋能力是系統性危機的根源。部分原因在於，金融資產的公允價值缺乏清晰明確的定義——往往淪爲由眾人之見所決定，而這可能劇烈變化。人們購買商品和服務後很快就會使用，或將其投入生產用途，但金融資產並非如此。少了即時反映現實成效的能力，金融資產的預期未來價值遠比當下的預估價值更重要，換句話說，拉長時間範圍使價值不確定性大幅提高。假設預期資產價值將會增加，是否代表別人掌握到什麼你不知道的消息？當無法確定眞實的公允價值，價格動能經常成爲購買與否的指標。不僅如此，順從金融市場的多數人操作，也許短時間內還能有所獲利，原因無他，正是因爲其他人也這麼做。這就是促使市場繁榮和崩跌的主要力量。從本質來看，金融市場本來就不穩定。

不確定公允價值的另一個重要後果體現於金融市場的統計數據。採用不適當的模型會使誤解持續不減，導致集體不理性。假設金融市場價格呈現常態分布縱使方便，但當市場中有任何明顯的動能或趨勢投資盛行，可能就無法反映眞實狀況④。這問題一旦放大，從眾效應於焉形成，再加入眾多槓桿操作（抵押資產來借貸）和共同對世界的錯誤看法（可能會在同一時間甚囂塵上），市場崩跌近在

④常態分布是對稱的鐘形曲線，Y軸表示機率或頻率，X軸表示所要呈現的變數，而在此案例中，X軸表示特定資產的價格。只要使用兩項參數就能繪製此一曲線——分別是平均數（平均值）和標準差（對照X軸衡量曲線數值的離散程度，以致三分之二的數值落於距離平均數一個標準差的範圍內）。儘管常態分布的平均數和標準差一般都是已知數據，但在金融市場中，這些條件經常不得而知。

眼前。面臨危機時，投資人時常出現類似反應，這可能是因爲大家的負債狀況相去不遠。在這種情況下，若再以常態分布來看待市場行爲，可能就會嚴重誤解。

直接忽略不確定性並非適當的應對方式。不知何時會發生的極端事件或許罕見，但可能造成嚴重的永久損失。雖然市場參與者能觀察並從過去的規律和彼此的經驗中學習，但光仰賴回顧，預期哪天將會歷史重演，永遠無法有效應付所有可能發生的新事件。新狀況經常會發生。另外，投資人也時常把不確定性與恐懼混淆，而從前文的討論可知，這是人類的正常反應。人們對兩者的常見反應不外乎是不去思考，以及規避財務風險，但其實應積極處理，而且採取不同方法。至於何謂不確定性，則應盡可能清楚定義，並仔細全盤審視各種情況。我們應將恐懼視爲人類心理的一種功能，同時設下防範機制，減少恐懼對投資決策的影響。

試著建立更貼近現實的模型有助於改變常態分布曲線的形狀，經過偏移及扁平化，將極端拋售行爲的可能性納入考量，但當面臨有別於風險的不確定性，決策就只能憑靠臆測。在眞正遭遇幾次「黑天鵝」之前，投資人無法計算這類事件的發生機率，沒有這方面認知的人，更絕對不會有所警戒⑤。回顧第一章所述，機率分布的形態不明——甚至可能毫無規律——即爲不確定性；若能了解發生的機率，則爲風險。過往的極端事件（姑且稱爲黑頸天鵝？）可能不太影響未來發展，所以將這些事件納入機率分布，依然不是理想作法。我們需要做的，是深入研究某些情境，審愼規畫，針對那些可能出現但尚未發生的事件，思考其造成的後果。

一味深信過去成功的作法必定能再次奏效，可能會帶來錯誤的安全感。有個笑話是這麼說的：農夫向別人吹噓，說他每天逐漸減少驢子的飼料，所以收入增加。這方法的效果很好，所以他準備嘗試把餵水量也減少，最後驢子不幸死了。從以前的資料中尋找規律並據以推論，經常讓人無視近在眼前的結構性變化（驢子就快餓死）。而這並不是說，如此便可避免金融市場出現衆多像這個農夫一樣的參與者。衆多投資人因爲大多數時候的決策正確而備受鼓舞，才是主因。美國經濟學家明斯基（**Hyman Minsky**）以凱因斯的精闢見解爲根基，進一步直指金融

---

⑤「黑天鵝」是指不在預料中的（極端）事件，一如後來世人發現以前的歐洲人以爲世上沒有的黑色天鵝。這個比喻是由塔雷伯（Nassim Nicholas Taleb）在同名專書中提出，隨著書籍出版成爲無人不曉的用語。

市場維持穩定使投資人志得意滿、信心十足、貪婪無厭，進而導致市場過熱而變得不穩。投資人一旦犯錯，錯誤可能相當嚴重，而且發生於同一時間。信貸週期就是如此歷經擴張，而後衰退。

維持對市場是否處於臨界狀態的意識，比常態分布更有助於理解金融市場的穩定性，甚至勝過尋找潛在的金融危機觸發事件。臨界狀態通常涉及一連串不相關的事件，這些事件沒有平均值，但展現了冪次法則（**power law**），亦即事件的發生機率與其規模的冪函數倒數成正比。臨界狀態大多發生於大自然（例如加州地震），不僅沒有清楚的平均值，參考過去的資料也無從預測。有個知名物理實驗示範了何謂臨界狀態（以電腦模擬的方式進行），過程中的每段時間，黏度固定的相同沙粒都從同一點落下[3]。沙粒堆積在底下的平面，形成圓錐狀沙堆。累積到一百萬顆沙粒時，圓錐體的某些部分據說可達臨界狀態，表面的陡度足以引發沙堆崩塌。下一顆沙粒持續落下，可能會造成其他沙粒移動——但數量無法預測，可能零顆、十顆或千萬顆。重要的是，不只每顆沙粒無法區分（因此無法從外觀看出影響力），而且每顆沙粒的行爲都與前一顆毫無關聯。從這實驗可知，如要參照過往資料來推論，以此預測未來趨勢，基本上毫無用處。有鑑於金融市場就呈現類似模式，我們或許可以說，動能投資缺乏預見危機的能力。

綜合以上所述，我們要問的不是哪些因素可能造成危機，而是事件是否已達臨界狀態。確切來說，當金融市場出現複雜且危險的連動力量，有人恐慌性拋售，可能促使其他投資人出於恐慌跟著出售（正強化回饋），此時市場或許即已進入臨界狀態。當市場上充斥大量槓桿操作，而且許多投資人同時轉念認定先前對於風險的評估嚴重錯誤，系統性危機可能很快就會到來。事件可能激起影響有限的漣漪效應，也可能沖垮龐大的全球機構。市場如此脆弱之際，感覺可能就像置身地震帶。與地震不同的是，政府可能介入市場紓困金融機構，阻止投資人擴大拋售⑥。我們不該誤以爲市場永遠都很有效率，也不應完全排除政府干預金融市場的可能。

行為誘因

在容易大起大落的市場中，投資人的行爲呈現集體愚蠢的現象，先做蠢事可

⑥ 政府可能出手紓困，這點有可能產生道德風險，例如預期未來能接受紓困而主動承擔大量風險。

能反而顯得聰明。集體不理性（團體迷思）可能與個體理智完全成正比。

換個說法，每個人面對的風險和誘因不盡相同。風險隨著負債、時間長短、決策能力、相對行動速度、改變事件以降低風險的能力，乃至行為限制而有所不同。即便投資人很理性，但許多投資決定並非出於資金持有者，而是由代理人所為。資金持有者（即委託人）可能無法隨時監督代理人的行為，加上誘因契約可能有所疏漏，也可能對行為動機造成影響。此外，這種委託和代理關係在關係鏈中可能還有多段連結。

公共退休基金就是很好的例子，因為按百分比計算，退休基金和其他類似的機構投資人已成為全球上市金融資產最主要的持有者。最終擁有人（即委託人）是有權依據退休金計畫享有相關權益的社會大眾。他們是退休基金董事會（代理人）的委託人，或者也能這麼說，他們將退休金委託給監督退休基金董事會的政治人物，而這些政治人物進而成為董事會的委託人。董事會本身除了是退休基金會職員的委託人，還有可能是外部顧問的委託人，甚至前者也有可能成為後者的委託人。職員可能根據顧問的專業意見，決定資產配置，並將特定要求涉及的管理工作委派給外部資產管理公司，於是，資產管理公司成了關係鏈中的最終代理人。情況非常複雜。

關係鏈的每一個環節，行爲誘因都不相同。對關係鏈上的各個代理人來說，創造遠比同儕團體（其他退休基金）更亮眼的績效極少獲得獎勵；若繳出與其他同儕團體相同的成績單，則很少受到懲處（即便損失慘重）；但若同儕表現傑出，而自家的績效慘不忍睹，代理人就可能飯碗不保或面臨其他嚴重後果。

因此可以說，行爲誘因偏重「合群」──團體迷思和從眾行爲受到獎勵，積極進取反倒時常帶來危險。人類所渴望的敘事，成爲解釋、辯護各種市場行爲的主力。敘事滿足了騎在大象身上的自我──是這股欲望說服我們去相信自己理解眼前發生的狀況。比起確立對世界的看法，了解其他人的想法更爲重要。可惜，眾人的看法有時並不正確。當所有人發現，這些想法背後的根據無比單薄，眾人的觀點就有可能在極短的時間內迅速改變。大家以爲，隨波逐流是符合自身利益的作法，但事實上就像童話故事所說，國王有時並沒有穿衣服。

要是這還不夠錯綜複雜，別忘了政治人物還有與選民的關係需要顧慮，而（要是沿用上面的案例來說）其中某些選民還是退休金的受惠者，如此便能描述金融市場的扭曲現象會如何影響我們所有人。這可能造成目標衝突，例如當顧及納稅人的權益而減少國債的眞實價值時，就會激起矛盾。其原因在於，藉由各種立法和規範有效強制退休基金投資低收益的政府公債，就有可能達成上述目的——這是金融抑制（financial repression）政策的常見作法⑦。在複雜的代理關係鏈中，代理人時常面臨隱瞞資訊及誤導委託人的誘因和機會。以上所有考量都會化爲滋養團體迷思的豐沛養分，使團體迷思日益茁壯。

二〇〇八年危機為何有可能捲土重來

凱因斯深知，不確定性在金融市場扮演的重要角色，也明白這可能連帶衝擊商品和服務乃至更廣泛的經濟。然而，他的見解偏偏與主流的正統經濟學相互矛盾。他忙著參與戰爭事務，來不及糾正學界對他主張的誤解便與世長辭，也就是說，在凱因斯學派的標準觀點中，大多並未提及不確定性的角色。學界普遍偏愛均衡模型勝過他對市場（尤其金融市場）先天就不穩定的見解。

一九七〇年代，金融工具商品化使金融市場加速擴張，背後促成的因素包括金融理論發展和電腦受到廣泛應用。市場規模擴大，傳統商業銀行和投資銀行爲了保持競爭力，而必須大幅拓展資本基礎。在那之前，銀行基本上由各大家族所擁有及掌控，在資本資源的限制下無法達成上述目標。於是，銀行選擇上市——亦即在股市發行新股票。雷曼兄弟（Lehman Brothers）和高盛（Goldman Sachs）等極富盛名的銀行最晚才跟進，並非巧合。所有權人和管理人不再是同一身分，致使行為動機的時間範圍縮短，相較於此，更早之前的霸菱（Baring）家族和羅斯柴爾德（Rothschild）家族則為了後代極力保護家族事業。投資銀行後來的規模和複雜度早已無法同日而語，資深管理人心有餘而力不足，無法再監管所有重要交易——因此交易員有了鑽漏洞的機會。

另一項重大變化在於退休基金不斷成長，且如前所述，由專業經理人主掌，

⑦金融抑制是指利用政策減少政府的國內支出，變相提供資金供政府運用，而且利率低於正常水準。利用退休基金資產為政府挹注資金有多種不同方法，包括可以兌換成其他幣別，或凍結基金並任其貶值，也可以限制只有一小部分退休基金能投入海外市場。然而，這些方法毫不隱晦，顯然容易招致反對。更巧妙的作法，是由監管機構假借降低風險的名義，只將固定最低比例的退休基金投入優質的投資標的，這些標的則由政府選擇的評等機構所定義。如此一來，退休基金就不得不持有國內債務證券，形同提供政府資金。這是相當常見的金融抑制形式。

退休基金取代散戶成爲上市公司的主要股東。上市企業在經濟體系中的比例因而不斷提高。如此一來，企業愈來愈仰賴股市，除了更看重較短期的財務績效，管理高層對於市場期待的敏感度也有所提升，並藉此思考其因應對策。

美國學者霍普兄弟（Kenneth and William Hopper）在《清教徒的禮物》（*The Puritan Gift*，暫譯）一書中描述二戰後美國大公司的成功盛況。一家公司高層多以兩人爲首，且兩人都已在公司待了數十年，年紀或許相差七歲。他們可能從總裁做起，然後身兼執行長與總裁，接著（當董事長退休並任命新總裁後）擔任執行長兼董事長，最後升上董事長，並將執行長的職務交棒給新總裁。此模式可確保公司保有專業能力，且防止追求缺乏遠見的行事誘因。然而，這模式在一九七〇年代開始沒落，高階主管分紅和短期主義蔚爲主流，以取悅股市分析師和投資人至上。外界對企業的評價，只剩外部分析師粗淺的表面觀察。企業獨有的專業不再那麼受重視，而當泰勒主義（Taylorism，即科學管理）興起，變化更爲明顯[4]。就這樣，金融市場在經濟中扮演的角色加重。儲蓄由機構全面管理有利於助長投資和擴充規模，但經濟也因此更禁不起金融業震盪所造成的連鎖衝擊。

幾乎自有銀行成立以來，就有銀行危機；從央行開始印製法定貨幣（無商品擔保），大規模的系統性危機便隨之而來。早期的例子發生於一七二〇年，在蘇格蘭籍經濟學家約翰・羅（John Law）的提議下，最終把法國送上金融危機的懸崖。法國政府起初拒絕他的建議，但後來毫無退路只好姑且一試。爲協助法國政府，他成立中央銀行（皇家銀行），並發行銀行券，預期能透過投資密西西比公司（Mississippi Company）獲利⑧。最後，投資人發現密西西比公司一文不值，欲哭無淚。從那時起，金融危機就不時發生。從羅所犯的錯誤可知，就算是央行也可能搞砸，而紙幣能兌換成黃金和白銀的特性，依然是其做爲最可靠貨幣的重要標誌。

時間快轉幾個世紀，在第二次世界大戰尾聲召開的布列敦森林（Bretton Woods）會議中，國際貨幣基金組織（International Monetary Fund，簡稱IMF）與國際復興開發銀行（International Bank for Reconstruction and Development，即世界銀行）應運而生，同時（由於意識到戰前通貨膨脹的問題）也在主要貨幣間

⑧編注：史稱「密西西比泡沫事件」（Mississippi Bubble），此事件造成法國金融體系崩潰，被認爲是法國大革命的間接成因之一。

建立起固定匯率制度。美元是該制度的中心。美元與黃金掛鉤，前者能兌換成後者，其他成員國的貨幣則與美元掛鉤。然而到了一九六〇年代，這制度承受的壓力漸增。一九七一年，美國拋棄紙幣兌換成黃金的承諾，俗稱尼克森震撼（Nixon shock）。隨著全球貨幣失衡，這是無可避免的結局。國外政府累積的美元在六〇年代快速增長，美國的黃金儲備不足以應付兌換需求，而大國央行日漸不願強力干預來維持美元與黃金匯率穩定。外界大多認為，尼克森遲早需要下此決策，雖然是他決定了決策時機，但他沒有什麼選擇餘地。他可以像他的決定一樣，馬上停止以美元兌換黃金，維持美國的黃金儲備，或繼續滿足國外日漸增加的兌換需求，等到最後一無所有才喊停。

各國政府原本就能以本國貨幣發行公債，而尼克森的這項決策之所以重要，是因為這將各國從固定匯率和與黃金的（間接）掛鉤中解放出來。很快地，全球通膨四起，接著發展成停滯性通貨膨脹（通膨加失業），最後再度引發強烈反彈——英國和美國在一九八〇年代初期刪減政府預算，重拾財政紀律。然而，人的記憶很短暫，隨著時間過去，各國又開始放任財政失控，逐漸走向失衡的窘境。

來到新興經濟體搖身變成重要勢力的時代。一九七一年，尼克森必須讓美元與黃金脫鉤，原因是美國債權國（主要是歐洲各國央行）逐漸喪失對美元的信心。亞洲國家在歷經一九九七到九八年的金融風暴後，各國央行不再相信IMF有能力在危機發生時供應流動性，因此，各國開始建立外匯存底以防外部衝擊，幾個產油國也不例外。如此一來，亞洲各國成了全球主要債權國，確切來說是美債的主要持有國。他們把這麼多資金投入美債，不僅助推美元走強，也大幅降低美國的借貸成本。這讓美國金融市場對風險的評估失真，並將金融資產的價格往上推到瀕臨泡沫化。

另一件事情是美國房價失控。美國沒有西歐國家提供的那些社會福利，向上社會流動成了長久以來滿足美國選民的動力。如同經濟學家拉詹（Raghuram Rajan）在《金融斷層線》（*Fault Lines*）所述，柯林頓總統發現，不一定要提高收入才能讓選民開心，設法增加他們的消費能力便已足夠；只要默許房地產泡沫化，推升人們對財富的預估，就能達成這項目的[5]。於是，監管機關充耳不聞，無視接下來房市的發展。

稍早前提到金融市場商品化，抵押貸款就是一個例子。在利益的刺激下，放款方一手核貸及撥款，一手盡速將債權賣出。帳面上看不到這些貸款的曝險，於是他們對住宅支出負擔能力的評估變得草率隨便。他們的行爲動機不再是盡量減少違約發生，而是盡可能放款出去：次級房貸市場因而蓬勃發展。華爾街的銀行將這些抵押貸款債權匯集起來，利用高槓桿的特殊目的載體「擔保債權憑證」（collateralised debt obligation，簡稱CDO）轉手賣出。這些CDO的背後是以抵押貸款爲標的資產的公司。爲了取得購買這些抵押貸款債權的資金，他們向投資人發行各種級別的債券。萬一發生抵押貸款違約事件，級別最低的債券必須先吸收損失，首當其衝，但如果沒人違約，投資人則能獲得最高報酬。要是最低級別債券的投資價值已因支付違約金而耗盡，才會由高一級別的債券收入來吸收剩餘損失，但這級別的債券報酬相對較少，以此類推。不同級別的債券銷售給不同類型的投資人，最高級別的債券獲得信評機構的最高評等。

投資銀行發明CDO債權債券，信評機構則爲他們評比分級，從中獲取優渥報酬。信評機構在評估違約風險時犯了基礎錯誤。雖然是簡單不過的錯誤，但模式與先前所述金融市場的其他眾多風險相關錯誤並無二致——也就是只檢視那些過去能輕易測得的數據，就妄自推斷未來發展。信評機構參考以前的違約率，無視抵押貸款市場未來出現重大結構轉變的機率——放款初貸決策的品質明顯急轉直下，堪稱災難，而且這類轉變日漸顯而易見。在極度缺乏充分根據的情況下，他們一廂情願地認爲之前的房市景況會持續下去——不料後來全國性的推動放款，條件太過寬鬆，人人都能借錢買房。他們誤以爲地域多樣性可發揮自然分攤風險的作用。當後來事實證明他們的認知錯誤，血腥的金融風暴隨即降臨。本書其他案例將顯示，當模型建立者在誘因的驅使下想達成特定結果，必定就會實現。

然而，美國抵押房貸市場只是開端。後來通貨膨脹率成功維持在低檔、穩定的狀態，加上景氣循環進入央行總裁口中的「大平穩時期」（The Great Moderation），使人過度自信。如有必要，政府似乎總能在危機發生後順利收拾，加上不管在本身的市值或整體經濟中占的比例，金融市場規模擴大看似是必然結果，不受約束的自由市場貌似獲得最終勝利。

雖然金融理論還是新興研究領域，但已在金融市場的思維中占有一席之地。我在上一本書《顛倒世界中的新興市場》（*Emerging Markets in an Upside Down World: Challenging Perceptions in Asset Allocation and Investment*，暫譯）批判金

融理論，讀者要是有興趣深入了解，可自行參閱，但我想趁此機會提一下效率市場假說的重要性。該假說總結，所有可取得的情報都會立即反映到價格上，因此市場價格永遠都能最適切地呈現價值。這個理論有強弱型態之分，但中心思想並無差別，正是基於這樣的認知，主管機關才未能採取適當的控管舉措，防止金融超載。這理論傳達的精神或許能用一個笑話來歸結。兩位經濟學家走在路上，看到地上有張二十美元的紙鈔。較資淺的那位正準備彎下腰撿拾，未想另一人卻阻止了他，斷言這一定是幻覺，因爲要是眞的，早就被人撿走。

對市場效率的信仰在二〇〇八年遭逢嚴重打擊，但還不足以形成夠份量的政治資本，只能促成銀行資本結構調整。的確，即便如此，對某些地區的助益還是微不足道。金融體系的槓桿創下新高，影響之大外溢出銀行界；全球經濟失衡的問題始終沒有妥善處理；美國政府原本打算介入，可惜礙於國會議員擔憂引發道德危機而作罷。我在第一本書中詳述的三大金融危機警訊分別爲：一，投資人同質性高；二，對風險的誤解可能急遽改變；三，體系中存在大量槓桿（借貸），影響了遭遇危機的處置行爲。直到二〇二二年我動筆撰寫本書期間，這些現象比起二〇〇八年危機爆發前夕，情況並沒有改善太多。若有任何不同，那就是恐懼與不確定性更加亦步亦趨，全球的觀點更一致、更脫離現實，且在面臨危機時更顯脆弱。雖然二〇〇八年的危機摧毀了世人對效率市場的信念，卻可能得再發生下一場危機，政治人物才願意正視問題，更長遠地降低系統性風險。歷經創傷後，我們時常選擇逃避，不思檢討。我們對全球金融危機的起因和解方至今仍有所誤解，至少從中還可發現團體迷思的某些特徵。

量化寬鬆的假象

二〇〇八年金融海嘯逐漸加劇之際，美國央行（聯邦準備理事會，或簡稱爲聯準會）行長柏南克（Ben Bernanke）清楚意識到經濟蕭條的風險。這股強烈情緒在金融業蔓延，連最大型的銀行恐怕都逃不過崩潰的危機。雷曼兄弟倒閉，其他金融機構（有些機構的規模遠遠更大）也面臨類似風險。如果短時間內沒有及時的金融支援，整個銀行業就要準備崩潰。這帶來的不確定性可能足以讓經濟落入另一次大蕭條，重演一九三〇年代的慘況。民間疾呼政府大力介入，並且政府也已著手安排。可惜就算情勢初步穩定下來，銀行依然需要援助來展開資本重整。沒人樂見金融機構最後由國家接手營運。

政策面的應對大多倚重量化寬鬆（Quantitative Easing，簡稱QE）。QE是指由央行收購大量政府債券，同時購買銀行的非流動性資產，爲銀行挹注資金。即便前幾波的QE計畫意在持續援助銀行，但後來的殖利率曲線型態優於許多人預期（殖利率曲線陡峭，銀行就能賺錢）。這有效改善了銀行的財務狀況，於是銀行可以在市場上發行新債券——亦即引入新的民間資金，藉以調整資本結構。

許多人並未意識到，當時所發生的事其實本質是變相的大規模銀行紓困。如果市場、記者和社會大衆知道那才是QE的主要目的，大概會滿心疑惑。要是如此，大家可能就會發現聯準會面臨多麼大的經濟風險，試圖挽救市場免於掉入不景氣的泥淖，並且也會察覺政策奏效的機率有多低。這層認知可能對市場注入強烈的不確定感，進而導致各界極力避免的景氣蕭條。因此，市場上改爲宣傳另一套說法，僅傳遞片面事實，避重就輕——QE計畫的目的在於刺激經濟。假如這眞的是主要意圖，政府理應會鼓勵銀行提高對企業的借貸，我們也會發現相關措施。但是，企業融資並未增加。這算證實了QE在設計上的缺失嗎？當然不算——因爲聯準會所挹注的錢，其目的正是要還清銀行負債，不是把資金釋出給更廣大的經濟體。

QE規模變得極度龐大，市場波動在央行出手紓困後趨於平緩。以往超大型債券基金經理人能搶在大筆資金進場前大量交易，從中獲利，如今已無利可圖。過去央行相信市場效率假說，從供需平衡的角度訂定利率，現在新興經濟體央行累積龐大外匯存底，導致全球貨幣失衡，上述概念早已不符合實情。然而，實行大規模QE使政策與民間的經濟狀況進一步脫節，包括當短期和長期利率扭曲，日後都可能助長通貨膨脹。

當美國、英國和歐盟地區（雖然只有部分國家）銀行的資本結構好轉，政策制定者總算能稍微喘口氣。他們已走過極度恐慌的階段，如今只剩洩氣沮喪的心情，絞盡腦汁處理後續。隨著把心力集中於研擬長遠政策，如何處置至今已增長許多的國債，開始占據他們的心思。

減少國債有各種不同方法。最顯而易見的是減少政府支出和刺激經濟成長雙管齊下，兩種方式都能產生充足的稅收（政府歲入歲出賸餘），不僅能支付利息，也能減少債務金額。換句話說，政府刪減原本規畫的支出，這項政策可能曠日廢時，例如拿破崙戰爭結束後，英國的國債約莫占GDP的百分之兩百四十，吃掉七成的政府稅收。直到邁入下一世紀，英國的債務負擔才降到二〇〇八年之前公認合理的水準。

只是，緊縮政府支出在政治上窒礙難行。倘若社會的總需求不足（例如降低政府支出或調高稅率抑制經濟成長，導致稅收減少），那麼即便刪減預算可能也於事無補。緊縮性財政政策可能直接導致經濟萎縮，連帶影響稅收和還債能力。除非他國政府或ＩＭＦ願意協助紓困，否則可能多少得走向債務違約一途及放手讓貨幣貶值——例如歐盟在二〇〇八年後決定為希臘提供紓困基金。

不過進入二十世紀後，我們發現兩種減少政府負債的新方法。第一種是前文提及和定義的金融抑制，這方法會造成負實質利率（即名目利率低於通膨）。在這種狀態下，債務價值會隨時間逐漸縮減。歐洲和美國便是利用這種手段成功減少第二次世界大戰的負債。

第二種方法是在一九七一年美元與黃金脫鉤後，世界各國可選擇追求通膨，藉此讓債務相對縮水。與金融抑制一樣，通膨也會減少債務的實質價值。然而一九七一年後，這類情況發生得更快，而且明目張膽得多，不只背棄政治承諾、使人民期待落空，也造成不少經濟和社會動盪。

於是在二〇〇八年後，政策制定者有這兩種新工具可以動用。相對而言，金融抑制比較獲得青睞。QE（央行向政府收購大量債務）變成維持最低利率的重要工具。的確在好幾個國家，QE都讓長期收益率掉到了負數。除此之外，（想要出現負實質利率）一切只需維持適度的通膨即可。

但是，既然長期收益率呈現負數，為何投資人還願意購買政府債券？對某些人而言，監管機關強迫他們購買，他們別無選擇。為此，他們必須維護政府公債風險極低的話術。事實證明，信評機構對美國抵押貸款風險的評估錯得一場糊塗（他們還因此獲得優渥報酬），而就在顏面盡失後，眼見已開發國家的主權債激增，他們不得不考慮調降部分歐盟國家的評等，這一切顯得魯莽草率。這麼一來，這些國家就更難宣稱自己的主權債券是最安全的投資。對此，歐盟國家予以回應的方式是，一度憤而威脅成立新的（大概會比較依法行事的）信用評等機構。

至於其他可自由選擇的投資人，則單純只是上當了⋯⋯。

以透明化為名行誤導之實

對央行決策者而言，「最佳程度的透明化」（optimal transparency）和「最大程度的透明化」（maximum transparency）並不相同。站在央行的立場，若要試著鼓勵投資人選擇購買公債，最好別明講眞正的意圖是要創造負實質收益率。負收益率當然有損儲蓄者的權益，通常決策者會有所顧慮；但在更需要減輕負債，同時又不採取強硬的財政政策之際，可能就必須兩相權衡取其輕（名義上獨立運作的中央銀行配合更廣泛的政府目標，這就是例子）。另外，如果是外國投資人購入公債（包括新興經濟體的央行），就沒這番顧慮，在論述中混淆視聽更是理所當然的選擇。

如今央行顯然善於觀察，並試著利用大衆心理建立公信力及控制市場對通膨的預期。舉例來說，聯準會在二〇二〇年建立共同通膨預期指標，以呈現普遍的市場情緒。分散注意力能達成許多目的，魔術師就是最佳例證。央行總裁可以伸出右手吸引衆人目光，同時左手允許通膨稍微高過利率。大約每八週，市場對於未來通膨和利率的預期大概就會稍微安定下來，此時差不多就能對外表態。通常聲明內容隱晦費解，吸引各方大費周章爲文探討，提出各種解讀和分析（用白話來說，就是語焉不明，模糊焦點）。如要達到最佳效果，聲明內容必須對央行表態前即已大致底定的市場預期提出質疑。務必揚起塵埃，模糊大家的視線。接著再過八週左右，當視野逐漸變得清明，市場再次凝聚起共識時，上述流程就會再來一次，且趁前一波紛亂尚未完全平息之際，此時必須再度揚起更多塵土，擾亂視聽⑨。

人們受騙上當，尤其未能完全理解複雜主題而備感窘迫時，更容易任人擺布。儘管金融抑制在戰後成功奏效，但那時國際資金流動廣泛受到限制，且跨國交易還深受幾個西方國家的央行控制，他們在交易室每天通話、互通有無。這種在不知不覺中蠶食儲蓄價值的手法，放到現今的時空背景中，很有可能無法那麼

---

⑨彼得．謝勒（Peter Sellers）演出的作品中，《無爲而治》（*Being There*，暫譯）是我最愛的一部。他飾演一名頭腦簡單的園丁，數十年來爲曼哈頓的一處連棟住宅照料屋頂花園。他對世界的認知單純天眞，從未離開工作的社區，直到雇主過世，他才被人趕走。在對路況不熟的情況下（畢竟很久一段時間沒有外出），他出了車禍，倒地不省人事。開車撞倒他的貴婦憂心忡忡，在他昏迷之際，又找不到任何身分證件，反而注意到他一身名貴的衣服（雇主送他的）。她自然相當擔心吃上官司，所以便負起照顧他的責任。他話不多，內容大多令人無法理解，但她覺得他的話蘊含大智慧。大家對他無比尊敬，最後他甚至成了總統顧問，協助制定國家的經濟政策。爲國家經濟政策提供意見時，他隱晦不明的語錄包括：「只要根沒斷就好。」「春天會迎來成長。」「現代央行行長還有更好的楷模嗎？」

輕易地維持下去。

量化寬鬆可能會如何落幕？這裡有個問題，假如市場對通貨膨脹的預期明顯提升，央行打擊通膨的公信力可能受到質疑。如果在央行資產負債表去除政府債券前就大幅調升利率（即QE退場），央行資產會快速下跌，轉爲負債。央行不僅沒有從投資中獲利，將股利收入上繳國庫，可能還需要政府出手解決嚴重虧損的問題。另一個較誘人的方法是不馬上調高利率，任由通膨發展。要是幽微的金融抑制措施失敗，這方法或許也能滿足政府的意圖，因爲通膨飆高（兩位數）很可能是減少國債的次佳計畫。

（在我寫這本書的期間）這並非目前的官方規畫，即便讀者無庸置疑有所期待。讓QE劃下句點的理想方式，就是先緩慢減少央行持有的政府債券，再大幅調升利率。但我相信這方法短期內不太可能付諸實行，尤其在沒有危機的情況下。這麼做會減少政府能取得的資金——也就是大幅緊縮財政。

想要忽視這難堪的事實，一種方式是創造新的經濟理論，並期望理論成眞。這招可神了！該理論稱爲現代貨幣理論（modern monetary theory，簡稱MMT），感謝英國經濟學家哈里根（Liam Halligan）點出這縮寫也代表「神奇搖錢樹」

（magic money tree），相當貼切且適當地傳達了理論的非主流核心精神，亦即發行債券其實不是爲政府提供資金的方法，只是一種貨幣政策。如果有個理論似乎暗示，政府可以無限制地發行債券，又或者政府支出由央行購買多少債券來決定，而非反向運行，就算不是經濟學家，也會不禁質疑。

這理論顯得不負責任，問題就在市場中的私人參與者遲早會看清實情：政府（廣義的政府也包括央行）在自印鈔票然後花掉，而非透過私部門購買公債取得資金（債券只留在中央銀行的資產負債表）⑩。也就是說，政府得以迴避任何嚴苛的預算限制，那又何必提高稅率？何不直接多花點錢？

隨著債臺高築，政府願意履行債務義務的公信力日漸下滑⑪。重點是，政府可借得多少資金，仍取決於債券能向自願購買的私人買家持續募得多少新基金。

---

⑩英國財政部和英國央行在二〇〇九年達成協議，確保政府不會因爲央行基於貨幣調控所執行的交易，而改變其債券發行策略。然而，沒有可靠的論述指出，英國央行並未以控制貨幣數量爲「理由」實施QE，吸收財政部發行的大量新債。事實上，這就是一直以來眞實發生的情況。

⑪也就是依實際價值履行債務義務（計入通膨），別忘了，富強國家能以自己的貨幣發行債券，並以通膨和貶值等其他方式減少負債。

一旦失去此能力，利率由市場決定的謊言就會穿幫。這對私部門的期待、信心、不確定感、投資和創新，無非都會是場災難。危險可能比預期來得更快。若四周塵土飛揚，且沒人朝著正確的方向觀看，可能很難辨認國王穿著什麼衣服。但萬一如此醜陋的眞相變得清晰可見，可能很快所有人就會紛紛相信。政策制定者可利用市場的團體迷思，甚至刻意操弄，但不應做得太過火。若政府毫無節制地採行財政擴張政策，私募市場可能會隨時突然重新評估，因爲一旦預期改變，市場就有可能非常迅速地採取行動，以加深預期。市場投資人可能從此不再購買任何政府公債。

MMT讓人聯想到農夫對提高驢子產能的看法，其假設的前提是能無止境地誘騙民間投資人上當。過去這招還算有效，所以人們普遍認爲同一套模式能繼續沿用，該理論顯然獲得證明，但可能的結構轉變和投資人行爲完全受到忽略。這種對於MMT與更廣泛貨幣政策的團體迷思已導致英國和其他多個國家擔負沉重的國債，並承擔嚴重通貨膨脹和經濟動盪的相關風險。當然，有些財政擴張舉措是爲了因應新冠疫情和離奇的封城經濟政策。

新冠肺炎與封城

危機期間，政府官員的行事最好以國家的整體最佳利益爲出發點，參考以資料和清晰分析爲根據的意見，據以決策，並應做好隨新資料滾動調整的準備。然而，行爲誘因扭曲⑫、短視近利、不願改變行爲模式，以及不願承擔責任等現象益發普遍。高度的不確定性，加上整個社會瀰漫著恐懼，對改善這些現象絲毫沒有任何幫助，尤其在有效的疫苗問世前，更是如此。

當恐慌來襲，多個國家的防疫準備不是不夠充足，就是大半受到忽視。既有的程序和政策，可能因爲不適用於特定難題而遭徹底捨棄，然而政府並未調整現有計畫，而是做出各種異乎尋常的決定。英國曾在二〇一一年針對流感大流行全面規畫防疫措施：二〇一一年英國流感大流行防範策略（UK Influenza Prepared-

⑫如同先前的退休基金例子所示，行爲誘因可能因委託關係而遭到扭曲。不僅困難決策的責任可能受到不當規避，也可能委由專家、顧問和其他人代爲決定，這些人可能不只缺乏必要的遠見和完整資訊，還可能迎合私人和專業上的誘因，包括無意識地將其納入考量，而導致決策品質粗糙。

ness Strategy 2011），而當時政府採納了所有二十二項建議。目前政府的說詞是，儘管部分建議措施不適合新冠肺炎，但二〇一一年訂定的計畫的確存在，無可否認。唯有取得政府文件、付出時間深入調查，才能確定當時真正實行了多少既有策略（儘管有所修訂），或基本上全部打掉重來，在極短時間內頂著龐大的政治壓力重新規畫。當時似乎犯了幾個基本錯誤，在擁有半現成的策略下，這些錯誤其實不該發生。舉例而言，爲何英國出現這麼多醫院內感染新冠肺炎的病例？爲何蓋了新醫院，但從未用來隔離確診病患和未感染新冠肺炎的病人？若是像後來所聲稱的缺乏人力，在興建醫院前應該早就可以得知這項問題。爲何讓這麼多染疫病人出院，住進滿是脆弱老人的安養中心？或許團體迷思是主要因素，加上恐慌惡化了這個現象，而且政府最高階層的人員在思考防疫問題時也缺乏充足的理智。然而實情可能是，當現有計畫不夠充分，沒人願意爲其辯護——所有人都想規避責任。在深陷恐慌之際從零重新思考所有替代的因應方案，正是滋養團體迷思的絕佳溫床。

當時英國首相強生（Boris Johnson）的前資深顧問康明斯（Dominic Cummings）接受議會質詢，在七小時的過程中，國會議員曾質詢問道，我們能從新冠肺炎疫情的處理方式中學到什麼教訓，他發表了以下意見[6]：

「問題在於，行為科學領域中有諸多江湖術士。曾涉入政壇的人都知道，整個政界充滿了無用的研究和迷因，大家對這些虛假內容深信不疑。不管如何，這無疑是釀成團體迷思謬誤的重要因素。」

接著，他談到之前的封城政策：

「你大可從史書上讀到類似的事蹟。這根本是歷史上典型的團體迷思案例真實重演。決策過程有如閉門造車，這正是封閉的團體迷思泡泡中發生的事：所有人只是在不斷鞏固原有的認知。外界的攻訐愈兇猛，裡面的人愈是抱持『他們不懂，他們沒看過所有這些資料』等諸如此類的想法。就是這種典型的團體迷思泡泡在作祟。」

記住，所有政策都有負面作用。就經濟和社會受到的衝擊來看，以封城的方式全面隔離社會大眾這麼長一段時間，如今看來可能代價高昂、沒有必要，而且令人震驚的是，不少人並非因爲感染新冠肺炎而喪命，這些憾事原本都能避免。這些決策出爐之際，全世界還沒有疫苗，因此社會普遍認爲合情合理，但隨著疫苗問世，大眾逐漸有了免疫力，加上研究結果更清楚顯示，年輕人比較不會受病毒影響，於是政策的合理性大打折扣。英國實施封城政策，原本是以防止醫療服務崩潰爲由，但在解除封城措施之前，醫療體系早已度過最難熬的時刻。我懷疑，政治決策的優先考量實際上是避免承受錯誤決策的罵名。基於這種心態，決策者同時也擔憂在封城決策上予人朝令夕改、舉棋不定的印象（但事實上並未完全避免這種看法）。雖然政府表示，會根據資料來決定封城時間長短，不會拘泥於日期，但所有人聽到消息後普遍認爲，政府不會比預期時程更早解除外出禁令，只有可能延長封城（直到最後，強生決定不採納某些專家所建議的時程，提早解除封城措施，坊間這樣的說法才終於煙消雲散）。從這裡可得知，在決策過程中，封城的代價並非重要的考量因素——換句話說，預防動機才是決策者不顧一切遵循的原則，取代了更爲平衡、理性的成本效益分析。

也許決策單位曾在不同時間點利用完善的成本效益分析，斟酌解除封城的可能。眞如此的話，社會大衆並未得知相關資訊，也未見政府官員以此爲任何政策公開辯護。大衆接收到的訊息，是一連串與新病毒株相關的恐怖預測，致使人民時時活在恐懼之中。英國政府的手段似乎與決策時優先固守預防動機的作法相互呼應。社會大衆的確已習慣朝這方向去預期。然而，不是付出多少代價都能合理化預防心理，而且也不該一味地爲其辯護。若檢視除了新冠肺炎以外的健康風險，這點最爲顯著。實際上，死於防疫政策的英國人民很有可能比眞正染疫死亡的人數還多。隨著國民保健署（National Health Service）轉變成「國民新冠肺炎署」，手術和癌症治療全數停擺，醫生不再診斷其他病症，也無暇治療原可避免的疾病。許多人害怕感染，而且覺得自己身體的不適比不上國家正面臨的緊急情況，因而未積極就診。這對預防醫學造成極大衝擊，使醫療保健的防護網出現破口，尤其是及早診斷、及早治療便能有效降低死亡率的癌症。學生無法正常上學，企業破產倒閉，日常生活停滯。若了解卻無視這些因素，可能給人太過輕佻的可惡印象；若完全不納入考量，則是目光短淺，甚至是十足的愚蠢、冷漠。預防動機應該是輔助增進國家福祉的工具，不是終極目的。然而，團體迷思的力量太過強大，以致預防動機晉升爲不容質疑的目標，即便只是溫和批評其占據至高的地位，在某些人眼中還是道德淪喪，與團體迷思成爲核心教條的模式如出一轍。

專家偏誤與草率的預防心態

與其周全考慮不同政策選項，以及伴隨的代價和益處，預防原則取代了一切。當政治人物寧可耽溺於狹隘眼光所帶來的確定感，也不坦然面對充滿不確定性的整體情勢，預防原則的確會有所幫助。但如此一來，等於輕率看待人民生活和福祉。

專心鑽研特定的相關問題是專家的天性。基於專家的身分，他們秉持標準假設和分析方式處理事務，但在面對有別於以往經驗的難題時，這些方法不一定能有合理根據。專家也飽受團體迷思所苦。涉足專業領域以外的議題時，對於某些政策選擇所造成更廣泛的結果，專家可能徹底忽視。這不是他們的責任。他們或許還認為，嘗試思考可能的結果，甚至會導致判斷遭到蒙蔽。然而，決策者應好好思考這些結果（以及專家顧問的行事誘因）。決策者可能聽取來自不同專業領域的顧問意見，由其協助完成決策，但如何權衡各專家提出的不同見解，以及評估未知與不可得知的各種因素，則需由決策者決定，最終的政策責任也會落在他們身上，而且只有他們可以負責。他們的義務是致力讓自己具備準確的決策能力，做出所需的選擇。

問題就在於，只要避免遭受猛烈批評，通常就能在政壇存活下來，而在單一風險大行其道的情況下，一旦社會普遍認定某政策不足以有效處理該單一威脅，無論決策有多充分的理由或理性思考背書，都會成爲衆矢之的。在這樣的脈絡下，依循專家建議成了避免犯錯最便利行事的保險。實際上，宣傳專家的個人媒體形象和意見，或許正好顯示出他們對建議本身缺乏信心。這在公關領域也許是合理的作法，反觀在實際決策上，這明顯是在規避自身應負的責任。不幸的是，當周遭環境陷入集體歇斯底里，人很容易受到牽制，眞實案例已不勝枚舉。從豬玀灣事件到伊拉克的大規模毀滅性武器，每當事關重大、一切充滿不確定性，而且必須迅速做出決策的時候，團體迷思輕易就會占上風。

認定選民頭腦簡單而不至於發現眞相，也是狂妄自大的心態。政治人物時常誤以爲群衆冷漠等同於愚蠢，但有時民衆還是會受到刺激而覺醒。將社會大衆視爲笨蛋一樣對待，一副只有一件事最爲重要的樣子，其效果有其極限。官員決策出錯時推專家出面承擔，如今已少有民衆受騙上當，反而可能直接將此舉止視爲懦弱和閃躲責任的表現，甚至可說是謊話連篇。無論是設法渲染恐懼，還是試圖誤導認知，都將招來群衆義憤塡膺的回應。操縱行爲的意圖一旦遭到揭發，可能摧毀原有的信任感和社會資本。侵犯個人隱私和自主狀態可能引發反彈。人民一旦不再相信政府、不再信任政府有能力，便會停止配合。

封城經濟學

身處這樣的時空背景，我們不禁要問，就我撰寫本書時還算相當初期的時間點來看，政府因應新冠肺炎疫情所提出的經濟政策是否恰當？英國無薪假制度廣獲認同，有效防止許多企業破產，避免人力過剩閒置⑬。封城強制改變了工作方式，加速實現某些有助於提升生產效率的結構變化。每日通勤人數不會回到疫情前的規模，原因很簡單，許多人省下交通時間，在家能處理遠比以往更多的工作量，在此過程中逐漸提升生產力。以前為了趕赴不同會議而浪費不少時間，如今都省下來了，而且大多不必重回以前的工作型態。零售業和宅配服務的趨勢加速發展。

然而，我對財政支出較不樂觀。疫情爆發之際，我們才剛經歷二〇〇八年危機後約莫十年的貨幣擴張期。美國、英國和大多數歐盟國家的銀行經過資本結構調整，但並未實行重大財政重整，致使債務占GDP比重創下歷史新高。量化寬鬆政策上路，價值數兆的政府債券殖利率轉負，央行甚至討論起推行短期負利率的可能。生產力似乎深陷低谷，欲振乏力，讓解決負債問題的最終目標看似更加遙不可及。

自疫情爆發以來，各國政府實施擴張性財政政策，以額外借貸支付所需開銷，進一步推升債務規模。無薪假制度滋生的龐大成本和增加的公共支出，與後續擴大的量化寬鬆規模幾乎一模一樣。央行獨立運作和實施量化寬鬆是爲了控制通貨膨脹的說法，因而成了不折不扣的謊言。這也呼應前文所提的現代貨幣理論假設，亦即購買債券是一種通膨管理手段，主要目的並非爲政府提供資金。而該理論的荒謬，至此無所遁形。

增加的債務在低利率時期或許還承受得住，我在二〇二二年年初撰寫本書初稿時，情況依然維持如此，當時市場預期接下來的幾十年間，通膨率將會維持低點。然而，我在初稿中預測通膨將會升溫（讀者將必須相信我的預測），到了二〇二二年年底已逐漸成眞，利率也遲緩地跟上現實的腳步，逐漸往上調。後來俄羅斯入侵烏克蘭，加上無效的能源政策（這算很客氣的說法了）帶來戲劇化的轉折，使國內的消費者和企業未能享有實惠的能源，這些事件都對改善通膨沒有任

⑬然而，這制度涵蓋範圍並不全面，尤其排除了許多私人獨資經營者和自雇業者，而原本公司成立和汰除的正常過程有助於促進配置效率（allocative efficiency），無薪假剝奪了產業新陳代謝的機會。

何幫助。儘管在我寫作期間，仍有些人認爲，通膨可在幾個月內獲得控制，利率不必繼續往上大幅調整以抑制通膨，但這種觀點日漸受到質疑。有鑑於印鈔規模如此驚人，通膨持續惡化的風險持續走高，短期內不會緩解，而且很有可能將攀升到兩位數。縱使戰爭很快停歇，便宜的天然氣大量輸送到西歐，自二〇〇八年起累積的債務，乃至封城期間增加的負債，都不會憑空消失。諸如通膨將永久維持於低檔，以及央行可以繼續買入更多政府債券而不必擔心通膨問題，這樣的團體迷思已少人提起，但並非完全消失。另外，當有西方國家遭遇危機，其他國家的市場預期很有可能連帶受到負面影響。二〇〇八年，國內銀行瀕臨崩潰的臨界點，對外部事件高度敏感，很容易就演變成系統性金融危機。回過頭來看看現在的局勢：第一，非銀行金融機構的槓桿更甚以往；第二，低通膨預期來到臨界點，政府政策很有可能改絃易轍，從金融抑制快速轉向一九七〇年代的停滯性通膨。儘管普丁對世界投下震撼彈，但散播世界仍處於低通膨狀態的團體迷思，對於控制市場的通膨預期還是很好用——因此不僅領導者，甚至那些已明瞭未來將會不同的人，都選擇繼續助長上述迷思。

各種團體迷思相互角力的另一項議題，是未來歐元區、甚或構成歐盟的政治安排能否存續。沒有大幅提高跨境財政支援的力道，無法長久維持單一貨幣的穩定，可惜這在短期內還不太可能獲得政治正當性。然而，光是討論歐元是否可能解體，乃至引發的政治惡果，對許多人而言就已有如異端邪說。

許多投資人可能認爲，他們有時間調整投資組合、及時出場，但現實可能無法稱心如意。他們不僅需要手腳比政策快，還得趕在市場風向改變之前行動。此外，他們也要面臨政府祭出新資本管制政策的可能，儘管這類政策的名稱聽起來可能比較沒有殺傷力：也許是總體審慎擴大監理措施之類的稱呼。如果你問一九七〇年代的英國退休基金經理人，爲何要投資實質價值已流失的英國股市，會得到以下標準回答：他們別無選擇，而另外一個唯一能選擇的標的是英國政府債券，但債券的前景甚至更糟。由此可知，如果政府需要更多資金，國內機構投資人只有兩條路可選：自願或不情願地提供資金。這類投資人無法投資海外標的，若不購買國內政府債券，投資其他標的也有金額限制⑭。

⑭ 我在寫作期間提供給英國政府的政策建議，是要爲最壞的情況做好準備，不過行事要低調謹愼。我們都希望必須採取資本管制措施的那天永遠不會到來，尤其因爲這有可能嚇跑外資（包括各國央行），所以若非眞正必要，最好別提及此事。

危機持續進展，加上歐洲進入冬季後勢必面對能源缺乏的窘境，還有通膨迫使債券市場的緊張氣氛擴散，於是資金競相尋找（相對）安全的避風港。許多資金可能流回全球安全得多的地方——即新興市場——但偏見也正如其名，有可能促使許多資金留在較富裕、高負債的國家。為吸引資金流入，財政部必須建立有公信力的說法，表明一旦眼前的危機解除，政策有可能轉回大規模的財政緊縮。哪個國家能最快、最大程度地刪減支出計畫，或許愈能吸引外資投資，藉此持續為其政府提供資金，而在過程中也會推升匯率，同時也會壓制通膨⑮。然而，這一切要成真，政府不只必須揚棄永久低通膨的團體迷思，而且為了實行令人極度痛苦的新財政政策，還必須匯聚相同思維的群眾，爭取足夠的政治支持。

加密貨幣的春秋大夢

對於世界的運作方式，天差地別的各種觀點時常相互較勁。更進一步選擇真實案例來輔助說明時，我試著挑選結果非黑即白，而且可能很快就釀成危機的問題⑯。

相信私人加密貨幣將成爲替代的全球貨幣一事，我認爲，這已構成團體迷思——而這股風潮可能在幾年後釀成危機。關於比特幣和其他加密貨幣的熱烈討論已持續好一陣子。然而，把這些私有的數位計價單位與貨幣劃上等號，我認爲並不正確。貨幣扮演著三種功能：計價、保值、交易。先不論挖比特幣需耗費大量能源（堪比小型國家的耗電量），加密貨幣在估值上甚至稱不上穩定，無論是計價或保值，都毫無用處。我明瞭人們把加密貨幣視爲投資，但投資就意味著價值可能上下起伏。一個東西要具備保值功能，持有者應該要對其保存價值的能力具有充分信心，而且不必長期關注其價值多寡。銀行帳戶和房屋可以保值，但龐氏騙局不行。不過，加密貨幣的確可以用來交易，尤其想要規避政府法規時，更是實用。加密貨幣是罪犯的交易媒介首選。

---

⑮這裡有個趣味小故事可以輔助說明。兩個好友在北美偏遠的森林中看見一頭熊。其中一人穿上跑鞋，另一人便對他說：「幹麼穿上跑鞋？熊跑得比人快多了。」第一個人則回答：「是沒錯，但我不用跑得比熊快，只要跑得比你快就好。」

⑯因此我把脫歐議題留待之後再來討論。至於對新興市場的偏見（我稱之爲「核心／邊陲認知病」），我在第一本書中已廣泛探討這個問題。

加密貨幣也吸引自由派和無政府主義者使用，他們想擺脫國家對貨幣創造（money creation）⑰的壟斷。可惜許多人都誤解了這件事。就像軍隊指揮權由政府壟斷，央行也是唯一能合法發行基礎貨幣的機構，同時也能透過各種措施控管非基礎貨幣（縱使並非完全有效）⑱。誠如前英國央行總裁卡尼（Mark Carney）所說：「民主國家以電子形式的私人貨幣做爲核心貨幣系統根本站不住腳……⑲。」

那麼，既然出現這種威脅，爲何各國央行始終未嚴正以待？私人數位貨幣蔚爲風潮以來，全球央行還在實施因應二〇〇八年金融危機的超寬鬆貨幣政策。緊縮貨幣政策比寬鬆政策更容易達到預期成效。增加貨幣成本（利率）會減少經濟活動；實施寬鬆貨幣政策（調降利率及實施QE）縱使可能刺激經濟活動，但實際上還是一樣，效果並不一定。寬鬆貨幣政策可能更像試圖推動細繩（相較於拉動），徒勞無功。要是調降利率一定能成功刺激經濟，就不會發生經濟大蕭條，但現實中還是發生了。激起恐懼和不確定感比恢復市場信心更容易。當全世界央行都害怕二〇〇八年的慘況重蹈覆轍，眼見新的私人替代貨幣有可能刺激經濟活動，於是他們處之泰然。

然而，當低通膨率逐漸朝高通膨率走，央行對私人加密貨幣的仁慈態度便跟著改變。歷史上曾多次發生政府判定貨幣違法的前例，官方以各種必要的懲戒手段阻止人民繼續使用——包括史上曾有各種法律禁止民間私下擁有黃金，維吉尼亞州曾禁止使用菸草（當時主要法定貨幣）以外的交易媒介，加州也曾制定法律（二〇一四年廢除）嚴禁任何美元以外的貨幣流通。除了央行核准及管制的加密貨幣外，政府可能直接宣布持有其他加密貨幣違法——而這作法不一定只發生於中國。

然而，卻有個重要例外。中央銀行數位貨幣（central bank digital currencies，簡稱CBDC）在決策上漸獲重視。央行發行數位貨幣有多項好處，尤其有助

---

⑰ 編注：當人們將貨幣存入銀行，銀行可將這些存款貸款給其他儲戶，而原存款戶在銀行中的帳戶餘額並未減少，貸款方的帳戶餘額卻也變多。由此，銀行體系內的流通貨幣量擴大，此即貨幣創造，而這也是中央銀行的主要功能之一。

⑱ 央行可採取的方法包括設定銀行利率及其存款準備率（銀行儲備金的比例，這些準備金必須存放在央行），而這能同時限制銀行可透過貸款釋出多少貨幣。

⑲ 當世界上有其他貨幣挑戰美元做為儲備貨幣的地位，美國尤其會比大部分國家受到更嚴重的影響。法國財政部長德斯坦（Giscard d'Estaing）提出「過度特權」（exorbitant privilege）一詞來形容這種狀態，這是一種自我延續的神話，因此顯得脆弱。

於銀行和銀行業更進一步掌控槓桿，協助央行重新提升對貨幣政策的掌控權。卸任英國央行總裁一職後，莫文．金恩（Mervyn King）寫下《金融煉金術的終結》（*The End of Alchemy*）一書，文中提倡應繼續延長量化寬鬆，同時容許長久的過渡期，讓銀行從部分準備金銀行（fractional reserve banking）轉型成狹義銀行（narrow bank）[7]。銀行體系將改頭換面，銀行帳戶將直接歸央行管理，銀行扮演的角色自此去中介化，因而減少銀行造成系統性危機的能力——亦即讓整個金融體系脫離臨界狀態，趨於穩定。如上所述，全面轉型會有一些問題，特別是銀行仍需評估信用及審核貸款案件，所以銀行還是需要正常運作。於是很有可能形成一種雙重體系，央行親自掌管儲蓄、運用新的CBDC，不過也持續允許銀行利用部分槓桿，如此才能透過借貸比儲蓄水位更高的資金繼續營利。CBDC可以強化央行的貨幣政策執行力，並有利於追蹤犯罪資金來源。令人警覺的是，當央行掌握這些額外權力，的確會引發問責方面的疑慮。藉由量化寬鬆，中央銀行早已取得類似掌管財政的權力（不只是調控貨幣），因此何以央行應受更嚴格的監督，或甚至犧牲掉獨立於政府以外的超然地位，這或許是另一個原因。

不管私人加密貨幣會遭到禁用或逐漸沒人使用，哪種官方數位貨幣可能取而代之，以及社會大衆對這類改變的接受程度爲何，只要人們對於何謂合法貨幣的態度有所改變，諸如此類的問題就能避免、紓緩，或是變成現實。回顧歷史，世人已接受任何形式的貨幣都能做爲交易媒介，但大衆必須形成共識，相信同一貨幣未來還能繼續用於交易，而且價值不減。這有可能改變。只要這類共識是基於錯誤假設發展而成，即可視爲一種團體迷思。

重點摘要

我對近年來全球經濟發展概況的解釋可說錯綜複雜，但不得不如此，因此大衆（甚至金融市場相關人士）通常無法充分理解。普遍缺乏對全面局勢的了解，催生了團體迷思。希望以上對近來全球金融事件的詮釋，已能凸顯群體不理性和團體迷思並非社會和政治領域所獨有，而是更加普遍存在的現象。此結果在金融市場造成決策品質低落，導致一連串的危機。第一章所探討的情緒和心理因素依然重要，不過行爲誘因的影響力也不容小覷，而每個人的差異甚巨。經濟和金融領域有時興的潮流，集體思考也會有盲點，就跟其他職業一樣。即便個體較爲理性行事，還是可能出現愚蠢至極的集體行爲。如同第一章所述，對自己的觀點最有信心的人，也最有可能暴露於風險中，當情勢反轉，這些人可能損失最慘重。較聰明博學、學歷較高的人最容易深陷於團體迷思——同樣道理，大型投資銀行內充斥著聰穎過人的員工，他們可能就容易犯下嚴重錯誤。團體迷思的本質就是如此。

- 金融市場容易動盪不穩，陷入危機。其部分原因在於，金融市場中的公允價值比商品和服務更難評估，一方面是因爲對風險的概念過於簡化，一方面是行爲誘因所致。
- 投資人易將不確定性和恐懼混爲一談，而且經常未能妥善管理這兩種情緒。金融界使用過度簡化的模型來評估及管理風險，大多忽略不確定性；恐懼經常戰勝理智。
- 人們從過往的規律中推斷未來發展，其代價是未能充分留意結構性變化和各種不同情況。
- 每個人理解世界所依據的理論可能根深柢固。有些人或許支持某個觀點，但始終保持開放心態，且能夠即時改變看法。然而，也有人對同一套世界觀的信仰堅定不移，構成微弱型態的團體迷思。只有危機近在眼前或已真正降臨，才有辦法動搖他們的想法。

- 經濟學一直都有團體迷思的現象。凱因斯洞悉不確定性在經濟學中扮演的重要角色，以及金融市場本就不穩定的特質，但他的觀點與主流看法不一致，遭世人冷落了數十年。金融理論大多無法眞正發揮功用。
- 回顧二〇〇八年金融危機的肇因和後續的因應政策，可見再爆發另一場危機的機率並不低。金融產業依然存在嚴重的結構問題。儘管我們尙未重蹈覆轍，犯下與一九三〇年代初期貨幣政策相同的錯誤，但貨幣政策已是主要的調節工具。對於整體結構和財政政策，政府始終未能大刀闊斧地改革。
- 起初擴大推行量化寬鬆是爲了拯救銀行及防止經濟蕭條，後來演變成金融抑制的工具——也就是維持低利率，同時允許通膨稍微上升，以侵蝕國債的實質價值。如今這套政策的規模之大，已形同危險的印鈔票試驗，而這大概無法善終。

● 想評估疫情對更廣大經濟的衝擊，現在還太早。然而，新冠肺炎已讓債務積壓的問題雪上加霜。

● 政府採取推力策略非但沒有減少普羅大眾對疾病的恐懼，反而火上加油，而這同時也可能減損社會資本與人民對政府的信賴。

● 有人認爲私人加密貨幣會是金錢的可靠替代品，這只是一廂情願的妄想，或許很快就會面臨現實的殘酷考驗。

不管是投資人還是其他百姓，想要保持開放胸襟及辨別炒作和眞實情況，可說日益困難。在新媒體圈，專業金融人士的重要工作之一會是觀察團體迷思的徵象（缺乏眞正的辯論、共識毫不受到質疑、熱情呼籲營造急迫感，以及惡質誹謗異己的看法），進而避免日後局勢突然反轉。

人的看法可能變化快速。眞實世界對金融產業的衝擊尤其又快又猛。不過，這圈子大多數的人依然以禮待人，努力聆聽他人想法，保持理性。由此觀之，金融圈比政治領域和學界更懂得抵抗團體迷思。接下來，我們要將目光轉向學術界。

第五章 科學與反科學

「新的科學真理並非透過說服及啟蒙反對者來獲得勝利，而是因為反對者最終去世，而熟知真理的新世代長大成人而已。」

——量子力學發現者馬克思．普朗克（Max Planck）

「科學是相信專家一無所知。當有人說，『科學教了我們這個和那個』，他們其實誤用了這個詞。科學沒教我們任何事，經驗才是老師。如果他們告訴你，『科學顯示出這個和那個』，你或許可以反問：『科學是怎麼辦到的？科學家怎麼發現的？方法是什麼？發現了什麼？在哪發現的？』不該是『科學顯示出』，而是『這實驗、這作用顯示出』。聽到實驗的相關消息時，你和其他任何人一樣，都有權利判斷實驗是否給了我們合理的結論——不過在這之前，請耐心傾聽所有證據。」

——理查·費曼（Richard Feynman）

看待事物的方法很多，眾多看法多競相自稱眞理。我在一九九〇年代初期任職於美洲開發銀行（Inter-American Development Bank）期間，有人告訴我一個與尼加拉瓜獨裁強人蘇慕薩將軍（General Anastasio Somoza）有關的故事，故事本身大概純屬虛構。他對馬情有獨鍾，名下有處農莊蓋了漂亮的馬廄，不過他都在農莊的露營車上工作。內閣的部長人選必須開車離開市區，到他農莊的露營車裡面談。蘇慕薩會提出關鍵問題：「假設你走在沙灘上，看見樹上有隻烏龜——你腦中浮現的第一個問題是什麼？」多數人會回答：「怎麼上去的？」如果你這麼回答，面談就此結束。這個答案不對——如此回答無法展現進入蘇慕薩內閣所需的政治敏銳度。甚至連「誰幹的好事？」也不是正確答案。正確的回答是：「把烏龜放到樹上的混蛋到底在想什麼？」

同一份證據對不同人可能代表不同意義，我們對於事件的理解，通常混雜著我們自身的意圖。意義之間不一定水火不容，但反映了不同敘事方式。從眾多可能的選項中，我們選擇自己的詮釋方式。舉例來說，有人覺得某個水杯有如藝術品，有人認爲是實用的喝水用具，有人則睹物興情，想起親愛的人。這些具體意義並不互相矛盾。不過，我們也會挑選證據來支持我們的信念，這些信念間的衝突經常更爲顯著。我們或許注意到水杯破了，有人可能認爲純屬意外，有人可能斷定是有心人士所爲，從中又能衍生出各種不同說法，各自點出破壞者是誰及其動機。第一章提到的海德特就曾點出，我們如何採納或反駁對現實的不同詮釋（亦即不同證據）。如果新證據與我們的看法一致，我們會自問：可以相信嗎？答案永遠會是肯定的。要是證據與我們的觀點相左，我們則會問：一定得相信嗎？答案永遠是否定的。眞正求知若渴、希望學習新知的人，勢必會面臨這種困境。科學史學者賈斯汀・史密斯（**Justin Smith**）在《不理性》（*Irrationality*，暫譯）一書中提出的論點是，「不理性可能帶來危害，但無法徹底根除，試圖根除不理性，這件事本身就已極度不理性[1]。」此外，我們不只不理性，還不斷忘記這個事實。

在此心理狀態下，人類好不容易才懂得以科學分析世間萬物，而且如我們所見，人類一不小心就會走上回頭路。道德衝突和戰爭促使科學進步，就像宗教改革那時，現代科學便出現重大進展。道德衝突能鬆動知識權威，進而引發社會恐懼：我們對不確定性感到恐懼並非因爲缺乏知識，而是知識失去權威地位。

一旦道德體系的權威受到質疑，社會大衆就有可能接受新方法（例如改信其他宗教）。不過，這也有可能觸發更獨立自主的推論行爲。康德認爲，當人們克服對推論的恐懼，便可視爲啓蒙，而啓蒙運動的理想得以散播出去，得力於世人質疑起宗教權威。現今我所擔憂的是，當恐懼的情緒日漸普及，我們可能正漸漸失去質疑權威的能力。

科學

何謂科學？自古以來曾出現各種不同解釋，因此在某種程度上，接下來所要呈現的內容只是一部分的答案。有些定義（尤其是遠古時期的看法）與我後續的說法幾乎毫無關係；有些則已喪失其最理想的樣貌，時常爲了方便而犧牲威信。

在柏拉圖的思想基礎上，亞里斯多德認爲，我們可將一切的本質化爲具體概念，透過直覺找到正確定義。這也許能幫助我們探索想法，但無法引領我們找到眞理。同樣地，我們可能在平常的對話中建構想法，一層一層堆疊，儘管並不明顯，但在這過程中，我們不斷加入與自身道德體系、世界觀和團體迷思一致的主張和臆測。談話具有模糊空間，透過詞語傳達意義有助於我們根據意圖形塑想法和事實。詞語的意思不僅可能定義不周，我們也可能爲了方便表述想法，而在對話中抽換語意（不管有意或無意）——很多時候，是由我們內在的大象主導。

相較於亞里斯多德的「本質論」思維，現代科學所指的知識儘管必須具備清晰的語意，卻非奠基於定義之上。科學定義據說採「唯名論」，只不過是方便溝通及記憶的語言。奧地利哲學家卡爾·波普（Karl Popper）這麼舉例：「從科學的角度來看，『幼犬是指年紀小的狗』這個定義所要回答的問題是『年紀小的狗應該稱爲什麼？』，而不是『什麼是幼犬？』」科學家據說是把句子頭尾顚倒反著看定義——從年紀小的狗聯想到幼犬（形同定義，因此無可辯駁），不是從幼犬想到年紀小的狗（這只是幼犬衆多解釋中的一種）。他進一步指出，學科「只要採用亞里斯多德的定義法，便受限於空洞的冗詞和貧乏的學術學問，作繭自縛」。如果每個人都像路易士·卡洛爾筆下的矮胖蛋頭人（Humpty Dumpty），爭吵將永無止境①。

科學仍不斷與這種亞里斯多德式的本質論思維抗衡。蘇格拉底的著名論點是，相對於「詭辯者」對自身超群智識感到自信滿滿，智者知道自己一無所知。智者滿腹疑惑和疑問——抱持懷疑態度看待事物。這想法奠定了現代波普學派（以卡爾．波普命名）對科學的概念2。該學派的主張可粗略歸結如下：我們無法證明任何事，但可以證明假設不成立，而假設是指可推翻的可驗證命題。雖然所有想法都有某些必須視爲理所當然的假設做爲基礎，但如果一項假設不存在任何可能推翻其成立的證據，該假設就無法被視爲科學知識，只不過是某種非科學的主張。若假設未遭到反駁，人們可能會將假設視爲眞實，於是科學就在想法未獲得確認的情況下繼續發展，但該想法可能受到質疑，而且隨時都有可能改變。我們不斷向前邁進，卻永遠無法確定眞理爲何。

柏拉圖及其追隨者認爲，蘇格拉底會對智慧提出這番看法，必定是因爲他所在的時代缺乏重大科學成就，波普卻指出，這正好展示了「蘇格拉底以前的人以一種神奇的眼光看待科學和科學家，把科學家視爲值得崇拜的薩滿，睿智博學、擔任傳授知識的角色。」柏拉圖覺得理性是人最高貴的特質，可賦予人類有如上帝的全知智識，然這觀點反而讓柏拉圖掉入理性迷思。

科學的核心精神是要區分事實和我們額外加諸的預設立場，創造客觀而非主觀的意義。過了幾千年，人類總算明瞭有必要區別兩者，並開始實踐這重要的任務。科學出現前，道德思維早已存在；道德思維比科學更早發展。

不過，無論是否與科學有關，知識都會變化。知識並非固定不變，而是累積（以及遺忘／重新排定優先順序）的過程。自認理解了特定眞理，等於停止探索的腳步。思想史能幫助我們了解各種想法和道德觀如何演變成如今的樣貌（包括科學知識），體會其轉瞬即逝的特性。這有助於框正我們對事物的懷疑態度及探究。西塞羅（Cicero）甚至這麼說：「對出生前發生的歷史一無所知，形同一直沒長大的孩子。」不過，若要透過這種方式從歷史中學習，我們就必須體認到，歷史不斷受到後人重新詮釋，以爲當時的政治敘事和身分認同提供解釋——我們

① 在卡洛爾（Lewis Carroll）的《愛麗絲鏡中奇遇》（*Through the Looking-Glass*）中，矮胖蛋頭人以無比輕蔑的語氣說：「**我**說出口的字詞就代表我所指的意思——不多不少。」愛麗絲說：「問題在於，你**能不能**讓字詞代表這麼多不同的事物。」蛋頭人說：「問題在於誰是老大——這才是重點。」

勢必得看穿並吹散這層迷霧。此外，如果研究歷史是爲了提出新見解（相對於將歷史做爲證據，支持我們當代的道德體系），我們必須敞開心胸，試著從前人的角度理解歷史的意義。歷史是待破解的一連串謎題和難題。歷史的眞相不受限於某個作者或現代政治宣傳者的想像，而是提供不同道德體系下人類行爲的個案研究，展示人類容易犯錯的各種視角，以此引領我們深入了解自己的偏見。

上述觀點的預設條件，是我們具有熱中探索的好奇心。而我們有兩種選擇：接受某套想法就是眞理，不再深入探尋；或是搜尋新想法和進展，尤其是透過科學方法探究。如同波普所解釋：「可以這麼說，在我們尋找眞理的過程中，與其說科學達到絕對肯定的狀態，不如說科學在不斷進步。」科學並非亞里斯多德以爲的逐漸進步，而是受到激進想法驅使而突然大躍進。波普繼續說道：

「這種對科學方法的觀點顯示，科學中沒有柏拉圖和亞里斯多德所理解、暗示探索終點的『知識』；在科學中，我們永遠沒有足夠的理由去相信我們已尋得眞理。照理來說，我們通常所稱的『科學知識』並非這種意思，而是各種相互競逐的假設的相關資訊，以及這些假設能夠承受各種檢驗的方式。以柏拉圖和亞里斯多德的用語來說，科學知識是指最新、最禁得起驗證之科學『意見』的相關資訊[3]。」

這與現代人的普遍認知形成鮮明對比，一般人通常認爲，科學是不可質疑的權威眞理。我們無法證實科學構想，只能證明各種假設無法成立。懷疑是科學的基礎，也是科學進步的助力。

我們可以檢查自己的所有推論是否正確、所有定義是否符合唯名論，這些都比識別自己的偏見容易許多。科學界的集體認知大多受到實驗限制所囿——不過，科學家採信的預設也會造成影響。我們可以質疑自己的預設，但不論回溯多遠，預設的背後永遠都有預設。法國哲學家布萊士·帕斯卡（Blaise Pascal）以爲自己可以仰賴感官知覺，但我們知道這不可靠。此外，奧地利數學家哥德爾（Kurt Gödel）的不完備定理（incompleteness theorem）告訴我們，即便任何系統內的命題彼此保持一致、邏輯明確（包括因爲特定眞理而形成的任何道德體系），仍必須以其他系統的預設爲基礎②。

有別於科學（唯名論）定義，事實也並非直截了當，而是可以有多種詮釋。

---

②請見第三章第一百二十五頁，注釋⑤。

事實並不獨立存在。科學家無法在沒有概念架構下行事。事實是可憑經驗去驗證的陳述，科學家則試圖從中淬鍊出知識。於是，他們擬定與事實一致且彼此間未發生矛盾的假設。這些假設可能遭到駁斥，也可能無法得證；若無法驗證，則無法構成科學知識。

自然科學家的對照實驗就是清楚例證，日後其他人可以重現這些實驗，並得到相同結果。不過，某些科學分支可能受限於可行性和實驗倫理。在這些領域（包括臨床科學和社會科學），科學家觀察個案資料，根據取得的資料驗證假設——而且不能特地只挑選可支持假設的個案，藉以「營造」資料。這點很重要。爲了證明假設成立而刻意篩選資料（有時是下意識地出現這類舉動），會破壞區別事實和動機的目的。有系統地隱藏某些證據即已背離正規科學，本章稍後會以醫學科學予以印證。若謊言的定義是有意誤導，這麼做就是在創造謊言（疏忽之罪）。如愛因斯坦所說：「尋找眞理的權利中也隱含著義務；一旦認同某事爲眞，任何細節都不該隱匿。」

許多聲稱是科學的實務作法其實並不符合上述標準。很遺憾地，在統計和其他領域，只呈現有利證據以左右結論，可說是相當普遍，而許多人甚至不覺得這是造成偏誤的源頭。激進作爲和一廂情願不算科學。群體相信這些作法稱得上是科學（因爲他們認爲科學家的所作所爲就是科學），這本身便是一種團體迷思，尤其若成員使勁力抗外界的批評，更是如此。要是理論和模型提出不切實際的預設，且得到的結果無法驗證（這在我所處的經濟學領域及無數種模型中相當常見），儘管或許具有啓發價値，卻也可能誤導我們，使我們與科學進步背道而馳。

美國物理學家湯瑪斯．孔恩（Thomas Kuhn）在《科學革命的結構》（*The Structure of Scientific Revolutions*）一書中，描述科學如何以典範的形式發生。我們之所以能提出假設，是預設過往的結果和其基礎預設皆成立。隨著愈來愈多實驗產生更多結果和事實，我們總是循著典範加以試驗及理解。牛頓說，如果他能看得更遠，那是因爲他站在巨人的肩膀上。因此典範不斷疊加，在原有結果的基礎上創造更多結果。

然而在典範中，可驗證的實驗結果可能與其他早已確定爲眞的實驗結果相衝突。當這情況發生，科學家必須回頭去檢驗之前的實驗結果（這些結果構成較近期實驗的部分預設）。如果結果正確，則須往前去檢驗其根據的預設和實驗結果，以此類推，直到找到錯誤或回溯到典範最基本的預設——亦即大家認爲不證自明而採信的預設。如此一來，偏見（唯有消除後才會發現）就能受到修正。實務上，這種情況只有在其他可能方案全數耗盡、非不得已之下才會發生。相對於更早之前的哲學方法，現代科學的客觀性並非憑仗富有遠見且獨立思考的個別科學家，而是科學方法所產生的集體成果。

不過，發現矛盾本身不會推翻典範。假如牛頓發現自己不是站在巨人肩膀，而是鐵達尼號的煙囪上，不代表船會立即沉沒，或船上的所有旅客可能／必定會選擇棄船而去。科學家終其一生遵循特定典範，會抗拒放棄習以爲常的思維模式和行事準則，其實可以理解。因此，面對新思維時，他們效法海德特自問：一定得相信嗎？認爲某個實驗或推論一定有錯，且他人必須負責找到錯誤加以修正，是很自然的反應。典範要能汰舊換新（例如相對論和量子力學取代古典力學），新典範要能解釋舊典範的一切，並得出與舊典範相反的實驗結果。即便走到這一步，還是要等上好幾年才會發生典範轉移，不管是孔恩，還是本章一開始所引述的馬克思．普朗克名言「新的科學眞理並非透過說服及啓蒙反對者來獲得勝利，而是因爲反對者最終去世，而熟知眞理的新世代長大成人而已」，都已揭示此現象。雖然許多人把科學家視爲權威（就因爲他們的科學家身分），但科學家跟我們一樣都是人類，同樣具有不理性的本質，而且可能有些既得利益。

科學要進步，必須不斷實際運用典範，不過典範也必須不時接受重大檢驗，尤其出現愈來愈多與其矛盾的實驗結果時，更應如此。隨著科學知識增加，而且必然無比專業深入，這過程依然對科學進展相當重要，至少須有幾個獨立思考的科學家才能達成。不僅要有獨立思考的人批判典範，這些人的意見還必須受到重視。我們教育學生，正是以此爲目標。誠如美國政治哲學家艾倫・布魯姆（Allan Bloom）在《美國知識分子的終結》（*The Closing of the American Mind*，暫譯）一書中表示：「大多數學生將會自滿於現今普遍視爲重要的學問；其他學生的熱忱逐漸熄滅……少數人會努力自主學習。博雅教育（liberal education）特別是爲了最後這一類學生而生。」他繼續寫道：「沒有這些人（應該說，若沒有他們展現值得敬佩的優秀特質），不管生活再富裕、舒適，技術再純熟，或人民再溫柔友善，都沒有資格稱爲文明社會。」其原因在於，沒有偶爾發生一次典範轉移的話，科學最終將停止進步，而謹守教條般不思長進的武斷作爲勢必將演變成獨裁[4]。

只不過，挑戰科學典範是條孤獨的路，而且不僅令人卻步，更可能毀了前途。團體迷思可見於學術圈，尤其學界博學多聞、高智商的人數高於平均，因此容易陷入團體迷思。學界高度依賴外界資助，這也是原因之一。此外，學術界相對封閉，同一群人時常多次接觸。賽局理論告訴我們，這能防止無賴行爲。如第三章所述，佐曼效應形容密切交流的研究人員傾向快速達成一致意見，較疏遠的人際關係反而比較有可能取得眞正的共識。人們可能盡量守口如瓶，不輕易提出與衆不同的意見。的確在某些議題上，因恐懼而寧願犯下疏忽之罪，是很普遍的現象，例如談及二氧化碳排放的因應方法和再生能源的重要，除了廣爲接納的正統環保觀點，其他方案鮮少聽聞有人主張。

十八世紀初以人痘接種（variolation）技術抵抗天花，是可說明科學共識如何傳播開來的有趣實例。類似於疫苗接種，人痘接種是將膿皰液（這裡是指天花的膿皰液）注入手臂上的刻意劃破的傷口之中。來自英國的貴族孟塔古夫人（Lady Mary Wortley Montagu）在土耳其發現天花的人痘接種技術，並在回到英國後，試圖說服醫生使用這種療法。沒有任何醫生願意嘗試，但她勉強說動了威爾斯公主卡洛琳（Princess Caroline）採取這項技術，後來這方法便廣爲流傳。這過程幾乎與證據或理念無關，大抵只能算是一種社會現象。面臨是否捍衛忠誠的兩難抉擇時，人會衡量自身的信念與從衆的欲望，進而做出決定。

全體群衆可能看似在某議題上達成了共識，但這不代表眞正的共識，有時根本缺乏交集。使用「科學」一詞，經常是爲了表示一套無法辯駁的知識，但就如前文所述，與眞正的科學可能沒有太多關聯。舉例來說，指出氣候變遷的原因在科學上已有定論，很多時候是爲了阻止更進一步的討論。然而，這個錯綜複雜的研究領域仍有諸多未確定之處，聯合國政府間氣候變化專門委員會（Intergovernmental Panel on Climate Change，簡稱IPCC）專家小組經常給出避重就輕的暫時結論，各方再從這些研究萃取出更政治導向的說法，不僅兩者間的落差甚大，更遑論媒體和社運團體的危言聳聽。任何人都能假「科學」之名，訴諸權威而非理性，大肆散布偏頗想法或爲其辯護，就像宣傳好消息一樣容易。如果樹立「科學」的權威是要阻擋辯論及後續探討，我們或許就應該抱持懷疑的態度看待。

呼應稍早之前蘇慕薩總統的小故事，面對違背常理但其他人似乎都一致贊同的事情時，別只問烏龜如何跑到棕櫚樹上（或人們爲何接受這個荒謬的「科學事實」），而要探究背後的動機。早在史威夫特（Jonathan Swift）發表《格列佛遊記》（*Gulliver's Travels*）大肆嘲諷之前，學術圈早就存在許多既得利益，許多人需要保護自己的前途和名譽，當今更有許多研究接受帶有特定意圖的企業和政府單位資助。眾多團體迷思的支持者想尋求學術界的肯定，加上企業和政府很樂意補助，雙方一拍即合，不僅協助提高公信力，更有助於向反對方提出反駁。

科學遭受攻擊

誠如以上所述，科學必須區隔事實和受動機左右的預設立場。光要描述、保持公正及呈現所有重要資料和研究結果，而非只揭露能支持你的假設或觀點的資料，就很困難。然而這是科學的前提——也是很多人未能做到的。理性主義和非理性主義間的角力由來已久（到中世紀則是經院哲學與神祕主義的對抗），至少可追溯到古羅馬時期。欠缺理智的人不會受理性論證動搖；團體迷思在人類心理已經根深柢固，冰凍三尺非一日之寒。

憤怒左派

美國社會科學研究者羅瑞塔．布魯寧（Loretta Breuning）鑽研科學偏誤思維背後的神經化學因素。她指出：

「盧梭主張大自然代表美好，『我們的社會』是惡的源頭。社會科學家只要能發現支持該預設立場的證據，通常就能獲得回報。結果就是愈來愈多證據一致指向以下結論：

1. 動物天性良善（牠們互助合作，彼此幫助）。
2. 小孩子擁有優秀資質（除非社會教壞他們，否則他們可以自然長成完美的大人）。
3. 工業化前的人過著美好的生活（與大自然和諧共存，彼此間和平共處）。

讀者或許認為，這些說法都是不容置疑的事實，因為容易理解的內容以電流的方式透過發育良好的神經傳遞路徑傳輸，使我們產生這就是真理的感覺。」

布魯寧的發現饒富興味，但並非這主題的最終結論，不過對於人類在大自然中的定位，她將盧梭視爲重要的代表人物，加上他顯而易見的厭世形象，已是公認的事實[5]。

如第一章所述，對抗權威是人之常情。這股欲望滋養反抗社會的衝動，其歷史與文明一樣悠遠。當新信仰取代宗教，新權威也會隨之誕生，繼續孕育這股反叛精神。

黑格爾（Hegel）宣揚科學直覺與亞里斯多德的思想。他崇尚矛盾，提出利用正題（thesis）與反題（antithesis）相互拉扯以達到辯證目的的史學理論，正題和反題之間彼此矛盾，從中激盪出合題（synthesis）。合題接著又發展成新正題，其中蘊含與其衝突的反題，以此類推。藉由這個過程，矛盾並非證明理論不成立，而是促使理論有所調整。在政治動盪的時代，他的務實主張支持維持現狀。歷經拿破崙的暴政肆虐後，普魯士迎來威廉三世（Frederick William III）復辟。不少人指控黑格爾提出不理性的想法，搶先讓政治變革破局，爲自己贏得威廉國王的青睞。波普引述叔本華（Schopenhauer）的一段話，說：「黑格爾在權威人士的扶植下獲得官方認證的大哲學家美名，但其實，他不過是缺乏內涵、枯燥乏味、令人作嘔、知識淺薄的騙徒，最瘋狂、最令人費解的歪理盡是草率拼湊之作，大膽厚顏的程度簡直登峰造極」，他又補充說道，他廣受愛戴的歪理「使他得以引領一整個世代的智識墮落」。現代科學不允許矛盾發生，認爲矛盾可以避免；黑格爾則認爲，矛盾是刺激科學進步的必要條件，值得嚮往。然而，對比我所謂透過科學方法累積知識的發展途徑，他主張的方法隱含毀滅性質，勢必破壞所有進展。他根本就試圖阻撓理性。

很不幸地，他的支持者衆多。康德試著滅其威風，但無力遏止趨勢。黑格爾哲學思想最有影響力的繼承者是馬克思（Karl Marx），他與恩格斯生動描繪工業化時代貧窮勞動者的困境，扣人心弦，使各種形式的社會主義相繼萌芽。然而，儘管他付出極大的心力，但他所謂以科學角度分析歷史，並批判他口中的資本主義，都有嚴重的瑕疵。他的看法爲極權共產主義提供辯駁的論述，彷彿幾乎任何問題都能靠中央集權的政策解決。

各種路線較溫和的民主社會主義在西歐發展得較爲成功，達成不少値得稱許的成果。然而，反抗的欲望（包含反理性）仍是許多人的核心行爲動機。二十世紀中葉，喬治·歐威爾察覺許多社會主義者並非眞正喜歡窮人，他們只是討厭有錢人。隨著社會問題減輕，人們的革命衝動並未消滅，只是將仇恨轉移到其他目標。時間快轉到現在，在後現代主義者判定社會中哪些族群受到壓迫的清單中，社經地位較低的一群已幾乎從中除名。所謂的「光榮勞動階級」其實根本不窮，而是一群中產階級知識分子。英國哲學家羅傑·史庫頓（Roger Scruton）對一九六〇年代的描述如下：「這是『知識生產』的時代，知識分子自認屬於光榮勞動階級的一分子，這觀念就是在那時扎下了根——而那正是眞實勞動階級從歷史中消失的時期，唯有憑藉如此戲劇化的形式，勞動階級的形象才得以保存下來[6]。」

後現代主義

社會被放在各種不同的鏡片下分析，這些視角無不極力強調權力關係，分別冠上解構主義、後結構主義、後現代主義，或是最直白的馬克思主義等名號。趨勢和某些術語會變，但與可檢驗、反駁的假設，乃至知識透過現代科學方法在社會中累積的重要過程，依然存在一段距離。接下來的內容會以後現代主義爲主要探討對象，但我的論述可適用於其他相近思想，本書並沒有足夠的篇幅（或意圖）去探討其中的細微差異。我要表達的重點很簡單：一直以來，學術圈許多活動都在逐漸遠離合理常規（即便尚未脫離理性本身），如今這現象已全面滲入社會，孕育著焦慮、疑惑和團體迷思，對社會有害無益。

從馬克思主義到後現代主義，發展過程歷經多次淬鍊，發展出不同分支，但有項內涵從未改變，那就是一切都與權力有關。在不同流派的左翼人士眼中，支配結構隨處可見，而在其他人看來，這些只是維持社會秩序的手段。左派認爲，揭露行爲其實受權力關係所影響，我們才能更加理解這一切。然而，從他們揭示的這些「眞相」中，我們總是一無所獲。這些眞相不是更複雜，就是早已難以察覺。唯有在專制暴政底下，權力關係才會是全面支配的力量，而自由民主制並非專制。的確，包容異己和保持理性，以及給予發聲管道，都是在拒絕將一切問題歸咎於權力。與其把人分類和識別受害者，只要協助及信任人有能力自行克服問題，諸多問題就能解決——而這就是自由民主制的核心精神。所謂啓蒙或覺醒，是要獨立自主理性思考，跳脫人是由群體認同所定義的觀念。這已超越不同階層之間的權力關係。

後現代主義是第二次世界大戰後興起的哲學思維，而與先前左派哲學不同之處，在於其如何應對自由主義和民族國家（尤其在法國與德國）已知的挫敗。對馬克思主義與其衆多缺陷幻滅之後，後現代主義主張進取式的悲觀主義，憑藉內心的直覺感受去回應權威。馬克思主義不切實際的破壞本質以及對現狀的厭惡，都大大影響了後現代主義，且兩者皆無法忍受未完全符合其理想的一切事物。如果把後現代主義比喻成馬克思主義叛逆的青少年兒子，另一個父母就是虛無主義（nihilism）。虛無主義是極權主義的另一個自我，當現實經驗缺乏篤定的意義時，虛無主義不僅填補了人們的空虛，並告訴擁護者，人缺少尋找意義的能力。談到後現代主義的發展，傅柯（Michel Foucault）、德希達（Jacques Derrida）、李歐塔（Jean-François Lyotard）等法國一九六〇年代的社會理論學家尤其重要（建立我們所謂的「理論」），法蘭克福學派的霍克海默（Max Horkheimer）、阿多諾（Theodor W. Adorno）和馬庫色（Herbert Marcuse）等人也扮演重要角色。霍克海默和阿多諾批評啓蒙運動，對資產階級社會的批判簡直到了歇斯底里的地步，他們認爲，這樣的社會形態把人帶進資本主義標榜交易和公平的生活模式，原有的神祕、主權和自我發現，由理性、創業精神和科技取而代之。

後現代主義跟一般病毒一樣不斷演化，而且似乎不是刻意爲之——各種思想互相拉扯，試圖在競爭激烈、瞬息萬變的環境中存活下來，自然造就了這種結果；只要思想順利延續，便足以定義眞相，反之則失去立足之地。對沒有相關知識、經驗的人來說，初期的後現代主義幾乎無法理解。黑格爾和其他許多哲學家以降，「讓人無法理解」（incomprehensibility）成了規避批評的保護機制，可說是經過實證的生存技巧。以前，這從來沒有發生在學術界以外的領域。雖然第一波發展在無意間引發了騷動，但第二波發展以法蘭克福學派的新左派（New Left）

政治行動主義爲基礎，試圖瓦解階層結構並重新安排權力關係。第三波發展的影響如今遍及整個社會，若用相當粗淺的方式來表達，後現代主義以不同但經常相互矛盾的形式，固執地堅持實踐政治正確。

後現代主義和其他左派思想一樣，對於以社會主義爲發展藍圖的未來一無所知，只知道這是必要且值得擁有的世界。後現代主義充斥負能量，反對既有的行爲模式和想法、懷疑理性、質疑廣受接納的主流觀點，並認爲這些早已因意識型態和權力關係而受到影響。後現代主義對至今的所有進步發展嗤之以鼻。各種版本的說法並存，彷彿一片布滿各種想法的地雷區，但內容多半是謬論、互相矛盾。不過，照擁護者的說法，後現代主義具有四大支柱：身分認同是在社會生活中建構而成；道德觀依附社會而生；解構藝術和文化；族群間的界線是由社會所劃定，人應主動跨越並質疑。根據丹麥教育心理學者史丹納・克瓦勒（Steinar Kvale）的說法，其中心主旨包括「懷疑任何人類眞理能否提供現實的客觀代表、專注探索語言及社會透過語言建立在地現實的方式，以及拒絕接受普世價值[7]。」這符合歐威爾和義大利共產黨創始人安東尼奧・葛蘭西（Antonio Gramsci）的觀察，他們發現，每場革命都優先鎖定語言，並以至高權威確立新領導者認可的眞相；此外也吻合亞里斯多德主張的本質論，而非唯名論。

每個人看待現實的方式不同。若能試著理解人的思維，至少還有一些可取之處，可惜後現代主義儘管試圖迎合一般人的觀點，其實目的並非只是被動地發掘知識，而是根據自身的理念武斷地將世間萬物分門別類，然後加以改變。後現代主義與科學最清楚的分歧，或許在於後現代主義否決主觀經驗與客觀現實之間的分野。所有人不只有權擁有各自的看法，還有權堅持自己的眞理。於是，客觀現實不復存在。這與現代科學最基本的前提徹底牴觸，根本就是反科學；並非在哲學上誤入歧途，簡直大開倒車。不僅如此，後現代主義非但未能理解科學是在懷疑中逐步前進的過程，可接受反覆修正，更將自由推論和科學視爲可自由汰換的後設敘事。後現代主義者希望摧毀所有意識型態、推翻所有確定性，卻缺乏自我批評的機制或從中學習的能力。諷刺的是，他們在方法論上的眞理已僵化成教條，用他們的術語來說，即定型的後設敘事。理論上，這個教條無法因外界質疑而改變，但會在遭受內部聲量最高的人物、最有威望的惡霸、最激進的人士嚴厲批評後而有所改動。

激進左派時常堅持要完全遵守由一小群菁英制定的原則。舉例來說，法國馬克思主義哲學家路易・阿圖塞（Louis Pierre Althusser）堅稱，馬克思的《資本論》神聖不可違逆。同樣地，你必須先相信後現代主義正確無誤，其支持者才會認可你理解這套思想。簡而言之，憤世嫉俗是後現代主義者普遍的特徵，在他們心中，自己的研究方法優於任何批評。有鑑於中間偏左人士不輕易批評激進左派，不管是出於對意識型態的忠誠、缺乏洞察力，或單純懦弱無為，左派陣營的愚蠢行徑只會愈來愈極端。

柏拉圖在《理想國》使用「正義」一詞，但指涉的意義與我們平常的認知相反，同樣的現象也可見於現代推崇其極權理想的人身上。後現代主義較後期的主張益發激烈，現今已由社運人士打著「社會正義」（Social Justice，S與J大寫，意指這是一組專有名詞，是一種特定的意識形態運動）的大旗介紹給一般大眾，能見度大幅躍升。他們效法歐威爾書中真理部（Ministries of Truth）、和平部（Ministries of Peace）、富庶部（Ministries of Plenty）和仁愛部（Ministries of Love）的手段，儘管後現代主義標榜的「社會正義」顯然具有憤世嫉俗的意味，但就算絲毫無助於提升社會福祉，也未落實正義，讀者也不會感到意外。社會正義的提倡者堅定不移地相信，社會建構於晦澀難解的認同系統上，牽扯複雜的權力和特權。這些系統透過控制語言，建構起知識。此外，他們也意圖從批判的角度描述世界，進而加以改變——也就是說，他們的目標與尋求區分事實和動機的科學正好相反。做到這個程度，距離刻意篩選要分享的知識只剩一步之遙。故意遺漏某些資訊試圖誤導大衆，等同於製造謊言。至於要製造哪些謊言，則可能是隨機發展的結果。後現代主義者不相信客觀現實，我們很難找到他們懷抱信心、眞心相信的事物。

科學爲社會現象提供解釋，不把社會建構（social construct）當成重要事物的萬用解，後現代主義者卻認爲，科學既非事實也不合乎道德。如此不明智的判斷有時比小說更不可思議——無疑荒唐可笑。我認識的某位大學管理高層和我提起過一名教職員的懲處事件。該教職員缺席了早已排定時間的獎懲會議，那天碰巧是星期三。後來他當面詢問當事人爲何沒有出席，他得到的理由就用上了上述說法：「星期三只不過是社會建構之下的產物。」於是他回答：「我付你薪水也是。」

歷史也是後現代主義者抨擊的對象。除了用來將人的祖先分類，確認其後代如今落入受害者的處境，抑或成爲壓迫者，歷史大多遭人遺忘或改寫。後現代主義者眼中的歷史只是一堆不公不義的事件。這造成的其中一種結果是，當理解歷史變得更簡化，一切也就看似更爲篤定，非黑即白；對比之下，未來感覺更不確定。這樣的鮮明對比有利於餵養恐懼，使我們不敢輕舉妄動。這有助於鞏固團體迷思：對過去蓋棺論定，宣揚後現代主義的解釋能力；助長了對未來的恐懼，推廣行動、紀律及對外來者的挑釁，而非思考、辯論、妥協或容忍。

已有更多證據指出，後現代主義是某種形式的團體迷思，而不是有助於促進知識的思想，而且正如歐威爾在《一九八四》的預測，後現代主義者監控並限制可使用的字詞、定義何爲合格的論述，藉以侷限思考和批判。若要批評社會理論（再次注意，此處亦爲專有名詞），只能使用其自身創造的語言和術語。他們不容許不同的意見。每當有人不認同，他們總認爲那不過是對方無法理解，因此沒資格評判。

那麼眞理要如何確立？兩位批判論者普拉克羅斯（Helen Pluckrose）和林賽（James Lindsay）概括了目前的風氣：

「人類運用證據和理性都無法獲得可靠知識，但現在有人聲稱，只要聆聽邊緣族群的『親身經驗』就能獲得可靠知識——更準確來說，是聽取邊緣族群對親身經驗的詮釋，而這些詮釋早已經過理論擦脂抹粉[8]。」

由於每個人的「親身經驗」不同，企圖從中找到客觀現實，勢必變得錯綜複雜、充滿衝突。實際上，某些經驗之所以獲選而得以冠上眞實可信的頭銜，是因爲與某些人的偏見相符，而這些人通常自稱代表眞相。於是我們陷入團體迷思，認爲質疑教條是有違道德的行爲。

我們大可把後現代主義視爲病毒，那是心理健康問題的肇因、充滿痛苦的成癮症。對沒有相關知識的人而言，後現代主義不僅適得其反，更顯得瘋狂。後現代主義式作風已從學術界向外擴散，如今甚至擠壓公共對話的空間，並日漸侵蝕社會資本和人與人之間的信任。後現代主義最常見的論述是有關種族和性別議題。雖然數十年來，批判種族理論（Critical Race Theory）在法律界和其他領域的應用頗見成效，但少數支持較新版本的激進人士卻預設種族歧視無所不在——直指需探究的問題並非種族歧視是否存在，而是以何種形式體現。他們試圖強迫所有人時時將種族差異納入思考，但這無助於緩解大衆缺乏包容的趨勢、憤恨的情緒和彼此間的隔閡，反而致使這些問題永無解決之日。這與金恩博士（Martin Luther King）的夢想背道而馳：「我期望有那麼一天，我的四個孩子可以在國內自在生活，別人對他們的評價不再根據膚色，而是品格。」

無意識偏見（unconscious bias）訓練似乎起不了任何作用，這結果或許並不令人意外。想要一個自認（事實上也沒有）沒有種族歧視的白人認同他們不只種族歧視，而且對此束手無策，容易讓人更加憤怒、更加恐懼，且反而更沒有包容度，而非更包容。這讓人想起十二世紀的聖水審判法：如果嫌疑犯沉入水中溺斃，表示聖水接納了他，所以他是清白之人；要是嫌疑犯浮起，表示他有罪。

儘管後現代主義者的思想廣受外界批評，但他們時常回以譏諷，對提出批判的人百般嘲笑，而非坦率地辯論或理性論述。這般極權式的觀點不容許讓步。不是清白就是有罪，不是滿懷憎恨，就是變成別人仇恨的對象。

後現代主義者之間經常發生齟齬，且時常演變成激烈、毫不客氣的人身攻擊。包容心在他們的討論中似乎無足輕重。有人或許會想，正面衝突會讓各方暫時冷靜下來、重新評估，但一點也不。黑格爾擁抱衝突的思想仍影響著後世，不光是他的思想本身就充滿矛盾，更背離科學方法和客觀現實。

去殖民化的擁護者反對學校教導科學和理性的方式；根據美國文化評論者麥克．哈利耶特（Michael Harriot）的看法，多元化思維不過是白人優越主義的委婉說法；多元文人教育學者羅賓・迪安吉洛（Robin DiAngelo）曾解釋，「白人將所有人視為個體而不考慮膚色，其實『很危險』[9]」。對某些人來說，不只說法的內容，說法出自何人也很重要。在文化戰爭中，過早下結論是雙方都很常犯的錯，但依我看來，相互包容的理想似乎離我們愈來愈遠。

人與人之間缺乏包容，加上拘泥於語言，於是輕易阻斷了溝通。如普拉克羅斯和林賽所言：「實務上，從解構手段去處理語言……簡直就像對文字吹毛求疵，刻意混淆重點。」想建立群體紀律，文字也是戰場之一。封城期間，我在主持的一場視訊會議中親眼目睹了這一切，有人對「主席」（chairman）一詞表達強烈不滿。儘管使用該詞的男性與會者顯然無意挑起紛爭，也隨即向覺得受到冒犯的女士道歉，未想該女士並不滿意。她花了好幾分鐘講述為何這件事如此重要，我們才得以展開接下來的議程。後來那位女士顯然難以克制自己的情緒，最後直接中斷連線，離開會議。包容他人的觀點和語言使用方式，對她而言並不足夠。她要他人完全遵守她的意識型態。她著眼於道德層面提出論述。這種認為定義和選字無比重要的觀念來自於美國語言學家諾姆・杭士基（Noam Chomsky）等人，他們主張文字定義了思考架構。意圖控制語言的背後，其實是試圖控制思想，如同歐威爾筆下的「新語」。這也是團體迷思有所影響的徵象之一：那位女士不講道理地大驚小怪，等同是在劃定她希望別人遵循的界線；生氣則是在表達日後有人踰越界線所需承擔的負面代價。她不僅認爲感覺委屈或受到冒犯是適當反應，即便沒人眞想冒犯她；而且她也覺得，教導別人如何用字遣詞沒有什麼不妥。在她的認知中，不接受她對某個字詞的定義就是在欺壓她，而在別人眼中，她才是霸凌者。

這正好可以呼應之前談到亞里斯多德的本質論，亦即字詞與其精確（但可能改變）的意義是學術研究的基石。對比之下，誠如前文所述，科學並未賦予定義過高的重要地位。科學家當然可以爭論定義，但也可以暫且擱置爭議，繼續探討實質內容而非堅持形式，某些後現代主義者沒這麼容易可以做到這點，因爲他們多多少少覺得形式與實質內容一樣重要。這樣說來，對照上個世紀令人反感的激進左派和右派政治，極權主義者不斷翻新對字詞的定義（愈尋常無奇的字詞愈好），只爲了迫使人民不得鬆懈，也就沒有什麼奇怪的了。很多時候，愈不重要的小事，爭論愈激烈。

但硬性規定哪些字詞不能用，等於侵犯了言論自由，要是成功執行，連自主思考的基本自由都要犧牲。世俗主義（secularism）認爲，沒人有權將道德信念加諸於整個社會，後現代主義者的行爲正好與此相違背。假如有人刻意冒犯，我們感覺憤怒是正常反應；當事情可能遭到誤解而令人感覺不悅，我們因此動了怒，這也還算可以理解，如果情況允許，或許當事人有必要澄清是否有意傷害他人；但若顯然大家都無意造成衝突，我們卻大爲光火，則只會顯現出我們以自我爲中心、心胸狹隘。

後現代主義者不允許客觀現實存在，如此不僅無法與其他領域的人建立知識聯繫，更凸顯一種簡單模式：區分「我們」和「他們」。在後現代主義已成功扎根的大學中，學術活動的目標在某種程度上是要展現對內的忠誠及對外的敵意。這多少解釋了爲何有些惡作劇論文極力展現學術界荒謬的一面，卻還順利通過同儕審查，登上學術期刊，實例包括波特蘭大學（University of Portland）哲學助理教授彼得・博格西安（Peter Boghossian）的七篇論文，其中包含使用女性主義術語改寫《我的奮鬥》（*Mein Kampf*）。那些自認教導人類境況普世眞理的優秀教師，可能必須面對學生習慣以磋商而非理性推論的方式了解眞理。強力推行「政治正確」準則是當前對課程的重大打擊，儘管主張不排擠、不評斷——但設下的標準嚴厲而沒有轉圜空間，而且諷刺的是，對所有批評聲浪斷下定論，有如教條般不容質疑。就如第三章所指出，年輕人（和他們的老師）可以叛逆，甚至我們還鼓勵他們勇於表達自己。但他們的反抗千篇一律，而且侷限於同溫層內，要是有人質疑核心教條，則會受到懲處。大多數後現代主義者都沒意識到自己在作繭自縛。他們喜歡群體叛逆、同仇敵愾的感覺，謹守同溫層的價值觀，清楚有哪些敵人必須強力抨擊，同時也享受嚴明紀律給人的安全感，不太需要跳脫簡明的口號和迷因、深度探究。然而，他們反而成了意識型態的奴隸，爲了攻擊理性而在所不惜。

大學也無法倖免

大學的核心宗旨在於追求及傳遞知識，對於知識上的挑戰和辯論，可謂求之不若渴。然而現況是大學的精神逐漸受到威脅。大學長久以來面臨資助者的壓力，還需承受學生的抗議，如今不僅必須確保學生的人身安全，也要保護學生免於不適當的觀念所冒犯，迎合後現代主義團體迷思的定義（縱使時常改變）。

長久以來，研究始終受制於企業利益。菸草業成立菸草產業研究委員會（Tobacco Industry Research Committee），資助委員會進行研究，散播對吸菸負面危害的質疑，這一切均有詳細文獻記載[10]。萬一研究結果支持抽菸有害的論點，便刻意混淆視聽、否認事實、製造混亂，使知識無法廣爲傳遞。綜觀其他例子，企業贊助對決策的影響深遠，即便沒有明確、蓄意的誤導意圖，還是會導致科學研究不夠縝密、實務缺乏管理——比起欺騙，不稱職是更普遍的問題③。

科技巨擘的影響也令人擔憂。紐約大學「廣告觀測台」計畫（NYU Ad Observatory）主要研究Facebook上的政治廣告，尤其探究廣告如何鎖定受眾，以及擁護特定政黨的假消息如何創造加倍的聲量。該公司以隱私爲由停用了該計畫的Facebook帳號和存取權限。這透露出科技巨擘的商業利益可能與民主自由有所衝突，同時也反映更大格局的商業模式，亦即這類大型科技公司的審查機制不受管制，只要負責人相信某內容可能產生危害或有冒犯他人的疑慮，便可逕自篩除內容。這類議題之所以值得憂慮，不只是隱私和正當公共利益之間是否取得恰當的平衡，而且目前的處理模式是要強化既有的團體迷思、壓制批評。

如果挑戰盛行的風氣，處境只會更艱難。要是學術圈受到攻擊，理由是不夠政治正確，或許將很難有人勇敢聲援。目前普遍的應對方式是息事寧人，正如前美國外交官季辛吉（Henry Kissinger）對綏靖路線的定義，「對於目標多不勝數的政策無能爲力而產生的結果」。欺凌式的手法，加上戰場蔓延出大學校園，甚至延伸到法院（尤其是在美國），再再顯示後現代主義在學術圈已然落敗。不過，這不表示學術界可以鬆懈。校方還得面對學生施加的壓力。某些演講受到抵制、學生尋求安全的思想空間，大學做爲研究、教育乃至挑戰現狀的核心角色正逐漸受到腐蝕，轉而傾向安全至上，不鼓勵辯論。校園承受龐大壓力，被迫順從那套表態支持特定道德標準的陳腔濫調，進一步強化原本就已逐漸普遍的虛情假意和不理性風氣。校園政治化除了是問題，也是對傳統大學概念的挑戰。大學要能正常運作，包容和言論自由是極爲重要的前提，其中包括重新對焦冒犯的定義，不應只關注是否有任何人感覺受到冒犯，而是要問是否有任何人蓄意冒犯他人。

③ 抑制心律不整正是其中一個例子。這想法在一九七〇年代流行了起來，由於心律不整多是心臟病的前兆，因此當時的人認爲應該主動預防。於是，醫界開始廣泛使用控制心律不整的藥物，並測試其效果。遺憾的是，這些藥物一開始並未經過周全測試，日後研究才發現，藥物反而增加了心臟病死亡人數。

美國學者大衛・艾倫（David Allen）和伊莉莎白・瑞狄（Elizabeth Reedy）曾引用知名昆蟲學家威爾森（E. O. Wilson）的實際遭遇來說明。他在一九七四年出版《社會生物學：新綜合理論》（*Sociobiology: A New Synthesis*），最終章用了三十頁的篇幅推測人類基因與文化間的可能關係。這本影響深遠的著作開創了社會生物學這門新學科，在學術圈占有一席之地。該書最後一章並未提出定論，其目的在於開啓辯論（的確也引發討論），而他對於先天遺傳和後天環境共同形塑了人類行爲的主張，從此成了主流。然而，他的看法在當時遭到曲解，使他備受攻訐（甚至是肢體攻擊），甚至有人指控他種族歧視和貶抑女性。指控方咬定他表述或暗示的內容，其實他從未說過或暗示過。在這典型的例子中，指控者知道自己可以安心的大放厥詞、散播錯誤訊息，而不會受到批評或面臨咎責的嚴重後果。他在美國科學促進會（American Association for the Advancement of Science）的年度大會上遭受攻擊，現場沒人報警，甚至沒人要求動手的人離開會場[11]。

自一九七四年以來，情況似乎已更加惡化，尤其在美國更是顯著。一般人普遍還是捍衛言論自由，認爲應公平對待所有學術人員，但同時也發生不少令人擔憂的例外。安全至上主義席捲校園，抵制演講和其他剝奪言論自由的行爲增加。

抵制演講的典型原因，在於害怕爭議的言論可能讓部分學生感覺不舒服。儘管少見，但在協商中尋找眞理（而非運用理智）也是追尋知識的退化表現。如今學界逐漸流行簽署公開信來譴責同業，學術圈籠罩在懼怕無意中被控冒犯他人的陰影下（寫出一句不恰當的句子便斷送職涯）。持反對意見的學術人士可能遭遇霸凌、感受到敵意，以及面臨推定解僱（constructive dismissal）④等下場，而且沒有機會有效地爲自己辯護⑤。

一致遵守不同程度的政治正確理念和害怕說出眞正的心聲，並非大學校園獨有的現象，不過，萬一有人挺身挑戰根深柢固的理論和團體迷思，便足以有效限制其影響程度。一般而言，同儕審查機制仍具有不錯的成效，但要是特定領域普遍受團體迷思影響，加上有一小群思維相近的人控制合格門檻的制定權限，品質

④編注：推定解僱（constructive dismissal）意指資方片面修改工作內容或合約等，勞方不願接受，或承受不了壓力，被迫主動提出辭呈。

⑤佛羅倫西亞·聖瑪婷（Florencia Pena Saint-Martin）在《學術出版的虛假交易與惡意同儕審查》（*Sham Dealing and Sham Peer Review in Academic Publishing*，暫譯）列舉了一連串學術霸凌案例。

把關系統就會失靈。由其他獨立研究人員測試學術成果能否復現，或提出證據予以反駁，仍是檢驗新研究的最佳方式（如果還能順利維持這種作法的話）。

許多民眾對科學家感到失望（如果對科學還保有一絲期許的話），就像對社會其他方面的期望落空，例如民主。一部分是因爲科學無法提供絕對的最終答案，一部分是因爲缺乏接觸科學結果的機會。有些則是出於不理性和意識型態而否決科學。然而，也有一些是因爲科學家迷失了方向，未將自己想改變世界的渴望與呈現研究結果的角色區分開來。他們一方面未全盤公開所掌握的實情，一方面也未忠實呈現某些所知的事實，以達到服眾的目的。美國全國學者聯合會（US National Association of Scholars）二〇一八年的報告〈現代科學的無法再現危機〉（*The Irreproducibility Crisis of Modern Science*，暫譯）強調，眾多科學和社科學門遭逢的危機，從流行病學到社會心理學無一倖免。「研究技術不當、缺乏責任心、受學科和政治方面的團體迷思左右，以及傾向產出正面結果的學界風氣，都讓科學研究走到臨界點。」報告列出八項造成以上現象的可能因素：固有的統計檢驗有所限制；樣本數少；研究數量少；不願意發表成效不甚顯著的研究；大海撈針式的資料搜索；研究設計具有彈性調整的空間；偏見和利益衝突；追求正面結果的競爭風氣。報告繼續寫道：「二〇〇五年，約翰．伊安尼迪斯博士（Dr. John Ioannidis）指出令人震驚但又令人信服的事實，在他熟悉的醫學領域中，發表的研究發現大多有誤。」

他也曾在新冠肺炎初期提出告誡，明指數據模型的資料具有嚴重缺陷，或過度重視極度不準確的結果，可惜並未促成任何改變。英國流行病學者尼爾．弗格森（Neil Ferguson）最初的新冠模型預測中，英國和美國的死亡人數將多達五十萬和兩百二十萬，且沒有抑制病毒傳播的有效措施。很快就有人發現，這些預測結果嚴重誇大，未想模型在接受同儕審查前便已公開，外界在數週後才獲准檢視模型程式碼。最終把模型攤開來看之後，問題總算浮現。儘管在危機中搶時間多少可以理解，但這麼做並未讓人感到安心。不可思議的是，這類模型依然備受推崇。弗格森之前曾利用模型預測英國將會有多達十三萬六千例庫賈氏病（Creutzfeldt-Jakob disease）病例，但二十年來，其實只有一百七十八例[12]。二〇一二年，生物科技公司安進（Amgen）曾試圖重現血液學和腫瘤學中五十三個代表性研究的結果，但只成功六個。根除陋習是當務之急。如今這麼多公開發表的研究論文結果無法順利重現，已然成為學界醜聞。此外，就像假消息比眞實新聞傳播得更快、更廣，因此有人指出，無法復現的研究比可驗證的研究獲得更多人引用。

這大多是因爲不稱職所致，卻也有詐欺的成分。縱使幾乎可以肯定紙遲早包不住火，但大多數學者終究還是選擇欺瞞。如同美國全國學者聯合會檢討無法再現的問題時就討論到，會這麼做大多是希望假設最終能獲得證實，而公開發表有助於持續取得研究經費。

科學家普遍將推測和事實混爲一談。我們在第四章提過常態分布，只有在事件眞正隨機發生的情況，才會呈現出此樣貌，因此大多數時候都無法在社會科學領域正當使用。但最明顯的問題癥結大概在使用模型上。「垃圾進，垃圾出」（garbage in, garbage out）可謂再貼切不過的形容了。模型無法構成事實，很多時候只是痴心妄想的表現。使用模型的學者通常明瞭其限制，但決策者或其他人並不了解。模型（例如氣候預測模型）可能極其複雜，而這事實並不會改變基本問題，那就是預設條件若已含有臆測的成分——或更糟的話，爲獲得想要的結果而美化輸入的資料——其輸出的結果將毫無意義。過去三十年來，天氣模型始終令人失望，我的意思是，預測結果並未隨著時間而讓人覺得更值得相信。所有模型的確都已得出正確預測。常見的方法是先建立許多模型，當實證資料進來後，再挑選與資料最吻合的模型來使用。有個故事這樣說：某天國王到森林中打獵，看到樹幹上插著一支箭，正中畫在樹幹上的紅心。小伙子證實他是從遠處射出那支箭，所以國王立刻延攬他入宮。之後，有人問起究竟要如何射得那麼精準，那男孩回答：「喔，很簡單啊。我先朝森林隨便射支箭，再畫上靶心就好。」

回歸理性

如同以前的不同年代——例如從英國內戰到王政復辟時期——通訊科技快速演變，促使觀點更爲多元，其中許多看法極度無法包容異己，因此引爆過去的宗教戰爭乃至現今的文化戰爭。我們必須堅持標準、寬容的互動原則，勇於挑戰這項陋習，並確保所有學生（當然還有我們所有人）都具備充足智識，懂得權衡證據，最終自行做出決定，換句話說，學校必須教導學生批判思考，告訴他們如何利用科學方法，而非只從認同的權威人物接收本質論的那套推論。這聽來或許再明顯不過，但若採取後現代主義的理念，主要的思想領袖往往並不樂見學生挑戰教條。同樣地，政策制定者必須清楚了解應如何運用科學建議，以及哪些決策不能假他人之手。

除了科學方法之外，沒有什麼同樣可靠的替代方案了。我們不應摒棄科學，另尋出路，而是必須改善科學倫理和實務慣例，藉以提升科學的效力和公信力。科學必須清楚區分動機觸發的預設立場與事實，我們有必要重新樹立這項認知。許多科學家深知一切涉及諸多不確定因素，但不信任政治人物的決策，因而決定積極呼籲大衆關注。透過此方式，他們形同廢止了自己呈現所有證據的責任，在某種程度上決定拋棄科學家的身分，改站在公民的立場採取行動。在專業領域之外善盡公民責任無妨，只是別在工作上置換角色。辜負衆人的信任除了危害政策制定並誤導大衆，同時也破壞科學的名聲。臨床研究和社會科學的問題最大，這些領域要做對照實驗比自然科學困難許多，不過，涉及最容易激起情緒、與政治緊密相關的議題時，嚴重程度也不遑多讓。

詐欺和不稱職是造成科學名譽受損的主要直接原因。想要減少詐欺行爲，勢必得消除誘因。就目前的情況來看，團體迷思有助於降低東窗事發的機會，協助掩飾太平，甚至由於知名度提高，還能促進這些詐騙者的職涯發展。儘管大部分案例最後都曝光了，但可能需要好幾年的時間，有些甚至從來沒人揭露，而且往往沒人在意後續的懲罰，甚至毫不追究責任。舉例來說，約莫一百五十年前的全球氣溫，我們幾乎沒有準確的相關資料，而擔憂氣候變遷的團體需要有證據支持他們的論點。美國氣候學家麥克．曼恩（Michael Mann）於是利用高度可疑的統計資料操弄手法，得出他所預期的全球氣溫資料。經調整的基礎資料顯示，氣溫在過去數千年間逐漸下降，但到了二十世紀末突然反轉上升，曲線猶如曲棍球桿。中世紀溫暖期（Medieval Warm Period）和緊接在後的小冰期（Little Ice Age）更是直接消失，相當省事。環保議題遊說團體和IPCC採信「曲棍球桿曲線」，後來該線圖更獲得廣泛運用，做為二氧化碳增加足以影響氣溫的證據。後來統計學家指出，經過曼恩的操作，幾乎輸入什麼資料都會得出同樣形狀的曲線[13]。是他對資料動了手腳，才致使線圖呈現球棍形狀，並非資料原本就是如此。

針對有心人士扭曲知悉及發現的事實（包括刻意遺漏），我們必須制定清楚的罰則，且所有人必須明瞭這類行為帶來的後果。

不稱職的現象比欺騙更普遍，若有這方面的預防措施，也能有助於揭發不誠實的研究人員。制定更完善的統計與資料處理標準，包括公開資料；提升研究實務的素質，包括標準化及預先登錄研究計畫書，以防止現今氾濫的調整彈性⑥；消除曲解研究結果的誘因，例如提供補助或在期刊開闢反駁觀點／論述負面結果的專區；投入更多心力檢測研究發現能否順利重現，包括由官方提供資金鼓勵檢驗；以制度化方式廣納現行共識以外的批評和想法，包括補助挑戰典範的研究；改革可能已存在團體迷思問題的同儕審查制度，要是同行都已深陷團體迷思，既有的同儕審查機制只會使其強化，或許在論文刊登時，一併發表（仍匿名的）同儕評論，能有效改善此問題；標明推測性質的研究，包括無法增進科學知識的「垃圾進，垃圾出」模型。這些改革都能緩解研究人員不稱職的問題。此外，從政府層級著手改善對研究成果的稽核——例如成立澳洲物理學家彼得・里德（Peter Ridd）建議的科學研究品質保證處（Office of Science Quality Assurance），也是可考慮的作法。除此之外，或許也能為最高層的政策制定者（和記者）提供一些訓練，他們可能需要了解科學知識和推測性質的模型，以利履行職務。

最後，儘管我們仍在尋覓，但眞理並不是指個人意見。不是每個人的看法都正確；不是每個人都擁有各自的眞理，那只是個別對於事件的詮釋、觀點和想法。如同第一章所述，不應爲了下決定，而以情緒取代理智。當恐懼和廣告左右情緒的力道漸強，捨棄理性意味著犧牲我們生而為人的部分本質。

重點摘要

- 根據我們對人類不理性傾向的了解，科學要進步並不容易。蘇格拉底的懷疑精神是科學的根基。科學方法的基礎在於假設可供檢驗，只是目標並非證明其成立，而是要可以反駁。一邊是確定性和個人認為的眞理，一邊是懷疑、科學和進步，端看每個人的抉擇。
- 就科學而論，區別事實和動機至關重要。科學家必須公開所有密切相關的證據，而非只揭露能支持假設的部分。然而，如今許多科學家都未通過這項基本要求。
- 科學的另一個重要面向是唯名論：字詞是方便科學家溝通的實用工具，目

⑥ 中途修改程序是學術圈避免得到負面結果的常見作法，但一份二〇一一年的研究顯示，只要研究者在四個方面自由調整，就足以產生百分之六十一的偽陽性率。

的在於使其能比以往使用更少字詞表達複雜概念，並非排除其他詮釋或特點。追隨柏拉圖的亞里斯多德提出本質論，與此形成鮮明對比。他認爲，我們能將一切的本質化爲具體概念，透過直覺找到正確定義。因此，我們賦予字詞意義，從中排除其他可能的意思，進而成爲思考的基石。綜觀歷史，空洞冗詞和僵化學問一向由此而生。

- 當新實驗證實了與現有理論相違背的新事實，我們就必須檢查既有理論的推論和預設。錯誤的推論可能比有缺陷的預設更容易發現。後者可能承襲自更早以前的實驗，因此那些實驗連帶其預設都必須一併檢驗，逐步往前追溯，除非找到錯誤，否則以前假定不證自明的典範基礎預設，都必須接受重新評估並確認有誤，整個典範終將遭受世人質疑。
- 於是，科學進展發生典範轉移。這與本質論採取的方法不同，本質論的支持者提出偏頗語意，以此奠定思考基礎。
- 從黑格爾、馬克思到歷經三波發展的後現代主義哲學家皆打擊理性、科學和歷史，力道有增無減。他們不認爲衝突與矛盾證明了黑格爾的哲學理論有誤，反而認同其理念。

- 後現代主義的思想屬於本質論，注重以字詞形塑思想。客觀現實受到否決。眞理由聲量最大的人定義，而且瞬息萬變，抱持不同觀點的人彼此激烈鬥爭，無法包容異己。
- 後現代主義認爲權力關係無所不在，但這種分析角度在自由民主體制中顯得偏頗或無法令人信服，反而與專制暴政更有關聯。後現代主義憤世嫉俗、具破壞性、不與人爲善，而且自以爲是。
- 這股反理性風潮從第二次世界大戰後在大學校園扎根並開始成長，如今已從校園往外擴散，透過不同型態的政治正確影響著社會的方方面面。各種團體迷思於焉成形，四處流傳。
- 我在文中列舉多種方法，期能減少後現代主義在大學和社會中廣泛散播的謬論。

第六章　還有更糟糕的情況

「城市一旦發生動盪，前仆後繼的壯士一次一次將革命精神往前推進，運用足智多謀的獨到心思，決心超越前人的作為，採取的報復手段益發殘暴。字詞的意義不再是原本與所指事物的關係，而是由反抗者轉變成他們認為正確的意思。魯莽的大膽行為被譽為展現忠誠的勇氣；慎重推延是懦弱的藉口；溫和是欠缺男子氣概的軟弱偽裝；通盤了解是毫無作為的另一種樣貌。瘋狂時顯露的能量是人的真實本色。」

——古希臘歷史學家修昔底德（Thucydides）

在二〇一四年《柯林斯報告》（*Collins Report*）的建議下，英國工黨黨魁的選舉制度就此改變。國會黨團、黨員和工會的選票權重原本各占三分之一，後來變更為一人一票制，有效剝奪了國會議員的權力。不過，候選人必須獲得百分之十五的國會議員提名，若以二〇一五年的黨魁選舉來說，也就是必須取得三十五位議員提名。傑洛米・柯賓（Jeremy Corbyn）代表工黨的左翼人士，獲得有史以來最少議員的提名（三十六人），但由於對手支持者分裂投票給較溫和的候選人，他在首輪便以顯著差距勝出。柯賓得以脫穎而出，受益於支持者在社群媒體的熱情擁戴。儘管他在第一輪就得勝，但許多支持他擔任黨魁的人都是因為一個理由加入工黨，那就是希望工黨無法贏得大選。顯然，他在國會的同事不認為他是最佳人選。隔年二〇一六年六月，柯賓在工黨的不信任投票中以一七二：四〇落敗。然而，他並未因此下台（而且根據工黨規定，也不需要）。雖然在二〇一七年的選舉中，工黨的席次大幅回升，但工黨在他繼續領導下，終究在二〇一九年的大選中慘敗。

我認為柯賓當選工黨黨魁比英國脫歐公投更重要，因為這不僅顯示覺醒的選民自主推翻現況，更反映出社群媒體放大政治情緒、同溫層和目光短淺的威力與結果。脫歐呈現的是選民拒絕相信政治人物，不過還算是合法程序下的產物。摧毀各方展現誠意達成妥協的可能，還是更為激進了點。社群媒體的影響力龐大，加上移除重要的黨內篩選機制——現任工黨議員的背書——促成最後的結果。工黨長久以來仰賴這套機制篩除激進人士，在黨內達成折衷與共識。英國在野黨的監督力量弱化，相對地，執政的保守黨就更容易無法無天。多數決可能演變成專制，與民主不同。這讓我們想起古羅馬時期的暴民——回顧歷史發展，群眾暴動一向是受民粹主義刺激所產生。

自由主義和民主的試煉

幸虧有希臘人——尤其是梭倫（Solon）①和生於柏拉圖之前的其他雅典人——撒下開放社會的種籽，民主才得以孕育出個體和利他思維。商業和貿易可能顛覆封閉社會，因此自由才能隨著雅典海權的發展往外散播。

然而，柏拉圖深信，愈接近永不變動、處於自然狀態的理型，愈不容易腐敗。他偏好一切都趨近完美的理想，體現於他追求恆常威權主義的政治目標。他認爲，抑制改變是最理想的狀態，並將政治退化（political degeneration）視爲從完美狀態過渡到其他政治型態的四個階段，這些政體分別是名譽政治（timarchy，由受人尊敬、能力卓越的個人統治）、寡頭政治（有錢人主導一切）、民主政治（由暴民統治，亦即沒有法律約束），最後演變成暴政。根據柏拉圖當時的敏銳觀察，他將自由與不合作的自私自利劃上等號，因此民主意味著不必負責。這些概念出現在伯羅奔尼撒戰爭（Peloponnesian Wars, 431-404 BC）之後，過度自信的雅典人發動戰爭，對抗以斯巴達爲首的軍事同盟，但歷經二十五年後，雅典終告戰敗。

柏拉圖指出，最理想、最高尚的解決之道是建立階級嚴明的社會體制，並由哲學家擔任國王統御天下——亦即他本人。柏拉圖對理想狀態的追求隱含一個問題，那就是如何選出有智慧的領導者——好的領導者必定品性良善，但不一定擁有最淵博的知識。選擇領導者是場豪賭，這才是現實。柏拉圖門下的學徒和友人跨足政治後，至少九人成了暴君②，結果並不如人願！實務上，如何制衡當權者

①編注：梭倫（Solon, c. 638-c. 559 BC），古希臘七賢之一，曾任雅典城邦執政官，期間制定法律、實行政治改革。

②別忘了柏拉圖的兩位舅舅，克里提亞斯（Critias）、塞拉門尼斯（Theramenes），他們在伯羅奔尼撒戰爭落幕後，率領三十人僭主集團統治雅典。在此政權統治的八個月期間，總人口百分之五的人民遭到殺害。

的權力，是比挑選領導者更重要的問題。每個人重視的問題不同，而這兩個問題帶出了不同群體的差異，直到今日，獨裁統治與民主的支持者之間仍壁壘分明。

在柏拉圖的悲觀想法中，自由公民絕不可能因為經驗和制度的引導，就懂得重視更廣泛的社會福祉，以及領會達成這類目標的方法。蘇格拉底對於同時代的民主領導者不甚滿意，但他遵從法律，儘管提出批評，也是為了給予有建設性的意見。他對專制獨裁和非民主政治體制的批判力道遠遠更強，提倡個人主義和利他精神——在柏拉圖的觀念中，這是不可能實現的組合。從柏拉圖的立場來說，現今或許比較容易落實民主。隨著人民富裕，社會也較有能力孕育更強烈的利他思想。自由和善治（good governance）難以共存，但現代民主正是奠基於兩者脆弱的共存關係之上。

柏拉圖提出的政治理想依然令人心動。只要強人，亦即英國政治哲學家霍布斯（Thomas Hobbes）筆下的利維坦（Leviathan，又名巨靈）或慈祥的獨裁者，能以我們的最佳利益為出發點去統治國家，我們就不必煩惱政治。我們可以把精力投入更愜意的生活面向上。可惜權力使人腐化。對於柏拉圖的主張，盧梭認為不該將國家交給貴族，人民當家作主才是正道，這觀念雖然富有革新意義，但未解決人民的選擇可能同樣武斷殘暴的問題。過去的歷史早已證實，選擇領導者與制衡權力同等重要。遺憾的是，我們總是相信迷思，認爲能將重要的政治決策託付給他人，而又不必承受自由遭到剝奪的風險。我們害怕承認一個簡單的眞相：每個人對政治都責無旁貸。就算將政治決策交付給信任的對象，該決策帶來的後果仍需由我們負起責任。自由並非史金納（第三章曾談到他）所認爲，是某種形式的無知，反而很容易遭受濫用或消失殆盡。

蘇格拉底與柏拉圖有別，不支持爲了維持政治秩序而壓抑思想和理性。他還撒下懷疑論的種籽，現代科學的源頭最遠可追溯至他。然而，儘管古希臘已有許多民主經驗和其他制度型態，但獨立於各種理想之外的現代政治理論（人能客觀評估需採取什麼政治行動，才能達成哪些目標）還是得再等兩千年，直到第一章簡略提及的馬基維利才出現。他區分了政治現實與那些「出於想像但從未見過或已知存在過的共和體制及君主政體」。馬基維利在倫理和道德考量以及政治因果中間劃下界線，如同現代科學一樣，將事實與基於個人動機的預設立場區別開來。他敢於正面思考政治人物常見卻普遍被視爲不道德的行爲方式，因此至今仍是備受爭議的人物。不過，他的動機倒是源於一個崇高的目標：義大利政治統一。

現今類似的例子不少。例如，假設某國的目標是要邁向大幅減少二氧化碳排放量的經濟模式，是否應利用燃氣發電來推動轉型？如果你可以冷靜沉著地看待科技、經濟和政治等方面可行的各種選項，或許會得出正面的結論。要是你從偏重道德的角度看待此議題，那麼答案可能正好相反。後人效法馬基維利一針見血地直指政治眞實面貌的評估方式，也從同樣的角度切入，深度研究人性。史賓諾莎正是其中一人，他批評烏托邦哲學家「對人類的想像並不眞實，而是理想的投射[1]」。如今大部分社會科學研究依然無法符合此標準。

民族國家的發展隨著時間有所成長及轉變，其制度通常也已跟著演變，或在既有形態的基礎上發展。美國憲法是特例，除了是在短時間內擬定而成，大體上還是嶄新創舉，並非效法任何國家。啓蒙運動將人從宗教思維的禁錮中解放，掀起對政治和人類的理性對話。縱使世人明白，每個人追求的目標可能彼此抗衡，但要深信這一套道理可能也適用於政體，而且妥協和平衡可能會是憲法的必要條件，可就是相當新穎的思維大躍進了。美國政府三大分支（立法、行政、司法）的設計在於彼此制衡，根據《聯邦主義者文集》第五十一篇（*Federalist 51*）所述，「野心必須用野心來抵消」。該體制的成效和長治久安，永久歌頌著創立者喬治・華盛頓的深思熟慮，以及他主動從總統一職卸任的大智慧。就此而言，這證明了蘇格拉底的思想勝過柏拉圖的理想，與其追問誰是理想的統治者，不如設法讓當權者負起責任，才是更重要的課題。意思不是說憲法從未遭遇過威脅，而是克服了至今的各種威脅，才得以延續至今。

政治以外的領域也可能發生權力集中的問題。一般來說，美國總統通常延攬華爾街人士擔任顧問。歷史上最知名的兩個例外是傑克森（Andrew Jackson）和羅斯福（Theodore Roosevelt）。羅斯福在一九〇一年上任時，銀行家摩根（J. P. Morgan）並未如預期中接到新總統的來電，在此之前，他曾協助建立多個在各產業壟斷全國交易的大型企業。大公司在市場呼風喚雨，最後可能成爲反競爭的官僚尋租行爲者③。雖然反托拉斯（反壟斷）法已在一八九〇年推行，但初期實際應用的實例不多，到了一九〇二年，美國約有四成的工業資本由前百大企業掌

---

③編注：尋租（rent-seeking），又譯競租，是美國經濟學家佐登・托路克（Gordon Tullock）於一九六七年提出的理論，意指任何人透過政治活動、非價格的競爭機制而獲得更多個人利益，並壟斷資源，進一步對社會造成損耗。

控。羅斯福積極推動政策，以確保市場競爭秩序能健全發展、建立永久的行政監管機制，並瓦解前幾大企業的壟斷地位，包括鐵路、洛克菲勒（Rockefeller）的標準石油公司（Standard Oil Company）和美國鋼鐵（US Steel）。於是競爭環境更健康，促進美國經濟更加蓬勃發展。相較之下，美國南方的鄰國墨西哥未實施類似改革，經濟表現便走上了另一條反方向的路，兩者對比鮮明。商業與政治並無不同——權力過度集中而缺少制衡並非好現象。正如人具有反脆弱的特質，政治和企業也一樣。競爭和挑戰有益體質健全。

某些人認爲，遠離宗教對人類進步很重要。德國黑格爾學派哲學家麥克斯·施蒂納（Max Stirner）呼應蘇格拉底認爲凡事皆不確定的主張，反映我們如今所認爲，人可能相信篤定無疑的眞理，或擁抱科學和進步。他在書中寫道：「一旦你相信眞理，便不再相信自己，於是你甘爲奴僕……爲宗教效命[2]。」不過，宗教不一定以傳統形式呈現。哲學家路德維希·費爾巴哈（Ludwig Feuerbach）是第一個與黑格爾分道揚鑣的學生，他認爲，是人以自身形象創造了上帝，不是上帝創造了人，但如此從人的角度詮釋宗教，依然不脫宗教色彩。儘管宗教勢力衰微，我們盲目遵從共識的能力似乎並未有所減退。如果我們將二十世紀的法西斯主義和共產主義視爲邁向自由民主途中的短暫偏離，並認爲人類不可能重蹈覆轍，我擔心，我們恐怕是自信過了頭。若抱持這種想法，表示我們尙未完全理解人性中根深柢固的威權主義傾向，以及過去兩千年來人類自欺欺人的能耐了。

自由主義不斷改變並適應所在的時空背景，顯見其自身並非固執不變的定論，而且虛心接受外界批評。與科學一樣，質疑和懷疑帶來進步。因爲有很多人不會把它奉爲宗教，而會注意到其缺點與不足，這反而讓自由主義能保持活力，持續發揮影響力。不過，要怎麼描述一件不斷變動的事物？誠如普拉克羅斯和林賽所說，理解自由主義最簡單的方式，是將其視爲對「不自由」的抵抗，亦即極權、階級、苛政、封建、父權、殖民或神權等情勢。

民主、國家與公民

民主和自由主義都是在民族國家的背景脈絡下發展而成，而在歷經多個階段後，國家的主權權力已交到公民手上。這樣的權力移轉也有利於增進國家穩定，在此背後，教育和通訊科技的發展發揮了推波助瀾的功效[3]。人民不必像黑格爾一樣將國家神化，便能體認到國家的強盛。現代國家體制不久即將終結收場的誇大言論，至少從第一次世界大戰前就已出現。

要在自由社會中保有正當性，中央政府的權力必須受到限制。彌爾爲個人自由以及國家不得侵犯私人生活的原則立下標準。他主張的準則很簡單：「違逆文明社群任何成員個人意志以正當行使權力的唯一目的，只能是防止其傷害他人。」此外，「不管在生理或道德層面，群體成員出於追求個人利益的所作所爲，不構成權力介入的理由」。思想自由不容妥協，隨之產生的言論自由不僅本身即已不可或缺，對於尋求眞理也是如此，因爲唯有經歷各種挑戰和考驗，以及絕對的言論自由，始可覓得眞理。彌爾不認爲某些言論可能冒犯他人就該禁止，這會過度侵害個人自由。

這種絕對自由可能讓人說出冒犯他人的話，甚至刻意爲之。如同第一章所述，不同道德觀重視的事情不同。這是自由在實務上的限制，要是沒有這些約束，固守不同道德基礎的人將不再能透過文明方式達成協議，進而激起衝突，最後可能導致所有人失去自由。彌爾主張，只要不傷害他人就能爲所欲爲，這番言論必須有例外，原因很簡單，立足於不同道德基礎的人，對傷害的定義不同。

舉例來說，托克維爾認爲，宗教是實踐自由的必要條件，有人或許同意他的看法，主張十七世紀的宗教戰爭正好印證他的觀點。此外，彌爾的著作出版時，當時對於社會資本和信任（實務上促進自由的要素）的了解還沒這麼多——我們必須學會妥協和包容，所有人才能和平共處、雨露均霑。與彌爾同時代的其他人和後來的作家，對自由的接受度都沒有他那麼高，各自都有縝密思考下認爲需列爲例外的情況。對此，康德認爲，自由不受侷限的前提，是必須確保所有人享有同等的自由。不過，比起自由代表可以爲所欲爲，更多人認同每個人應能毫無拘束地思考。

對比之下，柏拉圖和他抱持極權思維的支持者傾向消滅個體性。自由派認爲這是對人性的攻擊。然而，若要證明柏拉圖對人性的看法有誤，自由和利他主義必須先同時實現。我們必須同時落實自由和善治，這與自由搭配最低限度的治理不同，後面這種作法可能很容易讓人與人之間疏遠，並損害社會資本。

這不容易。每個人持續在互動中展現明智理性的一面，民主才能有效且公正。公民需要接受一些教育，才能體認民主的價值，並確保能在其中保有表達意見的管道。他們也必須關心民主，相信民主能（爲他們）帶來效益並信任權威，相對地，權威人士就必須設法贏得他們的信任。透過代議政治實踐參與式決策，賦予折衷方案正當性，可說有其必要。若沒有這種機制，衝動行事而釀成傷害的作風可能就會成爲主流路線。如此社會不僅更容易落入團體迷思，還有一個常見的問題，那就是菁英自認最了解該怎麼做，但大多並非如此。菁英未能充分徵詢各方意見，並聆聽及周全考量所獲得的資訊，很常是人民不滿政治現況的肇因。

公民持續參與政治並理智討論，幾乎總得付出不少努力。社群媒體讓人們更不願意容忍異己，導致政治兩極化，包括國會議員也是④。投注充足心力確保人民理解並認同政策內容，而非流於技術官僚制式地設法解決問題，是菁英始終忽視的課題。戰爭結束後，隨之而來的常是理想幻滅——原本期許迎來更美好的未來，可能只換來失望。缺乏共同威脅激發凝聚力後，無數種不同的聲音紛紛出現。戰爭帶來的和諧局面只是暫時，總有一天會消逝，而長期處於和平可能讓人志得意滿。這些因素加總起來，都讓人們對民主失去憧憬。二〇一六年的一份研究顯示，重視自己是否生活於民主國家的美國年輕人比例，從一九三〇年代的百分之九十一下降到百分之五十七。一九九五年只有不到一成的美國人認爲，由軍方統治國家很不錯或很好，到了二〇一六年，已有將近百分之十七的美國人同意這個想法[4]。

然而，只參與民主政治仍嫌不足。許多人並未徹底思考自己的利益所在，加上普遍沒人質疑了無新意的同溫層迷因，而且許多人已習慣情緒快速獲得滿足，導致這問題更加嚴重。這問題並非首次出現。史賓諾莎的觀察如下：「每個人無庸置疑都會尋求對自己有利的結果，但很少是由明智的判斷力所導引；大部分情況下，喜好是唯一依據，而在追求及判斷哪些決定對其有利的過程中，熱忱通常足以左右一切，並未將未來等其他因素真正納入考量[5]。」我們學著克制這種熱忱，改從利益出發，同時也建立制度和慣例予以輔助。只是後來社群媒體崛起，我們似乎又回到了起點。

唯有各種想法相互碰撞、接受各種挑戰與考驗，民主才會持續茁壯。然而，挑戰現狀可能既艱難又危險。現今社會總是將預防動機的重要性無限上綱，這讓人最擔憂的地方在於，大家普遍忽視其他重要考量和代價，這不僅可能造成嚴重

---

④ 英國工黨副黨魁芮娜（Angela Rayner）形容保守黨「恐同、厭女、種族歧視……根本人渣」，儘管事後她已為這番言論道歉；保守黨首相強森抹黑反對黨領袖施凱爾（Sir Keir Starmer），指控他在檢察長任內姑息惡名昭彰的戀童癖。

傷害，更會因爲過度注重而罔顧理性和自由。恐懼一再淪爲強制所有人無條件服從的工具。當有人告訴我們某議題極度重要，不應再浪費時間深入討論，但明顯就還有時間，此時，自由的重要程度已優先遭到犧牲。我們太常把制定政策的目標看成找到預先設想的「正確」答案。如果目的正是如此，那麼民主和諮詢專業意見、聆聽各種不同的看法，便像在浪費時間。然而，不僅群體智慧值得我們去發掘，民主也像肌肉，不使用就會萎縮。換句話說，民主政體研擬政策時，尋找「正確」答案不是最重要的目標——尤其要眞正實施「正確」答案，時常需仰賴社會大衆配合，要是人們普遍覺得政策出自技術官僚之手而欠缺正當性，可能就不太願意合作。正當性十分關鍵。選民從錯誤中學習，且必須擁有犯錯的空間。立法者如果希望政策能持續下去，就必須與選民站在一起，這樣才不會阻絕改革的機會，改革也才會長久。

波普說：「只有民主提供的制度框架有辦法在不動用暴力的情況下推動改革，理性才能在政治事務上發揮作用[6]。」想推動改革，通常法規需要隨之修改，不過只要會威脅到民主，就不允許更動。法治能保護政治自由，防止當權者濫用權力；法治也保障過去遺留下來的成見免於短時間內劇烈變化，普通法尤其具有這優勢。傳統、制度和行爲規範進一步確保我們不至於喪失理智，尤其當不理性偽裝成理性時，更是如此。史庫頓這麼描述：

「在無法預見的人類生活中，我們需要的知識並非來自或隱含於單一個體的經驗，也無法從通用法則中演繹推導而來。是幾個世代以來形塑而成的慣例、制度和思考模式賦予我們這些知識，眾多前人在反覆試驗及犯錯中犧牲性命，才換來寶貴成果[7]。」

回顧第一章提到人類多麼不理性，以及後來從理論和經驗等層面談到政治決策去中心化具有優勢，特別是正好相反的蘇聯中央統一規畫路線缺乏效率，再再與史庫頓的說法契合。

隨著遠距會議日漸普遍，我們也不應忘記，當面討論仍是達成妥協和決議最有效的方式，托克維爾早在兩百年前造訪美國就曾提出這點觀察。本章開端也提到群衆型政黨與其重要之處。這些組織是重要的過濾機制，居中協調特殊利益，達成人民認爲正當合法的妥協，不試圖透過暴力強制改變。這機制之所以必要，原因之一在於政治利益極度分歧。獨裁政權垮台能爲人民帶來啓發，巴西就是很好的例子。從傑圖利奧．瓦加斯（Getulio Vargas，一九三〇年到一九四五年執政，並於一九五一年至一九五四年二度掌權）到一九八五年軍政府下台，巴西的威權統治者依然需要尋求人民認同，才能穩定執政。然而，隨著巴西開始都市化、工業化，且社會組成變得益加複雜，政府不再能靠著任何一種政策組合取悅更多人民，因此在歷經動亂和軍事統治之後，終於邁向民主化。

威權主義

當社會達到一定的複雜程度，唯有透過民主的過濾功能創造共識、達成妥協，避免脅迫，社會才能長期維持穩定。國家有機論將國家視爲有機體，一直有人以此論點說明國家必須有個指揮行動的大腦——一強大的領導者——只是這比喻容易誤導認知：有機體沒有力爭上游的概念，也沒有階級鬥爭。歷史告訴我們，信任單一個人而將所有權力交付給他，形同賭博。而權力使人腐化。此外，文字不一定能表達意圖，反而成爲政客操控人心的工具。一如馬基維利點出的醜陋事實：當成功的領導者自認能掩飾太平，便時常表現一副問心無愧的模樣。除非他們有信守承諾的誘因，否則他們的話並不可信，這是班費爾德研究中南義村莊居民血淋淋的教訓（請見第二章）。簡而言之，若人民沒有（或放棄）對當權者的制裁手段，就沒有可靠的方法能確保善治得以實現。沒有懲處措施，權力很有可能遭到濫用。

雅典人在戰場上敗給斯巴達人，儘管戰事落幕已久，寡頭政治家對一般人的鄙夷並未消失。亞里斯多德記載了當時寡頭之間流行的誓約：「我承諾與人民為敵，盡全力給予錯誤建議。」有沒有可能這種看法不僅仍備受擁戴，還具有影響力？菁英自認最懂世事的現象並不罕見。在許多情況下或許沒錯，但當受到團體迷思影響，往往事與願違。有時，他們落入柏拉圖思維的陷阱，認為人世間也許有辦法達到完美境界。活在這個世界，妥協不可避免。若一味無視此道理，違背民意強推理應正確的解決方案，將有損信任感和支持度。政治人物時常因為各種事件而不得不低頭，尤其兼具自信、能力和遠見的領導者更是如此。我們無法如柏拉圖所願阻擋政治變遷。勇於作夢的人通常在現實中挫敗，幾乎沒有例外。試圖以太激烈的方式達到完美，反而可能造成原本希望避免的混亂局面，甚或更糟，使所有人的自由受限，步上通往威權主義的道路。

正如波普所說，黑格爾就是柏拉圖和現代威權統治者間缺失的那塊拼圖。獨裁者應感謝他昇華人的欲望，使人們願意為了國家與領導者的利益而克制一己之私，以及他遙相呼應歷史決定論的觀點。馬克思的歷史主義（historicism）則受黑格爾直接影響。他聲稱：「不是人的意識決定人的存在——而是人的社會存在決定人的意識。」換言之，馬克思認爲，人是易受環境影響的動物，行爲和思想受經濟和歷史所左右。我是樂觀的人，但願監控資本主義不會成爲證明他的思想正確無誤的實例。在監控資本主義的世界中，國家和領導者成了品德智慧和權力的唯一來源。人民不再擁有自由，並且還深信領導者所說，一切都是爲了國家利益之類的假惺惺說詞。

相信世界能更趨完美或許是驅使革命派的動力，但恐懼的確是孕育極權主義的溫床。恐懼爲憤怒提供養分。羅馬共和國晚期哲學家陸克瑞提烏斯（Titus Lucretius Carus）說，政治上的所有憤怒情緒都源自於恐懼。因此，歐威爾的《一九八四》中會有「兩分鐘仇恨時間」，就是要處理人民在國家誘發下產生的恐懼，釋放其造成的憤怒情緒。也因此，國家必須樹立讓人民發洩怒氣的公敵——也就是他者、「他們」、那些不容於我們道德體系的外人、那些我們懷疑無法接受我們價值觀的人。不只極權主義扼殺了包容心，不寬容的心態更爲極權主義吹響號角。

要讓恐懼發揮最大功效，懲處規定應讓人難以捉摸。人們無法試著測試底線，使一切更添不確定感。舉例來說，柏格森（Bergesen）描述政治迫害的三個共同特點：短時間內突然爆發、涉嫌損害全體人民利益、指控的罪狀微不足道或憑空捏造。從法國的恐怖統治時期到史達林的公審大會，都有這些特點。無辜人民時常慘遭定罪。哪些事情能做、哪些不能做，兩者間的界線模糊不明，有助於刺激人民自我審查。從媒體沒有說的話、沒有報導的事件，就能清楚看出此現象的徵兆——那些沒人談論的議題有著相似之處。

尋求被統治者的支持是極權主義的要務。統治者將人民的智慧轉變成剝奪其利益的武器。他們製造團體迷思，尤其是對較有學問的族群——有用的白痴一向是協助散播政治宣傳的得力助手。趁這些傀儡未看透政治宣傳失衡的本質加以利用，效果最佳。

傳統上，勸誘他人改變信仰是神父的工作。但當馬克思主義開始散布未知論（agnosticism），利用宗教吸引勞動階級支持不再像以前那樣是掌權的必經之路。一九二〇到三〇年代，法西斯主義者取代了這角色，還有些許歷史決定論和黑格爾式民族主義從旁輔助。當恐懼的人民不想承擔政治責任，他們便可能傾向把票投給政治強人，明知會犧牲部分自由，但同時也希望藉此換取秩序及紓解恐懼。當選的法西斯主義者與選民締結的契約如下：相信我，將絕對權力交到我手中，儘管需要付出某些自由做爲代價，但我會當機立斷地幫你們解決問題。三〇年代德國人民背負沉重的生活負擔，是納粹崛起的原因之一。如今，當社會的疏離感日漸加深，學者紛紛提出民主衰退的警告。許多自由民主國家可能正逐漸步向更專制的未來，愈來愈多人民支持由專家、強大的領導者或軍人執政。

不只大多數人民廣泛接受由技術官僚帶領國家，對政治領導者來說，事情也簡單許多。如此造成的結果包括：刻意混淆視聽及使用專業術語；仰賴將專家推上前線面對大衆輿論，爲政治決策辯護；獨立機構數量大幅增加。當決策是由不必經歷選舉洗禮的人主導，民主形同受到破壞。少了監督之後，隱祕不明的動機成爲主要的行事目的，官僚提出千瘡百孔的理由證明自身的存在價值，並捏造虛構問題，營造問題亟需解決的假象。當制度從韋伯所稱的實質理性（substantive rationality）轉變成形式理性（formal rationality），從全力追求外部目標過渡到專注於內部目標，大衆利益和制度原本希望達成的目的可能就此受到冷落。

領導者能引發愈多恐懼情緒，人民愈順從、異議聲音愈少，於是他們掌握的權力愈大。人民必須時時提高警覺，防止這類領導者取得權力，進而將扭曲的想法（他們的團體迷思）強加在全體人民身上。選民必須擔起責任。默許法西斯主義者參選，甚或崇拜威權，都是不負責任的懦弱行徑。

革命

許多人依舊期盼革命發生，這份渴望源自對當前社會、經濟和政治現況的不滿。在已開發世界中，革命或許不再是短期內可見的威脅，但值得花點時間思考革命的警示跡象，或是反過來思考，在少了這些跡象的情況下，哪些因素可能觸發革命。儘管革命爆發前，社會上通常會先瀰漫濃濃的不滿情緒，但似乎沒有太多規律可循，不過有個特色是，人們開始談論起革命。美國法國史學者克雷恩·布林頓（Crane Brinton）的《革命剖析》（*The Anatomy of Revolution*，暫譯）一書深入探討英國內戰、法國大革命、美國獨立戰爭和俄國革命。不講道理且對於沒收個人自由沒有愧疚之情，是革命成功的部分原因。試圖透過更合情理、更溫和的手段在短時間內大肆改革社會，通常會以失敗收場，因爲反抗勢力有時間整備，防止變化發生。法國大革命時期的政治人物羅伯斯比爾（Maximilien de

Robespierre）直言不諱：「沒有品德，恐怖活動帶來毀滅；沒有恐怖活動，品德顯得軟弱無能。恐怖活動不過是迅速、嚴厲、強硬的正義，因此才得以體現品德。」

想要施行必要的暴力手段，此觀點的倡導者就必須毫無疑慮地堅信論述中的道德眞理，革命團體必須制定嚴密的思想和行動紀律——如同宗教，也如同團體迷思。布林頓表示，或許「這四場革命最重要的共通點，在於作爲福音、宗教的形式，它們都帶有普世的理想，但實際上，最終卻獨尊自身的國族利益。最後，這些行動都成了上帝對所有人類的旨意……由天選之人代表實踐[8]。」猶如最激進的團體迷思面對龐大的反對聲浪，擁護者全心全意投入，加上相信自己是命中注定的一群人，必須履行老天給予的任務，在這種認知上堅定思想，革命才會眞正有效。

理想主義者顯然可能製造許多問題。季辛吉曾說，公義的極限是最根本的政治問題[9]；波普指出，「試圖將人世間變成桃花源，最後肯定變成地獄[10]」。在革命人士心中，自己的所有行動只爲了解救人民。他們造成的巨大破壞和混亂，以及事件落幕後留下的雜亂和傷害，在他們的認知中完全無關緊要，而這只不過是引發恐懼及強制服從的手段。從現今某些被團體迷思蒙蔽而不願包容異己的激進社運人士身上，我們可以看到同樣頑固不化的特徵。

布林頓列舉他書中四場革命的五個共通點。第一，他認同柏拉圖所主張的，革命源自統治階級內部分歧的觀點，指出所有社會的經濟狀況都在提升，爭議的源頭其實是相對富裕的一群人。這看法與馬克思過分著重階級鬥爭的思想大相逕庭，從中世紀教宗與皇帝的齟齬，以及前後任國王間的權力傾軋，都是佐證。第二，當各階級的地位不分軒輊，一旦期望未獲得滿足，往往激發出最劇烈的感受。自由派菁英要小心：法國政治哲學家里瓦羅爾（Antoine de Rivarol）在他關於法國大革命的回憶錄中寫道，是「貴族的偏見」刺激中產階級發起革命，課稅和公平正義淪喪並非主因[11]。第三，知識分子擁戴的對象轉移，也就是說，如今學術圈和媒體界的團體迷思很危險。第四，政府行政效率低落——從當代的角度來看，我們或許應該擔憂，在經過好幾年的過度量化寬鬆和荒唐的能源政策後，通貨膨脹引發混亂時局的機率不低。第五，統治階級內有許多人不再相信「自己人」，削弱了統治階級的政治實力。讀者看到這裡，或許可以從這五點中，發現目前的世界也有類似的隱憂。

革命的進展順序同樣也有共通之處。首先是緊急集權化，伴隨著個人公民權暫時失效／正常私生活遭受入侵。接著，在一小群獨攬大權的菁英人士指揮下，訴訟和法律程序發生變化，異議分子遭到鎮壓。最後，政府公權力擴張，更甚於以往的是，社會上更多活動受政府控制。就我而言，我很慶幸生活在實行普通法的國家，這種法系擁有練達的選民，傳承自古老傳統的制度也不容易廢止。

社會壓力不斷累積，超過臨界點後爆發革命，同樣地，在革命期間，個人生活備受干涉，人民的容忍度也有極限。在高度理想的要求下，大部分人無法長期維持正常生活，爲何革命熱情會快速衰退，原因在此。革命老是往錯誤方向發展，演變成意料之外的結果。這是因爲社會錯綜複雜，制度脆弱或太有韌性，不易隨著時局改變而調整。

我們應嘗試避免革命發生，及時察覺警示跡象，不應志得意滿。誠如史庫頓所說：「一九八九年，那些想像未來不會再有知識分子擁護列寧式政黨或宣揚史達林行事作風的人，並未想到胡言亂語的威力大到令人無法抵擋[12]。」再瘋癲的理由總是會有人支持，而他們的目的只是爲了衝撞「體制」——基於微不足道的原因而奮不顧身支持革命。

社群媒體時代的政治

托克維爾曾告誡，專制主義具有以自我爲中心的傾向，生活在民主時代的人民應更戒愼恐懼，由此與柏拉圖的思想遙相呼應。近來領導者道德觀的轉變値得我們密切關注。二〇一六年美國大選結果跌破衆人眼鏡，原因並非選民的立場急轉彎，而是候選人的表達方式有所改變[13]。爲什麼會這樣？第三章談到社群媒體爲社會帶來天翻地覆的影響，導致年輕世代的容忍力下降、精神疾病增加。正如印刷術讓市井小民得以對神學侃侃而談，有些人淪爲盲目信仰，如今我們有一整個新世代的年輕人在與人溝通時口無遮攔，或絲毫不懂得妥協和讓步，久而久之便失去這些方面的認知，完全無法好好溝通。信任、道德感和制度備受威脅，大規模的團體迷思時常透過對特定爭議話題的共同價値觀和共同觀點展露無遺，如今已然成爲部族意識的標誌。群體間築起高牆，牆內形成不同社群。相較於過去較受地理位置所限，現代人較少接觸各種不同的意見，對於他人也更欠缺包容心。「你我有別」的意識強化，導致左派和川普支持者同時自認爲受害者。

制度也備受後現代主義衝擊。「占領運動」或許已式微，但也樹立起情緒感染比知識更重要的行動訴求新模式。原本社會運動侷限於民主規範內的和平示威，如今則站上無可置疑的道德高點，以反民主的偏執手段展現訴求者心胸狹隘的一面，兩者之間差異顯著。社運人士不再尊重他人看法，甚或不願了解他人的想法。

集體權利

一般認爲，權利是不可撼動的道德原則。邊沁（Jeremy Bentham）稱之爲「踩在高蹺上的廢話」（nonsense on stilts），反對隨心所欲主張權利。他認爲，權利的目的只在迎合主張權利者的偏見和需求。在穩定的民主政治中，公民從國家獲得權利，但必須克盡公民責任。最重要的責任是遵守經合法程序產生的決策，以及選出他們認爲可能捍衛全體人民最大利益的民意代表。問題在於，身分認同政治可能具有濃厚的部族思維，支持者通常固執己見、目光短淺。此外，從柏拉圖、黑格爾、馬克思到現在的政治正確，個體始終屈居於群體認同之下，個體性可能阻礙政治發展。因此，不只個體擁有權利，群體也有，但我們無法以要求個體的方式，要求群體一樣扛起責任；群體仍然變幻莫測，甚至可能出現瘋狂現象，不僅傷害其他人，也自我毀滅。享有自由，但若未履行責任，也不需付出代價。整體安全受到損害，部族意識因而更加壯大。實務上，柏拉圖認爲個人主義與利他思想和責任無法相容，現今已體現於醜陋的行爲表現上。如今反民主的那群人無法容忍他人觀點，也不接受決策形成方式。有些人動用財富和影響力遊說政府改變，有些人則透過貪汙、暴力或威脅行使暴力來達成目的。

最初主張擁有權利時，權利並非憑空出現，而是同時也取代了好幾世代以來在舊有習慣和習俗中奠定的既有權利。所以，在汰舊換新的過程中時常累積濃烈的怨恨，激起人們反抗。因此，亞里斯多德強調，憤怒是對地位下降的回應。第五章曾提到歐威爾對社會主義者的看法，認爲他們對窮人的愛不及對富人的恨，而且如前所述，「貴族的偏見」可以引發革命。

如同大幅修改其他制度一樣，劇烈改變現行的權利分配可能發生意想不到的顛覆性結果。立定許多新權利的同時，無法寬容看待的事物和衝突也隨之萌生。我們已從注重榮譽和尊嚴的文化走向受害者文化。

因此，儘管一般人普遍認定，人民擁有更多權利永遠是件好事，但有時並非如此。一如柯利爾和凱伊[14]所指出，英國戀童癖資訊交流組織（UK Paedophile

Information Exchange）在一九七四年到一九八四年期間，提倡兒童有權利與年紀較大的男子發生性行爲。如今，跨性別者與性別批判團體對於誰有權利使用女廁各執一詞⑤。

強烈的團體迷思對內具有約束力，進而形成反個人主義的偏差思維。嚴格服從群體，一部分可能是爲了逃避個人責任的壓力，寧可由國家配以權利，也不願肩負對個人生活和決定的責任。我們必須自我提醒，權利與責任是一體兩面，沒有這層認知，我們都會變成國家的寄生蟲，對整體社會毫無貢獻。猶如柴契爾夫人所說：「社會主義的問題在於，你最終將會花光其他人的錢。」

權利對妥協毫無助益。如前所述，不同人的權利可能相互衝突。擁有權利形同獲得授權，可以不包容任何不尊重該權利的人。當人們不了解彼此，而且從傳統以地理位置劃分的社群解放出來，溝通行爲不再取決於距離是否相近時，就可能將抱持相反意見的人拒於門外，致使問題更是放大。於是，我們可能沒有足夠的誘因去包容異己、傾聽陌生人的看法，或在公開場合保持禮貌。

實用主義與道德

尼采對英國那些談論自由的道德家相當不以爲然，在他看來，他們並未擺脫傳統上宗教的道德束縛。隨著世人拋棄奠定於宗教道德之上的社會資本和信任，許多人擔憂自私將蔚爲主流風氣，對社會造成危害——換句話說，當上帝已死，許多人認爲行爲道德將不復見。姑且不論那些場面話，加上馬基維利的說法，我們或許從未如想像中那麼仰賴宗教。我認爲，個體行爲和制度大多由誘因（利益）所決定，更具體來說是經濟誘因，不過前提是每個人必須在最低程度上控制好自我欲望，尤其遵守美國經濟學家道格拉思．諾思（Douglass North）的主張。另一項一直以來都很重要的因素是科技，不過品味也扮演重要角色。少了宗教的約束不代表所有人都會道德淪喪，或毫無道德感。去除宗教的影響後，我們

⑤近來，我獲邀參加劍橋大學的一場國際會議，會議主持人在一開始的宣布事項就與廁所有關，他說，所有廁所都是性別友善廁所；他又補充說道，有些廁所設有小便斗，有些沒有。爲何這件事比會議議程還重要？國際嘉賓禮貌回應，但我很好奇，會議結束返國後，他們會對英國留下什麼評價。

仍需（大多數情況下是必須尋找）一套道德準則。無論什麼時代，總是會有一小群人缺乏道德觀念，但綜觀歷史發展，不同道德觀發生衝突才是引發最大混亂的主因，並非欠缺道德。

人們多數時候都是出於個人因素而參與政治，特別是虛榮心。的確，眞正的目的通常是追求純粹的英雄行爲，而非出於理想。虛榮心可能觸發一致的行爲模式，就算政治人物一事無成，其行爲如果不是可以預測，至少也能理解。這有可能給人一種可靠的錯覺，使人對其產生信任感，進而賦予其有效的權力。地緣政治專家羅柏・卡普蘭（Robert Kaplan）在《即將成眞的無政府狀態》（*The Coming Anarchy*，暫譯）一書中點出，理想主義者最常投身政治，但極其諷刺的是，他們往往變成最糟糕的政治人物。他建議閱讀英國小說家喬瑟夫・康拉德（Joseph Conrad）的作品，他筆下的英雄總是徒勞無功、失敗收場，或許能爲理想主義者提供實用的價值。

尼采或許太嚴肅看待英國道德體系的表象了。缺乏有效的懲處，促使英國人得以展現務實的一面，同時又不明顯違背當今的道德標準。若以更嚴苛的方式詮釋道德，思維活躍、富有創業精神的族群明顯違反規範的機率可能就會提高。換句話說，是社會的包容力讓英國成爲宜居的文明國家，實質面上早已失去大半約束力的英國宗教和哲學並非主因。

如今，這種包容力面臨威脅。隨著道德框架逐漸固定，選民對政治虛僞風氣的容忍度降低。沒錯，就如政治學教授大衛·朗西曼（David Runciman）所指出，正由於我們需要在複雜情勢中多少妥協，也需要各異其趣的投票觀點，如今選民的處境「不是在眞相和謊言，或是誠摯和僞善之間抉擇，而是必須挑選誠摯但愛說謊的候選人，抑或選擇誠實卻僞善的政治人物[15]。」重點在於，至少對某些人來說，只要政治人物的曝光度夠，僞善就無可避免。政治人物的聲明聽在不同人耳裡，往往傳達了不同意涵，與其他聲明和行爲產生不同衝突。因此，政治人物無法永遠看似誠摯（不僞善），同時還能講眞話，也不再能保守祕密或向不同受衆傳達不同訊息。

在沉浸於團體迷思的人看來，社會分裂愈來愈像是道德層面上的分野，普羅大衆可區分爲高尚和邪惡兩個陣營。較傳統且保守的人認爲，社會朝這方向發展等於誤入歧途，沒必要如此撕裂族群。隨著政治演變成道德較量，人與人之間互信和尊重的意願下降，妥協變得更加困難。海德特在《好人總是自以爲是》（*The*

Righteous Mind）一書中解釋，自由派／民主黨人的道德基礎獲得較多重視，導致他們難以理解保守派／共和黨人的想法，後者同理前者的難度反而較低。民主黨人大肆宣揚共和黨支持者都是笨蛋的觀點，不僅缺乏可信度，對溝通也毫無助益，而且反而淪爲有心人士提倡以更專制的規矩取代民主的工具⑥。實用主義慘遭打擊。

國家與外交政策

身分認同政治也在模糊忠於國家的觀念。所謂國家，自亞歷山大大帝以來早已超越部族概念，其歷史悠遠且輝煌。然而，隨著民族國家多次演進，統治者和被統治者的關係也隨之改變。三十年戰爭結束後，《西發利亞條約》（1648）樹立各國不干預鄰國內政的原則。這與國家建立帝國的傾向背道而馳，包括「爲了更遠大的利益」而介入他國事務；威爾遜總統提倡的民族自決原則也與不干涉政策有所違逆。國家遭逢的最新挑戰，來自忽視地理因素的多重身分認同與群體認同。在某些圈子裡，把自己視爲世界公民是一種時尚。然而，期盼世界步入後民族國家（post-nation state）時代，仍爲時過早。對於世界和諧的機率和實際狀況，這類想法中依然摻雜著不少不切實際的幻想。國際政治往往涉及根本性的意見分歧，而非價值中立的單純誤解。聯合國也是這類幻想的一部分。聯合國能夠維持至今，並非因爲具有政治權力而有效運作，而是因爲安全理事會常任理事國握有否決權。聯合國對既存的權力關係少有威脅，而且無法實質掌管全世界或制定決策。不過，聯合國是象徵希望的燈塔，頂多算是各國展開建設性討論的場域。

儘管多邊主義（multilateralism）占有一席之地，但外交政策主要還是限於國與國之間。有些政策切合實際問題，以維護國家利益爲優先，偶爾有必要稍微犧牲人民利益；有些政策只是畫大餅——亦即迎合國內政治所需，一旦面臨緊要關頭，人民就會發現政策沒有實質意義，自然不可能願意犧牲。帕默斯頓勳爵（Lord Palmerston）曾表示，國家沒有永久的盟友或敵人，只有永遠的利益——換言之，外交政策的重點不在於「區分你我」，應該將其視爲國際關係的應對機制。有些人自認了解如何維護所有人的最佳利益——我們暫且稱之爲帝國主義

⑥ 美國哲學家傑森・布倫南（Jason Brennan）形容美國選民不是哈比人（不想了解實情）就是流氓（狂熱分子）。

者；有些人認爲，外交政策的問題更像是市場交易，各國抱持不同的偏好，但同意在對彼此有利的前提下適度退讓。後者比較貼近現實。在這觀點下，那些有關國際組織和國際法（民族國家之間簽訂的各種條約）扮演何種角色的崇高意見，始能獲得客觀審視。

界定國家利益並不容易。不同選區的需求不盡相同。政治人物時常禁不起誘惑而選擇不制定實質的外交政策，只做表面工夫，也就是說，外交政策成了迎合國內政策的表態工具。不幸的是，這經常導致思緒紊亂無章，造成災難般的結果。長期處於和平狀態下，國家缺少明確發展方向的問題尤其常見。冷戰是第二次世界大戰的延伸。外交政策的目標清晰，訴諸全體人民的共同記憶，以此確保國內政壇能予以支持。冷戰落幕後，情勢遠遠更加令人困惑。美國的領導策略大多未能適時調整。縱使承諾不擴大北大西洋公約組織NATO，以換取蘇聯認可統一後的德國在先，西方國家隨後仍不顧美國外交官喬治・凱南（George Kennan）等人的警告擴大北約勢力，如今已證實是糟糕透頂的嚴重錯誤。一名靠近權力中心的俄羅斯人曾失望地對我說：「我們曾以爲你們西方人痛恨共產政權，但現在我們總算明白，你們討厭的是我們俄羅斯人。」不管是否眞是如此，這樣的認知是造成誤解和緊張關係的重要因素。

海外行善是新型態的傳教運動。社群媒體和政治正確將外交政策推向短視近利、引人矚目的膚淺操作路線，有時背離國家的長期利益。比方說，歐巴馬政府初期對中東地區的外交政策充滿樂觀與希望，但很快就消耗殆盡。在國家利益上欠缺清楚的著力點，日後政策益發衰弱無效、製造矛盾衝突、對國際關係造成危害，便是可預期的結果。外交政策要有實質效力，必先具備公信力，使人相信就算遭逢逆境，國家仍會遵循政策方向行事，而這可能需要人民上戰場、繳稅或在其他方面有所犧牲。想做到這些，政策必須讓人相信一切都是爲了國家利益。第二次世界大戰後在華府極具影響力的神學家雷因霍爾德·尼布爾（Reinhold Niebuhr）便告誡，權力與驕傲使人盲目。他明確警告世人必須提防在外交政策上犯蠢，這往往是因爲使命感作祟。然而，如同美國歷史學家安德魯·巴塞維奇（Andrew Bacevich）所描述，尼布爾在美國有許多高權重的支持者，從總統到高階官員都有，但他的這個觀點並未獲得迴響[16]。如上所述，團體迷思的擁護者自認天選之人，這並非罕見現象，不管是美國的昭昭天命（manifest destiny）、英國出於極端愛國思維的帝國主義，或意欲將共產主義推行全世界等，都是如此。

從越南到阿富汗，美國介入國外事務的時程經常比原本的計畫更久、犧牲且耗費比預期中更多性命和金錢，並孕育他國對美國的恐懼和敵意。先前提到，賈尼斯創造團體迷思一詞時，指的就是美國企圖入侵古巴的豬玀灣事件。許多外交政策和國際衝突依然顯現思維不知變通的現象，這是因爲各種徵兆與人們先入爲主的想法不符，因而受到忽略，使這問題遲遲未能解決。無論在政治光譜中屬於哪一類，許多選民已逐漸看清事實，明瞭認知中的外交政策有多無效。這些外交作爲並未促進國家利益，更糟的是時常展現無能的一面。歐洲未預見並防止俄羅斯入侵烏克蘭，還仰賴俄羅斯供應天然氣，正是貼切案例（這不是要批評西方國家在戰爭爆發後的回應方式）。

願景失靈

我們應自我提醒，不確定性不僅是我們的祖先時時面臨的課題，也是我們擺脫不了的宿命。我不清楚目前的不確定因素是否比以前更多——或許無從得知，總之，我們的恐懼不會源於繁榮發展。即使快速科技演變帶來顛覆現況的力量（請見第三章），過去的通訊革命已有前例可循。要是能向兩百年前有智慧的先人充分解釋當今所爭論議題背後的演進脈絡，他們未定無法理解我們目前擔心的某些問題。所以，或許我們可以借鏡歷史，至少從看似警告訊號和嚴重錯誤的事件中吸取寶貴教訓。人類已然超越歷史——亦即現在是特別的時代，我們不必再師法過去——這種不負責任的想法毫無根據，不過以前的極權政體的確有先例。

極權主義直到二十世紀才出現，但在整個歷史上，威權主義始終對自由構成威脅。二十世紀的極權主義無情地想要改造人類靈魂、消滅個人主義、統一宰制所有政治權力。歐威爾的《一九八四》或許最能描繪極權世界可能對人類的威脅。在現代，即將上任的當權者若想控制人心，早已沒有那麼強的意願背負種族滅絕的汙名，然比起控制身體，他們更傾向試圖操控心理來達成目的。如今還有兩大權力來源競相控制群體行為。除了政府利用恐懼、「緊急事件」和行為操控，以及意圖也許較不明顯的道德勸說和團體迷思。更遑論還有新型態的科技巨擘，他們基於商業利益企圖掌控個人行為，透過各種精心策畫的機制讓消費者更順從他們的規則、更容易預測。他們希望保有竊取及利用個人資料的能力。為了減少立法產生的風險——要是立法者願意嘗試，對維護隱私和自由的貢獻勢必遠遠更多，進而徹底破除科技巨頭的商業模式——他們採取多項策略。如同第三章所述，他們大力遊說、投入大筆研究資金，並善用旋轉門制度。此外，他們也日漸熟稔威脅手段，將有爭議的人事物封殺於自家網路之外。他們也運用自己預測、甚至影響選舉政治的能力，爲政治盟友提供潛在的回報。他們與專制政府之間不乏共通之處，終究會對異議、自由、隱私和個人主義造成危害。

兩百年前，如何在對政治權力和影響力的欲望與物質利益間取得平衡，即已備受爭論。如果利益變成社會大衆唯一考量的重點（沉迷於享樂主義），其所關乎的，便是通往專制獨裁的大門恐怕將會開啓。對照現今正在上演的情況，赫胥黎在《美麗新世界》中構築的反烏托邦，或許比歐威爾的《一九八四》更有可能在未來成眞。在赫胥黎筆下，人從一出生，基因和情緒就已受到控制，所有人從未察覺自己遭受操控。這景象的現代版本出現在電影《駭客任務》（*The Matrix*）中，片中機器已接手掌管世界，人類成了機器的電池。電腦不斷輸送訊號到人類大腦，使人類相信自己所居住的模擬實境即爲眞實世界（但其實完全虛構），藉此讓人類百依百順。

過去七十五年來，絕大多數美國人和西歐人過著安全無虞的生活，安逸到不在意知識圈和政壇的大部分爭論。他們的心態之所以如此，在於他們自認無法影響事態發展，因而不必過度擔心。現在情況可能有所改變。新通訊技術賦予我們更多聲量，得以對政治表達個人意見。我們漸漸覺得有必要使用這類科技對抗層出不窮的謬論，有人則乾脆與政治保持距離。不管何時，預言家／末日論者總不缺席。如今不僅有人更大聲地鼓譟，要我們擔憂那些超出我們掌控範圍之外的事情，而且許多人願意傾聽。急迫的生存威脅使人情緒激動，行為備受牽制。歷史上，在更專制和宗教影響力更強的時代，社會大眾的行為深受意識型態和教義所牽引，可說稀鬆平常，因此，如今政治和社會上出現某些群體不理性的現象，其實並不意外。

我們有幸可以生活在已開發國家，免於承受近幾十年來的集體壓迫、痛苦和憂慮。然而，我們害怕與人意見不同的心態再次浮現。我們喜歡一廂情願地自認為重視言論自由，然禁忌話題和不能說出口的字詞卻不斷增加。自從冷戰結束及核浩劫風險降低以來（但仍無法忽視），我們從未面臨這般急迫的生存威脅。但隨著全球暖化，有人疾呼人類再次遇到了威脅。正常情況下，我們理應相信，可惜這種新的集體恐懼無法令人相當信服。如要防止失去自由，每個公民依然必須善盡責任，批判思考。要做到這點日益困難。

比起「爲何要服從機器？」，「爲何要支持？」是更重要的問題。陳腐的迷因和陳腔濫調就像歐威爾的新語，是專爲我們量身打造的圈套。當我們限制能用的語彙、避免政治不正確的字詞和想法，我們也就變得更容易控制，更不像人應有的樣子。我們需要有個能讓每個人自由表達看法的空間，但新的通訊技術愈來愈不提供這樣的環境。

樂觀以對

幸好有自由主義和科學，實際情況比普遍感受到的狀況好上許多。然而，民主若要持續保持活力，人民勢必需要積極參與。民主經常受到威脅，罪魁禍首則是許多自認高人一等的菁英人士。如果我們都認同邱吉爾的名言——民主是最糟糕的政府型態，但仍比人類偶然嘗試過的其他形式來得更好——因而認爲值得保存民主，那麼我們身負重任。我們必須抗衡社群媒體的趨勢，抵制其一味迎合我們注重及時享樂的欲望和情緒。我們應證明，柏拉圖認爲個人法定權利有害道德責任的觀點並不正確。我們應建立社會資本和信任感，包括全力支持依附地理環境發展而成的在地社群。我們應限制政府爲了自身利益而煽動恐懼情緒，也維護人民對政府的信賴和社會資本。羅斯福將權利視爲平衡社會的要素，使人民不受嫉妒心態所左右，而他推行的新政（New Deal）便隱含此概念。如前所述，社群媒體（某些我們仍在試著適應及掌握的功能）顯而易見的強大優勢在於允許所有人行使自身權利，並已賦予諸多弱勢族群擺脫困境的力量。例如在社群媒體的助威下，人人都能響應#MeToo運動，重申不受任何人性騷擾的權利。

我們可以立法規範企業巨頭持續發揚科技帶來的好處，而非不合理地侵犯我們的隱私和自由，主要透過更有效的管制措施，律定企業使用個人資料的方式。我們也能阻止大企業涉入政治宣傳。對此，我們不需要更多由上而下的審查機制（這無可避免將會武斷地對某些人造成歧視，並助長團體迷思），而應更進一步試著協助網際網路和社群媒體的使用者避免傷害自己和他人。如有黨派干預選舉政治，我們也應清楚區隔及標示，如同其他媒體平台已試圖實踐類似措施。

令人失望的是，目前尚未有具體行動排除民主受到的威脅，不過這類措施並非付之闕如，還是值得樂觀以待。團體迷思的特點之一，是菁英比一般人更容易深陷其中。我們許多人不在政治和媒體菁英人士的同溫層中，不像他們活在幻覺之中，想要翻轉現狀還有希望。他們散播的恐懼和各種胡言亂語，我們並不買單。儘管菁英分子堅持自己懂得最多，但我們知道，很多時候其實不然。

有時我們難免希望，所有民主擁護者都能體認到，減少渲染恐懼對大家都好。唯有如此，理性辯論才有機會死灰復燃。政治人物必須與選民重新建立聯繫、傾聽民意、重新博取信任。在地社群應獲得人民支持，逐漸成長茁壯，當我們在無意間遇到分歧的觀點和價值觀，才能展開良性互動，彼此包容。這都是有可能達成的理想，只不過，我們必須反轉目前的社會風氣，朝截然不同的方向前進。我們需要能勝任這項重任的領導人才，可惜目前檯面上還看不到。

當社會日趨複雜且多元，民主面臨的挑戰不是如何控制人民，這只會愈來愈沒效果，而是如何改進制度，促進政治參與。要實現這點，我們必須設法以正當合法的方式有效妥協。回到之前提到的工黨例子，要是能恢復國會議員在黨魁投票中所占的比重，應能對政黨產生正面效益。群眾型政黨有其存在價值。除此之外，我們或許也需要更多討論的機會，以利各方達成妥協，並協助決策者擬定既正當又務實的政策。科技巨擘若能有效革新，將能幫助我們做到這點。我們需要做的是，減少人們從現代及馬基維利時代以前看待善惡不兩立的角度去思考政治。

最後，巴西政治史也值得借鏡。儘管軍政府在一九八五年結束統治，政治人物依然執著於經營地方政治認同。魯拉（Luiz Inácio Lula da Silva）是第一位眞正受到全國擁戴的候選人。成爲國內無人不曉的知名人物後，他也不斷提及窮人的處境，這讓窮人獲得發聲的力量。選民從錯誤中學習，衆多受到激勵而積極參與的新選民族群掀起波瀾。這些政治新手必須與長期關注政治的老手一樣，犯下許多與他們相同的錯誤，再從中學習及改進。雖然看似退步，但更像是遲滯（hysteresis）或社會發展的制輪效果（ratcheting）⑦。類似的道理，社群媒體正逐漸促成民主選舉大躍進，一開始顯得混亂，且混亂局面將會持續下去，直到人們懂得正確的行爲模式爲止——很遺憾的是，這過程大抵必須歷經不斷犯錯才能有所進步。不過，只要領導者懂得接納新聲音，亦即更虛心傾聽不同意見，加上民主制度只要不消失，一切就會恢復以往的平靜狀態。我們的目標在於盡可能降低轉型過程中引發的動盪和風險——同時盼望光明的未來盡早來臨，那時，希望所有人

⑦編注：意指某行爲經過一個階段的發展之後，很難回復到從前。就經濟上而言，消費支出會不斷上升，一旦收入下降，支出仍只會上升，不可能下降。而此處作者所要傳達的，是政治人物從錯誤中學習，雖看似退步，但其實是讓狀況變好，而且狀況變好後，不太會回到過去更糟的情形。

透過新科技交流互動之餘，也能扛起相對應的責任。勇氣、理性、科學、包容、以史爲鏡，這些都是已知有效且將持續裨益人類社會的重要元素，不妨從這些開始做起。

重點摘要

- 威權與民主間的對抗淵遠流長。柏拉圖全心探尋理想的統治人選——他認爲智者最適合。不過更重要的問題在於，社會是否制定有效措施，要求當權者負起應有的責任。商業競爭對所有人有利，同樣的道理也適用於政治。
- 彌爾主張唯有個人行爲傷害他人，個人自由才能受到干預。然而，何謂傷害無疑是道德問題，不同道德體系會給出不同答案。各種道德體系共存，才是大部分衝突發生的原因，並非缺少宗教約束力。
- 民主責任不容輕忽。將責任託付給領導者，全然相信他們的爲人，而沒有任何問責制度（最貼切的例子是投票選出法西斯領導者），不僅是豪賭，更是不負責任的懦弱表現。

- 然而，許多人深受獨裁專制吸引，將其視爲比民主更理想的替代選擇。新通訊科技和模式導致政治立場衝突上升，人與人之間不再像以前那麼包容異己，因而催生上述現象。不只極權主義扼殺了包容心，不寬容的心態更爲極權主義吹響號角。
- 革命大多沒有什麼預兆，但當反民主和趨近狂熱的傾向益發強烈，即可略知一二。永遠有人願意相信危險謬論，出於微不足道的理由就支持革命。
- 權利是轉移而來，並非憑空創造。權利或許能減少無謂的嫉妒，但往往具有獨斷特性，其宗旨只是爲了滿足遊說及制定權利者的偏見和願望。即便立意良善，但過猶不及，而且比起個體權利，過度強調群體權利可能使個體不願承擔責任。
- 政治菁英時常自認懂得最多，且找到「正確」解決方案是政策的目標。恐懼成了操控行爲的工具，代價是社會資本流失，人民失去對政府的信任。預防動機不僅排擠理性，也會限縮自由。然而民主就像肌肉，不使用就會萎縮，選民可從犯錯中獲得最寶貴的教訓。一味走向技術官僚，不讓選民有犯錯的機會，反而可能對民主和自由造成危害。

- 民族國家的概念依然強盛，而且具有效用。然而，由於國內深陷團體迷思，導致外交政策品質日漸低落，甚或缺乏實質的外交政策，且政府表現出不理性和無能的徵象。
- 通訊科技改變，西方人不得不加入政治論辯和衝突，其影響之大，七十五年來前所未見。政府和科技巨擘都在試圖操控我們的行爲，如果我們還希望保有自由，就必須意識到這問題並有所作爲。

第七章　媒體與菁英泡泡

「領導英國的祕訣並非要特別聰明，而是仰賴非凡固執的死腦袋。英國人遵循的原則是，騙就要騙得徹底，並且從不改口。即使看起來可能荒謬無比，還是要堅守謊言。」

——喬瑟夫．戈培爾（Joseph Goebbels）①

一九九〇年初期，我在美洲開發銀行的策略規畫單位工作，該銀行規模是世界銀行的三分之二，是拉丁美洲的主要官方貸款管道。我的單位隸屬企畫與計

① 編注：喬瑟夫．戈培爾（Joseph Goebbels, 1897-1945），納粹德國時期的宣傳部部長，並在希特勒自殺後，繼任帝國總理。最終於一九四五年以氰化鉀毒死自己的六個兒女，接著和太太一起自殺。

畫部門，負責處理快速撥款的貸款業務，總額約占整個銀行放款金額的四分之一。部門主管是前美國財政部官員。有些貸款業務涉及政治敏感事務，例如撥款幫中美洲的軍人蓋新住所。這類貸款由ＩＤＢ提供，而非透過美國官方援助單位（ＡＩＤ）或世界銀行，部分原因可能是要避免外界放大檢視。就某種意義來說，我服務的部門是銀行中的銀行——也就是ＩＤＢ內部受美國政府掌控的單位。

當時，「華盛頓共識」（**Washington Consensus**）已從拉丁美洲國家認爲有助於其發展的十大政策，演變成僵化的教條②。民營化就是其中一項政策，但部分拉丁美洲國家反對民營化——例如烏拉圭人民透過公投表達不贊成出售國營的自來水公司。ＩＤＢ研究部門對該議題提出不少研究報告。然而，就在我撰寫技術指南探討民營化——從各方的議論內容中剔除些許意識型態，保留有用的部分——的時程和方法之際，部門突然禁止我公開發表。具體來說，是部門主管下的禁令，而他並非禁止報告流出銀行，而是報告僅限於部門內使用。

他的一位代理人請我到他辦公室，向我解釋報告內容沒有任何問題。然而，銀行的其他部門已對該主題發表了無數報告，立場如何都沒關係，但相對之下，我們的部門不能給人質疑民營化任何方面的印象。我很快聯想到艾可（**Umberto**

Eco）的書《玫瑰的名字》（*The Name of Rose*），以及後來由史恩・康納萊（Sean Connery）主演的電影。故事場景在中世紀的修道院，那裡的圖書館相傳藏有亞里斯多德從未公開的祕密著作，闡述與當代宗教教義全然相左的思想。在發生幾起神祕的謀殺案後，圖書館發生大火，似在防止如此罪孽深重的知識流傳於世。

那天在辦公室中，我彷彿也同樣收到了知識即罪過的訊息③。

---

② 經濟學家法蘭西斯・史都華（Frances Stewart）一九九七年在〈評論威廉森與華盛頓共識再探〉（*Comment on John Williamson and the Washington Consensus Revisited*，暫譯）一文中提到，「華盛頓共識」原爲拉丁美洲共識，並非源自美國，該詞出自一九八九年的一場會議，巧妙的命名是爲了獲取美國支持。

③ 那位主管大概並不樂見，但研究報告前一版的草稿早已送交世界銀行的人員撰寫評論。在我不知情的情況下，很快就有人複印那份草稿並傳遍華盛頓；事實上，禁止發表的報告人人都想一睹爲快。IFC（世界銀行專營民間借貸的分支）主管威廉・賴里爵士（Sir William Ryrie）任職英國高階文官職位期間，就與柴契爾夫人對民營化的看法相左，聽聞我的研究報告事件，隨即邀請我共進午餐。那份報告後來經過翻譯在巴西出版，當下我同樣不知情，而且還有人告訴我，該報告成了約翰霍普金斯大學（Johns Hopkins University）的課程教材。這些都沒爲我帶來任何損害。我在IDB內部也通過許多資深拉丁美洲長官的考驗（其中多人曾在母國擔任財政部部長或其他高階部長級職位），並獲得他們信任。他們後來比較願意與我多分享一些內幕消息，協助我更大幅深入了解拉丁美洲的政治局勢。

政治宣傳與新聞

第一章即已開宗明義提到，我們的思緒大多比想像中更不理性，智力和教育程度愈高，經常未帶來更多理智，反而更懂得自我說服，認定自己就是理性的人，但其實不然。因此，國家（和企業）會試圖引導我們的想法，其實不難理解。特定訊息只要不斷重複出現，內容不明顯互相矛盾，一般人就可能照單全收。這類內容包括廣告標語、政治語錄和八卦，從公牛看到紅色就會暴怒、我們已徹底了解氣候變遷的科學原理，到早餐是一天最重要的一餐等觀念等，都是實例。禁止討論特定概念及使用特定字詞是控制思想的另一種方式，而最有效的審查機制是自我審查，以恐懼做為左右個人選擇的手段，確保一切謹遵紀律。

偏頗散播意圖欺騙的片面事實和謊言，即可視為政治宣傳。重要的是，內容不一定要有明確錯誤。如果狹義上將說謊定義為講出已知不正確的言論，這並非構成政治宣傳的必要條件。律師通常採取這種狹義解釋，並時常謹慎地琢磨用字遣詞，在許多情境中企圖達到誤導效果。更清楚的作法是從道德層面切入，探究當事人是否有欺騙意圖。如果將說謊定義為企圖刻意誤導他人，包括抱持偏見挑選要呈現的事實，那麼政治宣傳就的確需要編造謊言。

由此可知，政治宣傳的確需要具備欺騙的意圖，這可以說是某種型態的說謊。謊言也可能在不知不覺中受到利用，協助其他人散播政治宣傳。以記者爲例，這可能是草率行事所致——例如未參考其他觀點，確認某種詮釋方式能否禁得起檢驗。但思考消息來源是否刻意偏袒某一方，並試著保持公正立場，無疑是記者的道德責任。其理由在於，這跟科學的處境一樣，假如將事實與動機混爲一談，理性便輸給情緒與道德，屈服於多方嘈雜的爭辯，最後常常是以欺瞞和錯誤陳述作結。換個角度來說，記者的角色與科學家類似，都是受大衆所託付，以客觀公正的方式探尋眞相。

政治宣傳有時不必與事實相違背。舉例來說，假定在預期全球海平面會有變化的脈絡下，對於南極冰量的改變，科學界目前已知兩項高度相關的事實。第一，南極冰河崩解的速度加快，更多冰山落入海中。第二，南極降雪量增加，冰冠每年平均增高一．七公分（增加的冰量總計多過崩解落水的冰山）。如果有人希望透過政治宣傳達到恐嚇的目的，讓世人以爲南極冰冠（占全球冰雪的九成）正以令人擔憂的速度融化，便可揭露第一點事實並無視第二點。如此一來，陳述便不會與事實不符，只是這樣容易落人口實，有刻意誤導之嫌。要是明明知悉上述兩項事實卻還故意為之，就是在從事政治宣傳。

政治宣傳還有其他面向可能令人感到熟悉。根據經驗法則，政治宣傳者必須傳達清晰簡單的訊息，反覆不斷地鼓吹，直到深入每個角落；同時試圖激起情緒共鳴，並緊扣道德教訓。這樣比較容易迴避任何立場相左的爭論，不過，他們有時可能以簡化且負面的方式呈現反方意見，破壞大眾對該立場的觀感。如此有助於政治宣傳維持公正不偏的假象，進而營造公信力。同時，他們也會持續攻訐反對者，並鎖定特定對手大肆醜化。

並非所有說服行為都是政治宣傳。一般認為，縱使不是一定獲得接納，但廣告宣傳和品牌推廣在所難免。廣告的目的並非只要引人聯想，打動我們內在的大象，而要使人認同企業對其自家商品的投入。想要產生效果，政治宣傳和廣告無不著力於心理操弄，鼓勵人們去做原本不會做的事，而且反覆鼓吹多次成效最佳。

置身一大群想法一致的人之中容易使人感覺安心，而這正是團體迷思的特色之一。人容易因此認定自己的看法正確無誤。基於這股自信，我們於是懶得費力查證。儘管另一半大腦告誡我們，普遍的想法可能錯得離譜，我們還是寧可相信。我們都覺得這種事不會發生在自己身上。況且，與衆不同通常需付出高昂代價，例如遭到「取消」就是一種群體紀律的展現，而且許多人即便對團體迷思稍微感到不自在，卻也不會公開反對。

如同其他謊言，思想灌輸可能也會基於維護更多人的利益，而獲得通融。戰爭期間，這現象甚至必然發生，不過要有最佳效果，還是有必要讓大衆不清楚哪些資訊是政治宣傳、哪些不是。戰時，人們犧牲人身自由的意願最高，除了追求更多人的利益，也包括爲了自己著想。持續不斷地編造謊言，甚至製造錯誤資訊，都和心理操弄一樣重要。第二次世界大戰期間，以上這些現象全都顯而易見。所有人民都能理解，國家廣播電台的成立目的是要幫助打仗，而在某些國家（如果不是全部的話），這不只包含仔細篩選要公開的消息，也包括有失公允的事件詮釋和造假。

然而，在所有人完全不知情的情況下，政治宣傳的成效才會達到顚峰，這是與衆多商業品牌經營和廣告的主要差異。隱身背後的操盤手或許也會認爲，一切都是爲了更廣大人民的利益著想，只要不讓所有人察覺即可。要是將所有人蒙在鼓裡，不走漏任何消息，他們就不會受到傷害，但這在道德上仍有疑義。姑且不論道德爭議，這觀點還有多項實際面的問題。首先，政治宣傳有違民主精神，並且侵害及減輕領導者應受到的制衡。過度簡化會催生更多團體迷思和更多品質堪憂的決策，也會使權力濫用的情形更惡化。再者，縱使無法篤定指出哪些資訊是政治宣傳，大眾也可能懷疑自己遭到欺騙，從而合理地認為，自己的自由受到侵害。一旦得知自己遭受不正當的對待而活在謊言之中，就很難擺脫陰影。而這衍生出第三點，可能進一步侵蝕人民對政府的信任，損害社會資本，民眾日後對於政府宣布的政策將不再積極配合，同時也可能促成激進的政治思想。第四，明知操控人民行為卻又躲過法律制裁，對操縱者本身有害無益。這會剝奪其生而為人的良知，可能激發他們的優越感，鄙視遭到操控的大眾，毫無包容之心。原本就自認能力高人一等的錯誤認知，可能因而更加狂妄。

然而，最積重難反的團體迷思牢不可破，連政治宣傳的協力者都不會意識到。在不斷洗腦下，意識型態終於內化，所有人都沒察覺自己已深陷團體迷思之中。奉命上媒體宣揚意識型態的人，甚至比接收訊息者更具上述傾向，一旦背離眾人期許，可是得遭受嚴厲懲罰。

相較於二十世紀的極權國家，現今媒體團體迷思的運作方式細膩許多。人民可以自由思考，而且激烈的爭辯一再仿效出現，但總侷限於已確立的固定界限之內，不容質疑——如我們所見，在團體迷思的範圍內，還是可能出現許多看似反叛的行爲。想要天衣無縫地粉飾政治宣傳意圖，協作者必須仿效正反均衡的辯論模式。呈現經許可的特定異議和反對意見有其必要，使其能接受檢驗，適當的減損其公信力。這確實是門技術，通常會牽扯到衆多事務來分散大衆的注意力。有人拋出議題，但討論過程避重就輕，問題並未眞正解決；有人樹立稻草人讓大夥群起圍攻，最後倒下，符合衆人的推測。這一切都讓人聯想到極具娛樂性的專業摔角——難道都是在演戲？有人懷疑大部分都有固定套路，可惜我們無法完全確定。許多人參與其中，看起來像是眞的。這很重要，尤其是要維持政治宣傳協作者的動機。

相當特別且令人玩味的是，當政治宣傳的意圖敗露（不管原因爲何），協作者的反應都是無視並快速展開下一步。他們總能找到各種說詞來解釋任何破綻。即便獲得證實、採納，而且再明顯不過，與政治宣傳相違逆的事實直接受到忽略。他們的辯證和其他形式的虛假推論靈活多變，矛盾不足以瓦解其論點；任何矛盾只會換來避重就輕、粉飾太平，然後彷彿從未發生。就算爆出一連串醜聞或歷經多次失敗，全都能概括爲一次性的事件。對於這類醜陋的事件和事實，相關爭辯很快就無疾而終。

爲何在民主體制內從事政治宣傳？支持者的假定是，政治宣傳能爲社會帶來更多好處、社會大衆偏好這類資訊，或不信任眞相。其核心則是當權者自視甚高的傲慢，並自認爲他們才是最懂的人。柏拉圖不僅認爲智者——即他自己——最符合擔任統治者的資格，更覺得領導者本身深信自己的政治宣傳，對統治有利。他認爲這是阻止日後所有政治變動的最佳方法，因此身爲哲學大家的他無疑是最佳人選，不只是因爲他自認最懂得統理國家，也認爲日後沒人能再提出其他有用的看法。這與他的完美概念不謀而合，也呼應他認爲人間萬物都會逐漸腐敗的觀點。他的政治目標是嘗試保存並延長純粹的期限，抵抗無可避免的衰敗命運。在他的認知中，人只能阻止衰退，沒有整體進步的空間。現今大多數人並未抱持如此令人沮喪的史觀，至少幾百年來，人類的進步輝煌璀璨，有目共睹。然而，如今還是可見傲慢自負的領導者，相信自己最明白別人應該怎麼做、應該秉持什麼想法，他們並非活在遙遠的柏拉圖時代，而是近在我們眼前。

柏拉圖認爲，一般人不值得信任，不配擁有行動或思想自由，這樣的觀念流傳至今。第六章提到的過濾機制有助於達成共識，這點相當重要。另一種方式是透過引導思考來確立所有人的意見一致。歐威爾的新語賦予字詞新的定義，使其傳達相反的意思，例如雖然取名爲和平部（Ministry of Peace），但其實是發動戰爭的機構。現今，字詞也已在演變中產生新意義。有人形容，後現代主義和大多數的現代哲學都在試圖混淆思緒及摧毀理性。我們現在用「民粹主義者」和「民族主義者」等污辱性的稱呼，泛指那些堅守及捍衛民主的人；用「懷疑論者」或甚至「否認事實者」等貶低的稱號，影射那些質疑新環保教條的人，而事實上，懷疑論正是所有科學的基礎。

新聞與行動呼籲

在第三章中，我們曾提及科技巨擘爲新聞業帶來的種種挑戰。這裡再進一步補充報紙和電視如今面臨的另外兩大問題。第一是背離客觀。雖然對定義的解釋不盡相同，但一般有三種寫作類型用於新聞報導，我稱之爲報導、公正新聞，以及意見形成或行動呼籲。所謂報導，是指記者盡可能以沉著冷靜的筆調寫下事實，加入部分解釋和背景資訊，協助讀者理解；公正新聞加入更多詮釋，幫助讀者／觀眾了解報導的含意；至於意見領袖或社運人士則並未試圖呈現中立客觀的案例，他們可能會並陳觀點相反的論述，但只是爲了削弱反方立場④，他們有自己的觀點，希望能影響群眾。公正新聞和行動呼籲之間的差異在於使用的語言和程度，而其中簡單的檢驗方法，是讀者／觀眾能否確定作者／主持人的觀點。如果可以，表示其中含有至少部分行動呼籲的成分。新聞一向扮演協助人們理解世界的角色，但方式已從檢驗第三方來源轉變成提倡特定立場。經過這番演變，從業人員已成爲與專業記者有別的公眾人物。這正好迎合他們心中對權威地位的渴望，引誘他們獻祭自我。重要的是，以往記者可信任讀者／觀眾有能力憑藉證據自行判斷事實眞僞，但如今已不再如此。

實務上，我們時常能從文章組織論述的順序窺知報導是否屬於行動呼籲。客觀報導會試著找出所有證據，而非只呈現垂手可得的部分。追本溯源和思考相互違逆的觀點，可能耗費龐大心力，歷盡艱辛才終於得出結論。行動呼籲需要的時間遠遠較少——決定想採取的看法或結論，再開始找證據來支持。這作法之所以不夠中立，原因顯而易見（希望你也能一眼看出），而釐清此議題的方法之一，就是使用我們對謊言的定義，亦即內容是否刻意誤導，其中包含選擇性地提供資訊，以及選擇性地排除不利資訊。換句話說，再怎麼辯護所寫或所說的內容毫無虛假都不足夠。以法庭爲喻，想看透被告是否有意誤導判決，不只應聽取檢察官的主張，還要經過答辯程序和法官判決。在新聞報導的脈絡下，讀者／觀眾就是最終的法官。

有些人可能會深究定義問題，指出以上所述只是凸顯了報導和新聞的差異，而非新聞和行動呼籲，但剛剛提到的簡單檢驗法依然可行。遺憾的是，行動呼籲儼然已是現今的常態，公正新聞反而是例外。只有少數報導中立呈現其他觀點。這些行動呼籲式的報導報導的確呈現了議題的一體兩面，但接著便給予讀者清楚的操縱感，反駁、質疑不支持的觀點，使該觀點顯得不正確、有違道德，或在考量其他因素後感覺不那麼重要。就連試圖平衡報導都成了過往雲煙，就別提客觀公正的新聞倫理了。

第二個與新聞業有關的問題是團體迷思蓬勃發展。許多人憤世嫉俗，但不少

④公正性應與平衡報導有所區別，後者只是給予不同觀點各自陳述的篇幅或報導的播出時間。

行動主義者堅信自身立場中立。大多數都自認謹慎理性，通盤考量了其他選項，最終才會相信自己發現的眞相，而這是常見的自然傾向。不管「眞相」到底是否爲眞，堅守這種自認理性客觀的想法是人的天性。許多行動主義者自認爲是記者，但在一般認知中，行動呼籲是公正報導的對立面。其目的在於宣揚特定的觀點和政治宣傳，而新聞應輔助人們獨立思考、謹慎斟酌，並尊重受衆的立場，讓每個人自行推導出自己的結論。重點在於，許多看清兩者差異的閱聽人轉身離去，尤其當原本的觀點可以從其他地方獲得回應和肯定，他們便不再守著某家特定媒體——而這正是大部分主流媒體目前深陷泥淖的另一個原因。

當受衆全來自同一群體，保持客觀便難如登天。有些讀者／觀衆想要明顯客觀的內容爲他們帶來踏實感，卻又不希望自己的看法受到挑戰。客觀公正可能讓記者丟掉工作。在這樣的工作環境中，他們只能草率敷衍，未能誠摯地與持對立看法的讀者溝通或改變他們的想法，反正很少人會留意報導中的論述。然而，相較於社群媒體網路，較優質的報紙更像是包容各種意見的教會。政治部落格則介於兩者之間，不過就美國的自由派和保守派政治部落格而言，我們已可發現，兩者各自形成界線分明的獨立群體，彼此間幾乎沒有任何交集。誠如英格蘭詩人威廉・布萊克（William Blake）所說：「當我說實話的時候，我的目的不是要說服任何不知道實情的人，而是要爲已知道的人辯護。」

在團體迷思的影響下，新聞業還有另一個面向：相同的論述反覆自我強化，加油添醋，因而使想法嚴重扭曲，導致媒體陷入歇斯底里狀態。公衛學者漢斯・羅斯林（Hans Rosling）的《眞確》（*Factfulness*）一書通盤細數關於全球公衛、福祉和發展的各種悲觀論調和失眞看法。會有如此悲觀的認知，大多是因爲我們的媒體缺乏平衡和中立的報導，以及報導的內容嚴重失衡到令人覺得荒謬可笑[1]。簡單舉個例子，二〇〇九年，羅斯林受夠了對於豬流感誇張的爆量報導，於是在動手清查之下，才發現兩週內共有三十一人因此喪命，但Google的搜尋結果竟跑出多達二十五萬多篇相關報導；同一時間，約有六萬三千人死於結核病。這種失眞、悲觀的世界觀基本上無所不在。羅斯林在書中一開始附上全是選擇題的問卷，成千上萬名來自各種背景、教育程度不一的受試者以類似的思維作答，最後歸結出來的結果一致呈現失眞的趨勢。人們沒意識到人類社會進步不少，對於開發中國家尤其充滿各種偏見，我在第一本書中創造了「核心／邊陲認知病」一詞來形容金融圈的相同問題。報社編輯基於銷售考量而刊登有所偏差的報導，實屬正常，我以爲人人明瞭此道理，不會對新聞報導照單全收，但大多數人還是嚴重低估了進步的現況和好消息。我懷疑，現實和認知間的鴻溝正以前所未見的速度擴大⑤。要是所有人在面對全球社會與經濟發展之類記載詳實且顯而易見的主題時，都無法從媒體偏誤中適度調整認知，還有什麼事情是我們無法保證不會悲觀以對、誤信錯誤資訊的呢？

別忘了，報社的目標是要銷售報紙及取悅廣告商。媒體喜歡渲染當下發生的時事，無法將關注的焦點從現下的人事物移開，而且對其自身不一致的行徑沒有羞恥感。媒體試圖趕搭道德至上的風潮，訴諸讀者／觀衆的情感和道德觀，藉此產生影響力，然而卻背後誹謗，而且毫無掩飾。除此之外，在承平時期，社會對媒體的責任要求比戰時更少，因爲戰爭期間的風險較高。

企圖利用恐懼來迫使人民配合的政府——即未全然尊重人民具有明智抉擇的能力，認爲政府的處事能力更勝一籌——可能會發現深陷團體迷思且早已習於散播政治宣傳的媒體是一大助力，只要該媒體不常過於猛烈抨擊政府即可。一旦雙方擁有共同目標，或至少可以相互理解，政府便可能仰賴媒體從旁輔助、沆瀣一氣。

還是有正面案例能正當說服大部分人民同意政府政策（當然不是政治宣傳）——像是倡導施打疫苗、防制菸害、推廣健康飲食或提倡安全駕駛。然而一旦越過臨界點，政府推力和媒體護航便會對個人自由造成極大危害，甚至侵害選民所做的選擇。如何劃定這條界線，分寸很難拿捏，但通盤且公正地評估代價與效益後堅定立場，以及全面扭曲事實以達成備受爭議的隱藏目標，兩者之間還是存在清楚的差異。

還有一種令人極度反感的作法，那就是企圖對全體人民強迫推銷對災難的恐懼。我們應該以希望爲號召，而非恐懼。當代思想家瑪莎・納思邦（Martha C. Nussbaum）這麼說：

「比起信任他人能夠獨立自主以及信任其自身，恐懼通常是君主滿足控制欲的工具……馬丁・路德・金恩（Martin Luther King Jr.）明白，以訴諸恐懼的方式處理未來種族間的關係，正好順了暴力行事者的意……他之所以強調希望，是要試圖翻

⑤ 我相信矯正偏誤問題並非毫無希望，但我努力了好幾年（儘管我不能完全否認自己的成見可能益加嚴重的機率），發現報紙的實用價值愈來愈低。電視新聞更是慘烈許多，除了娛樂效果之外，幾乎毫無可取之處。

轉現況，讓人們將精神寄託於正面結果，而這能透過和平共事和合作去達成[2]。」

目前大部分聚焦於種族議題的社會運動則抱持完全相反的心態。在第二次世界大戰最黑暗的時刻，邱吉爾激勵英國人民持續奮戰，同樣採取與金恩一樣的方針，他並未刻意掩蓋前方艱鉅的任務，反而毫不避諱地談到鮮血、辛勞、淚水和汗水。無庸置疑，他的確審慎動用了政治宣傳手段，但他並未預示災難降臨或散播悲觀想法。他的用意並非擊垮人民的意志，而是要提振全民的心理健康，以便激勵人民。他想完整傳達的訊息是勇於對抗、懷抱希望、保持樂觀。只需簡單思考一下，就能了解他的作法著實有效，而且帶領英國邁向勝利。然而，現在的行爲準則並非如此，例如德國哲學家漢斯．約納斯（Hans Jonas）曾主張以「恐懼啓發」（heuristic of fear）激勵人們。或許是因爲他發現訴諸理性沒有成效？還是理性之所以未發揮作用，或許是因爲他抱持的想法並不合理，在見識廣博的選民心中始終無法獲得採納？

遺憾的是，這種不符民主精神的有害觀念縱使令人髮指，但已廣獲世人接受，著實讓人擔憂。富里迪就發現：「令人震驚的是，他（約納斯）宣揚恐懼原則、展現菁英分子對一般人的鄙視，而且倡導欺騙和專橫，卻極少有人要求他對此負責。」他接續評論約納斯的支持者：「對於（他提出）恐懼政治和宣揚高貴謊言，他們並未表達任何擔憂，表示他們也接受，把煽動恐懼情緒做爲一種政治手段是富有道德責任的表現[3]。」

有人發明了「精神統治」（psychocracy）一詞來形容如此過度利用恐懼和操弄的體制。一旦全國陷入恐慌、急迫的狀態，便常見技術官僚政策和僞科學論述（時下最常見的現象，大概是模型過度採信不確定的預設，卻假裝與科學方法一致）扼殺人們更進一步探討的動機⑥。立法者和媒體普遍忽視科學、科學發現未能清楚揭露，以及持續攻擊科學客觀本質，再再使上述問題更加惡化——同時這也反映出扭曲的補助風氣、存在於體制內的偏見和團體迷思。

BBC（英國廣播公司）

如果想在英國打造現代版政治宣傳機器，恐怕會與現在的BBC新聞非常相

---

⑥國會議員的相關追究也不例外。二〇二〇年，七十名英國議員要求政府針對封城後計畫實施的三級制防疫新制提出通盤成本效益分析報告，但最後並未在表決前取得分析結果。

像。改革的呼聲並非現在才出現。關於政治化和缺乏公正立場的批評由來已久，不過最大的問題也許在於ＢＢＣ選擇不報導某些新聞——該媒體只關心與都市菁英有關的議題。此外，政論節目不斷輸出道德命令、行動呼籲的風氣興盛，而且與政治人物屢次衝突，經常取代了對於攸關公共利益的各種議題所應具有建設性的作法。

對ＢＢＣ的眾多指責同樣也適用於其他新聞媒體（電視和報章雜誌），但ＢＢＣ在市場上占有一席之地、收受政府補助，並且須對議會和社會大眾負責。公共廣電服務的確有其存在必要，最強而有力的論述是這能支持激發想法碰撞的各種活動，並報導爲人忽略的議題。可惜目前的情況是，ＢＢＣ擠壓了商業競爭空間，剝奪了其他競爭對手的成功機會。轉播議會辯論和深耕嚴肅的調查報導，以及爲僅有三家的全球新聞通訊社注入更多良性競爭，或許還算是爲ＢＢＣ辯護的正當理由。但若考量到民間單位已能充分提供這些服務，就比較難讓人信服了。

ＢＢＣ被控在第二次大戰期間生產政治宣傳內容。該公司展現出自詡最懂一切的姿態，因而被民眾暱稱爲「阿姨」（Auntie）。一九九〇年代，在約翰·伯特（John Birt）的領導下，ＢＢＣ的內容脫胎換骨，並爲企業挹注新的活力，不過，犧牲了品質把關標準與員工的使命感和道德感，大概就是爲此付出的代價。過程中，新聞產製方式有了轉變。實際採訪來賓前，確立報導主軸的模式有了更清晰的樣貌。我本身就曾體驗過這番沿革的結果，原本製作單位邀請我上節目，但當我清楚表態不照設定好的腳本「演出」，便遭到除名⑦。很多時候，新聞是一種表演。邀請來賓受訪的目的並非挖掘眞相或事實，只是爲了能更有說服力地傳達早已決定的觀點。來賓的作用似乎是要營造辯論的印象，獲取外界觀眾認同BBC論點，掩飾事先寫好腳本、照本宣科的眞相。

第五章曾講述科學和理性的重要性，強調基於個人動機的預設想法必須與事實有所區分。綜上所述，優秀的新聞報導也需要如此。就像傑出科學家可以滿懷自信地在課堂上講述備受爭議的議題，並吸引學生接著提問：「這些我都了解，但您的看法是什麼？」如果好的記者能夠讓讀者／觀眾猜不透其對爭議事件的個

⑦具體而言，我當時被要求在《新聞之夜》（*Newsnight*）批評國際貨幣基金組織，但我認爲節目組給我的理由並不恰當。BBC的編輯顯然對IMF毫無所知，也並未試著理解我的觀點，最後乾脆表明他們需要我講出特定的看法。我的論述顯然不是他們想要的立場。

人觀點，其實應感到驕傲。我們可以感覺得到，ＢＢＣ新聞對幾乎所有主題都有既定立場，取得新聞題材後，編輯明瞭其工作是要挑選能與既有立場相符的報導來呈現，對抗與其相違逆的看法。換言之，ＢＢＣ從事的並非新聞工作，而是社會運動，而且動用所有方法實踐這個理想。挑選一般人會覺得好笑的片段強力播送，以及渲染恐懼和動用汙衊手段等，這些作爲很容易可以觀察得到，但決定報導哪些內容、給予多少篇幅，以及不呈現哪些面向，或許還是主要手法。

那些無法輕易抹煞的對立看法，ＢＢＣ乾脆直接不播[8]。任何封城期間住在英國的人也許早就察覺，討論新冠疫情時，散布恐懼的意味濃厚，平衡的批判性論辯並不多。許多人在假設的前提下談論最慘烈的情況（所幸後來並未發生），除此之外，幾乎沒有其他任何實用資訊。

這麼說很主觀，但判斷ＢＢＣ新聞（與其他報導立場受質疑的新聞來源）是否對議題抱持既定觀點的線索之一，是觀察其在指定新聞中的詮釋方式是否能夠預測。只要稍微用心，也能辨識破口（亦即未涵蓋或輕描淡寫的面向，瞬間便遁入背景裡）。主題介紹（習慣上通常透過報紙標題來達成）時常帶有誤導和扭曲之嫌，甚至與後續內容相互矛盾。

另一個顯明的跡象是BBC內部似乎未察覺團體迷思的影響。如果有的話，應該會有紅隊⑨和相應的治理程序，但實際上沒有類似的安排；最重要的是，我總期待看到新聞內容能夠展現更多理性辯論和情報確認的具體作爲。然而，趨勢卻是往另一個方向發展：弱智化。

弱智化……

即便在BBC新聞鼎盛時期，第四電台（Radio 4）節目《今日》（*Today*）就

---

⑧柴契爾夫人任期最長的財政大臣尼格爾·勞森（Nigel Lawson）就是一例。勞森勳爵初入內閣負責的是能源事務，而在過去十五年來，他始終大力抨擊英國的能源政策。但在道德層次上，那些認爲再不竭盡所能減少二氧化碳排放量，大災難很快就會降臨的人，無不覺得他的看法令人反感。BBC不願中立報導該議題的正反論述，任何辯論都不通融，似乎沒有信心能夠反駁勞森勳爵在電視上極具說服力且知識淵博的論點，因此乾脆不再邀他上節目。還有許多人也遭逢相同的命運，包括BBC內部就有員工質疑公司的經營信條，魯莽的舉動換來類似的下場。有別於生物學家大衛·艾登堡（David Attenborough），本身就是科學家的大衛·貝拉米（David Bellamy）便宣稱，此一議題終結了他的電視生涯。

⑨紅隊是指受命執行模擬任務的小組，扮演反方立場或策略的代表，以測試議題攻防能力和穩健度。

已禁用其認為太複雜的字詞⑩。這形同預設聽眾無知且全力迎合人們的喜好，避開真正的議題而非試著闡釋及教育。赫胥黎刻劃的世界觀正是體現弱智化概念的例子之一。

發生普世皆知的危機時，弱智化和扭曲資訊的效果便能在操弄下放大，恐懼和罪惡感都能成為刺激人們做出預期反應的工具。緊急事件有利於政府繞過正常審查——「反恐戰爭」（War on Terror）行動就是最佳例證。美國政府利用九一一襲擊事件為發動伊拉克戰爭找藉口，表面上是因為大規模毀滅性武器，但最後並未真正發現。有人形容局勢有如倒數中的定時炸彈，距離午夜只剩短短幾分鐘。這類隱喻不僅百用不膩，反而重複愈多次，便激發愈多力量。就像緊急事件一詞，這些手法形同呼籲大眾採取行動，暗示所有人停止批判性思考。焦慮因此源源不斷地浮現，壓垮理智。我們的情緒為此起伏，認定必須即刻救援比我們更不幸的生命，以及拯救地球。視覺影像時常用來產生更大的影響力，比如近期英國國民保健署的宣傳海報就印著新冠肺炎病患的肖像，並搭配以下字句：「看著她的雙眼，告訴她你沒有違反防疫規定。」我們不斷收到提醒，告訴我們大災難就要發生。

對於想在演說中誘發恐懼的雄辯家，亞里斯多德建議，強調近期會有不好的事件發生、事件將會衝擊所有人的福祉甚或剝奪生命，以及情況已經失控。不過他也建議，引用的消息來源必須值得信任。愈來愈多人認為，BBC和其他陷於團體迷思、相信自家政治宣傳的新聞媒體，不再是值得信賴的資訊來源。想法在短時間大量傳遞可能有利於推動政治宣傳，同時也有可能成為阻力，而且速度出乎意料地快。BBC似乎還不懂這道理，也不曉得如何應對。

政治宣傳以扭曲語意為目的。歐威爾在《一九八四》大肆譏諷這點，以致翻轉了字詞的意思，使其與原意完全相反。現今，所謂預防動機成了最雷同的諷刺，並且如前所述，演變成義無反顧地無視其他風險。同樣地，有些標的以零風險為噱頭吸引投資人，但事實上根本沒有這種東西。概念時常被精簡化，降解為簡單直白的說明以利理解，雖然大多數時候有所幫助，但同時也造成智識怠惰，阻礙好奇心。當社會已幫我們排除更多風險，我們就不必過得那麼小心謹慎，但卻更容易受到牽引而以特定的方式思考。

⑩有次我在《今日》某段與金融相關的環節受訪，便收到不要使用「債券」一詞的要求。

⋯⋯菁英愚蠢化

某種程度上，弱智化並非刻意爲之的計畫，但若政府、企業和菁英分子試圖將事務過度簡化以迎合大衆，最後可能也會深受其害，失去深層思考的能力。也許這稱得上是菁英人士由上而下的弱智化，又或許也是由下而上的愚蠢化過程。

當許多人受到誤導而相信他人權威，可能就會容易導致資訊嚴重誇大和扭曲，又再次回到原點，就像悄悄話遊戲（在美國稱爲傳話遊戲），訊息在傳遞過程中逐漸失去原貌，又再傳回給第一個人。人們的確時常相信自己的詮釋版本，一如柏拉圖堅信自己的理念。大家也經常認爲，稍微誇大或簡化訊息內容相對沒有大礙（或許是省略部分條件和但書），但這麼做可能導致嚴重失眞。因此，當IPCC預估海平面可能在本世紀結束時上升四十七公分，社運人士隨之起舞，深信不出十幾年，全世界大部分沿海地區就會有大量海水倒灌，人們備受威脅。我們可以輕易就將責任推給立場偏頗的電視或廣播公司，但他們就和普羅大衆一樣，容易因爲扭曲不實的訊息而改變看法。有人可能覺得，傳媒企業應負起更大的查證責任，可是當團體迷思（以及其內部紀律）橫行，查證工作可能只能淪爲引述團體迷思範圍內的權威消息來源。記者既然以檢視各方資訊為本業，理應久經鍛鍊而能保持質疑的態度，就應謹慎看待BBC新聞的權威地位，然而很多時候，他們必須跟上同業競爭的快速步調，並認為如果引用BBC的報導，萬一出錯可以少點責任。只不過，「根據……的說法」往往只是一種推托之辭。

團體迷思能夠成為主宰力量，必要條件之一在於受害者不相信自己深受其害。有些人竭力否認團體迷思現象存在，儘管幾十年來已有強力證據顯示，其背後的心理狀態和孕育條件真實不假，而且還有眾多個案研究可以佐證，包含制度化宗教。反觀發生豬玀灣慘劇以後，甘迺迪總統看到了問題所在，並著手解決。如能意識到團體迷思，團體迷思就無法存活太久。

當出現挑戰現況的想法，無視是首要反應。要是無法忽視，而且消息來源的可信度又不容質疑，你可能會提出論述，解釋為何該想法不能影響你的立場或你相信的事。然而，如果我們同意團體迷思的確存在，而且團體迷思的追隨者對此毫無意識，那麼該如何檢測？在易受影響的體制中，有沒有任何檢驗方法和程序能夠識別及對抗團體迷思？就BBC新聞之類的企業來看，如果我們有充分理由認定其的確受團體迷思制約，組織內缺少治理和管理層面的挑戰，這可能意味著內部人員拒絕改變現狀，而且有可能有所掩飾。

偏見是身分認同的一部分，人類為偏見辯護的力道比無知更大。那些知道某事為眞（或不是事實）的人，通常最難說服。他們刻意迴避思考，取而代之的是敷衍地否決反方意見，取道思緒上的捷徑，並參考老套的迷因。他們擅於雙重思考，傾向無條件服從。我們與模仿的對象日漸相像，而這正是他們的意圖。更糟的是，有些人是自動自發、樂意接受這種作法，心知肚明，且沒有外力脅迫。即便有所選擇，我們仍自甘墮落。為保全偏見，有些人掩耳盜鈴，自願放棄思考，或者用漂亮話來包裝自己的愚昧。

新時代的媒體

在網際網路和社群媒體當道的新世界，媒體能如何改革、完善其應對能力？變革之一，是要確保科技巨擘必須回歸單純提供平台的角色，放棄目前修改、排除或編輯內容的能力，抑或勇於承擔平台內容帶來的責任（和相關後果）。換句話說，他們必須同意遵循與其他產業相同的內容把關標準，此外也應付出更多心力（若有必要則列入管制）減少社群媒體濫用造成的莫大危害，尤其是對青少女的傷害。

爲因應假新聞，事實查核機構應運而生，但這類組織一如他們試圖約束的假消息散播者，同樣有能力推動某種特定角度的解釋。他們可能反而變成思想護衛。科學並非因爲找到眞理而堵上所有人的嘴才有所進步。我們同爲人類，沒人能壟斷眞相。同樣地，指定更富有官方色彩的新聞「太上皇」機構，在我看來其實是條險路。這不代表我贊成完全自由放任。如同其他市場，放任資訊自由發展可能導致我們不願見到的勾結和壟斷，而不是我們所期待的良性思想競爭。但我反對審查。對資訊流通和失言的恐懼，一如其他恐懼，都會對民主程序構成威脅。審查須有權力爲其撐腰，尤其如果專制武斷，權力就有可能使人腐化。又有誰來查核審查人員？光靠審查人員幾乎無法阻斷資訊流傳，但必定嚴重傷害自由。除非採取極端手段，否則資訊是最難控制的。因此，我不認爲查核機構就是最終解方，而且，反而會進一步支撐現有的團體迷思，若有人想學著獨自下判斷，查核機構不會是理想的替代資訊來源。

比起擔憂冒犯他人，卻賠上思想和表達的自由，我寧可在民主環境中承擔冒犯他人的風險。然而，立法者和警方對於「仇恨犯罪」的處置方法，卻是反其道而行。如果不是有意冒犯，就不該視爲犯罪。接下來是不是也要有「思想犯罪」？假如有人企圖透過用字遣詞造成傷害，可能構成衆人在道德上無法苟同的行爲（即仇恨犯罪），但同時也可能是具有建設性的質疑。兩種情況都可能使人不適，但要區別兩者大概很難。控訴方的說詞可能提供其中一種說法，只是無法形成獨立證據。直到最近，法律著重的焦點才不再關注所用的字詞是否冒犯了誰，而是字詞是否構成犯罪或暴力威脅，或是否可能教唆犯罪或行使暴力。這與社會上日漸盛行的情況形成鮮明對比，所幸法院尚未完全淪陷，仍優先考量聽者對藐視意味的詮釋，忽略說者是否眞正有其意圖。當說者無意，硬把使用某些字詞視爲冒犯他人或仇恨犯罪，形同剝奪我們所有人選擇字詞的權利。同時，這也奪走我們的言論自由，而禁止哪些字詞不能使用，也傷害了思想自由。在不同道德原則競相試圖壓制對方的論戰中，太多時候（至少我覺得不太對勁）平等似乎擊敗了自由。此外，萬一司法單位或其他權威機構清楚表達支持立場，就有鼓勵大衆在雞蛋裡挑骨頭的嫌疑，連最瑣碎的小事都能引來冒犯他人的指控。各種謬論將隨之湧現，受害者文化蓬勃發展，自我審查獲得進一步鞏固。我們質疑他人的能力將受到箝制。

我們應更努力識別假新聞，並抵銷假消息的後座力。縱使如此，大部分情況下，我們應直接無視，抽掉其不斷增生所需的氧氣。我們應試著減少刻意操弄、訴諸恐懼，以及避免暗中過度利用侵入式演算法。就目前來看，我們似乎尚未使勁嘗試。但這樣還不夠。我們應專注於協助大衆了解如何辨識和獨立應對那些我們在社群媒體和網路發現的種種挑戰，也就是要讓人們有能力清楚思考，在平常接收的資訊來源中建立起平衡、公正的評議立場。換句話說，給予人們尋找及探索其他觀點——而且不是假想的觀點——的工具。最終，這或許可以證明比所謂的事實查核機構，乃至其他限制網路和社群媒體內容傳播的方式更有成效，原因正是因爲這不需要科技巨頭祭出嚴厲的管制手段，也不必由政府介入干預。更明確來說，我們必須朝現行政策的反方向去努力，目前政府似乎還是想要加強控制、多加實踐推力理論、更頻繁訴諸恐懼，以確保人民的行爲模式得以輕易預測。我們必須效法海耶克等人，明瞭試圖控制每個人的行爲和思想是無法企及的醜陋幻想。我們應該鼓勵思想自由競爭，並激勵大衆思考和探究，深思行爲背後的動機和資訊來源。我們必須倡導懷疑論，而非減少質疑；提倡勇氣，減少恐懼；鼓吹發揮理性，減少仰賴權威獲取重要知識。

這一切不是不可能達成。如果領導者能更效法蘇格拉底（謙遜），或許可以更明白此道理。人們能看透謬論、洞悉操弄群眾的企圖、破解了無新意的迷因。將持對立意見的陣營視爲蠢蛋，認爲他們不懂得捍衛自身的利益，是常見的錯誤。眾多菁英分子活在一堆泡泡建構成的虛幻世界之中，則是更爲貼切的解釋。

不僅如此，離這些菁英愈遠，愈不需擔心政治不正確和打破思考框架可能帶來什麼危害。人們只是缺乏實踐的動機。不過，如果政府祭出措施造成不便（如罰鍰），大家通常很快就會採取行動，不這樣的話，人們在面對不重要的事情時，似乎只會立場反覆，甘受操控。品牌忠誠得以建立，單純是因爲人們不願思考各種選擇，但要是抉擇必然牽涉重大後果，這現象就會改變。一般人不比菁英笨，只是感到厭煩，分神關注了其他事情而已。

立法單位和監管機構可與新聞媒體攜手合作，爲新聞業制定更完善、更清楚的規範標準。所謂「更完善」，是指減少行動呼籲及強化看待事情的客觀態度；而所謂「更清楚」，則是清楚區分哪些內容屬於評論和意見，哪些不是。艱難、複雜的事情應獲得充分解釋，而非一味簡化。

菁英泡泡

為對抗團體迷思，進而提升決策品質，我們需聽見各種不同的看法。對於志向遠大、觀點雷同，且對同儕、媒體和大眾如何看待自己感到焦慮的人而言，這點尤其難達成。一旦害怕破壞規矩（包含擔心冒犯他人），質疑和辯論再怎麼師出有名都會偃旗息鼓。在欠缺包容心和不鼓勵反抗的環境中，恐懼還可能擴散。

大學是孕育現代菁英的重要搖籃。高等教育的作用之一，是教導年輕人分辨哪些想法實用和重要，那些最有可能幫助其躋身菁英圈的價值觀和表達模式也涵蓋於其中。這可能促進社會流動，賦予個人力量以發揮潛能。不幸的是，智力優越感可能衍生道德優越感。大學教育可能培育並強化自視甚高的心態，而這還可能伴隨著排擠其他觀點，也可能讓人產生特權感（sense of entitlement）。野心勃勃的年輕心靈可能全神貫注、過度自信，對於與自己立場相反的人和想法不屑一顧。我自認求學期間效率極高，完成了三個學位——也表示我犧牲了汲取其他知識的機會——但我記得年紀輕輕頂著高學歷光環踏入職場，便面臨了冷嘲熱諷。若再帶著些許道德目的（甚或憤慨），就有可能淪為自我欺騙、心胸狹隘，有著崇高志向卻走向腐敗墮落。

舉例而言，依配額和死板的道德分類，教條式地宣揚多樣性，而且普遍不包容其他道德體系（像是謹遵路德的箴言，不該以膚色評判一個人），往往不利於鼓勵所有人坦率直言、挑戰既有觀點或刺激新想法。當身邊所有人都流於無法包容異己，我們很難不同流合汙。發揚多樣性不必如此武斷，但有些人禁不起龐大誘惑，有些人則無力抵抗不這麼做的社會壓力。

更準確地說，媒體界和政治圈與其他領域無異，那些待在同溫層、團體和道德邊界內的人，才有機會平步青雲。挺身反對團體迷思，等於得冒著風險賠上值得倚賴的形象，並遭受排擠。害怕被歸入與異端同類且聲譽受損，迫使人們壓抑且不願支持與眾不同的想法。他們是否跟我們一樣？可以信任他們嗎？他們是否和我們擁有同樣的價值觀？

民主投票擁有一大優點，就是反對菁英式團體迷思、質疑既定觀點的候選人有可能當選，與其他領導者遴選機制截然不同。然而正常情況下，候選人仍須遵循政黨或其他團體架構。由於有能力控制政府的政黨相當有限（有時只有兩黨），各主要政黨對特定議題的立場時常已有共識，主流媒體可能也不願多花篇幅或時間報導其他異議，因此大概很難在主流的公共領域有任何理性辯論。另外，雖然團體迷思普遍可見，並影響著政治人物和媒體，但依然有政治人物對此毫無警覺。有些人似乎覺得，傾聽選民和聽從主流媒體是同一件事。

相較於渴望權力、隨時樂意抄捷徑的人，無私且願意爲了更廣大的公共利益質疑假話和謬論的人較難在政治界出頭。目前或許有太多畢生從政的政治人物，反觀年紀稍長才基於公共服務熱忱而從其他領域轉戰政壇的成功人士，則寥寥可數。在許多職業中，擁有開放胸懷都是一件難能可貴的事，當事實改變，人就應該做好調整想法的準備，可惜沒多少人辦得到。如果早就表明強烈觀點，日後再改變立場可能顯得難堪。一方面我們需要獨立思考，勇於挑戰主流想法，另一方面也得務實地與人合作，爭取信任和支持，天平的兩端應該取得平衡。太過固執可能陷入僵局；太少質疑可能助長團體迷思。我們不免擔憂，沒有清晰且正當合理的堅定信念，許多政治人物無疑是淪爲政黨的橡皮圖章，或出於權宜之計而改變主意。尤有甚者，還有政客爲了增加掌權機會而選擇應和特定的價值觀，甚至選擇對其有利的政黨加入。如同耳熟能詳的諺語所說，眞誠是成功的奧祕，只要假裝眞誠，成功之門便已開啓。

也有人的政治生涯策略是先竭盡所能的奪下權位，再實踐自己眞正想做的事。然而，這般策略眞要執行，目標大概得是總理／首相或總統吧。在這類政治人物心中，那些爲了取得權力所做的不當行爲成了必要之惡，如此日後才能開始推動良善政策，而這種想法大概也只是自我欺騙罷了。若要用比喻來說明，或許可以說是先要親自接觸毒品以獲取切身經驗，才能呼籲別人別吸毒——既無效果也不可信。我們大可懷疑，這根本算不上什麼策略，只是在爲自己缺少原則自圓其說，爲內在大象不名譽的行爲脫罪。

少了親身經驗爲立場定錨，政治人物在團體迷思中隨波逐流，就像羊群集體移動。他們多數時候可以保持一致、統一的立場。更高階的政治領導者喜歡這樣。不過，政治共識有時也有可能急轉彎。以科學來說，就是典範轉移的概念；政治人物對權力亦步亦趨，有如科學家堅信他們投入大量時間和心力所得到的理論。話雖如此，這也意味當政治人物眞的在特定情況下改變心意，他們的立場可以大幅反轉。典範轉移可能眞實發生。當小男孩大叫國王沒穿衣服，許多人可能馬上跟進應和——他們當然早已這麼認爲。不少人大概還能找到許久以前模糊不清的紀錄，聲稱自己從一開始就是這麼想。

強烈的執拗性格也是促成典範轉移的一股力量。選民除了面對令人眼花撩亂的大量資訊、對事實的各種衝突解釋，還飽受假新聞所苦，因此對政治人物觀感不佳也就並不令人意外。已知政治圈存在從眾心理，有人乾脆走向另一個極端，堅守不容妥協的道德底線。選民決定投票給誰——或更常是不讓誰當選——很多時候，看重的不只是宣示或承諾，還有品格。選民希望投給值得信任的候選人，由當選者代表他們做出複雜的決策。良好的判斷力、清楚且極富說服力的溝通能力以及個人品德一向重要。然而，愈來愈多選民也在尋找同溫層的代表人物，亦即彼此奉守雷同的理念，擁有不易動搖的道德觀，而這正反映出整個社會的包容力日漸下降。選民不再包容異己，致使政治人物只好更露骨地展現道德特徵。這些特徵不一定名副其實，也不一定與實務上的政治意識一致，不過，政治人物的確相當在意自己在社會大眾心中的道德形象是否淪於負面。若再考慮到社群媒體上各種出征、批評可能產生的效應，政治人物一旦當選，就更不可能讓步妥協。政壇吹起一股個人特色至上的偏激風氣，明目張膽地說謊不只能獲得寬恕，更是一種率真性格的表現——唐納．川普就是很好的例子。不管是依實務及時調整，或是堅定地死守原則，這些作法在通訊科技不斷變化下再再受到了影響。無論哪種路線，政治人物都更短視近利，比以前更在乎社群媒體和其他大眾傳媒。大環境對團體迷思的助力日漸增強——相對地，便是對開誠布公、理智誠實、挑戰成見的辯論風相當不利。

人為陰謀與意外失誤

人類心理研究揭示我們並不理性；史學研究揭發許多政治抉擇有多麼值得商榷；人類組織研究則揭露，想長期保守複雜騙局的祕密難若登天。不過，詆毀對手的其中一種方法，就是宣稱他們相信陰謀論。這可以有不同解釋。若陰謀論代表有別於多數人的不同觀點，那有可能不帶惡意，或許是指對方受到誤導；但要是代表有計畫的陰謀，帶有邪惡意圖，那麼，相信陰謀論也就同樣具有邪惡意涵。不管怎樣，該說法都是貶義，警告對方別再繼續探究下去。對比從團體迷思的角度解釋群體何以出現令人反感的決策，陰謀從源頭就帶有更濃烈的理性意圖，比起單純遭受誤導更顯惡劣。由此來看，毫無疑問確實存在陰謀論者，但我不相信他們對於左右歷史的影響力，能與團體迷思相提並論。

康拉德（Joseph Conrad）在《間諜》（*The Secret Agent: A Simple Tale*）一書中

的祕密特務費盡心思，最終卻炸死了自己人，這故事便體現許多陰謀其實成效不彰。再看看其他案例，例如斐迪南大公（Archduke Franz Ferdinand）在一九一四年遇刺，其所造成的衝擊又是另一種極端——而且根本超乎預期——因爲那是在一觸即發的緊張情勢下發揮了火花的作用。無論如何，儘管我相信極端主義者和恐怖組織的威脅相當眞實，但我不認爲大規模的團體迷思可能由陰謀造成，也不覺得陰謀就足以解釋與主流團體迷思對立的信念。社會上確實存在行動主義分子、圖謀商業利益者和其他既得利益人士，還有一些意志堅定、專心致志的個人訴求著激進的議題，但大部分認同團體迷思的人大多是盲目服從，缺乏深思熟慮。同樣地，只因爲不同意某件事便直呼是陰謀，既沒有可信度，也背離正常智識。

其實人類極容易落入團體迷思，這通常導致許多人做出糟糕至極的選擇。雖然不排除有人居中策畫，但荒謬抉擇之類的行爲並不需要什麼偉大的陰謀來解釋。比起籌畫陰謀，團體迷思的紀律——人們不敢反對主流觀點、將異議排除在外，以及拒絕在團體迷思設限的範圍之外展開辯論——才是促使一大群人犯下滔天大錯不可或缺的要素。這通常是團體迷思的重要特徵。

維持這層紀律的關鍵在於強烈的道德感。最成功的團體迷思，通常發生於要求成員爲罪過贖罪的群體。唯有透過某種犧牲或折磨，成員才能眞正感覺到自己爲群體做出正面貢獻，儘管這類犧牲全然只是膚淺的表象——這是團體迷思的另一個特徵。

不如，我們先假設西方國家的菁英無法策畫巨大陰謀，也無法長時間保密。另外也假設，集體公認的知識中存在漏洞和富有規律的扭曲現象，不能光以未克盡厥職來解釋。在這種綜合情況下，大規模的團體迷思便有助於解釋所發生的事。然而，深切體認我們備受大規模的團體迷思所苦，尤其這對菁英的影響勝過一般人，與傳統上認爲個體和集體都能理性行事的觀點簡直天壤之別。而諷刺的是，菁英可能比其他人更容易遭到誤導，正是這種看似荒謬的現象，致使這一切更有可能成眞——換句話說，這是一個「大謊言」，但這謊言不是由有心人士鉅細靡遺地預先編造，而是在團體迷思的孕育下不斷成長和延續。

大謊言

一旦相信整個媒體和政治菁英圈完全被大量的扭曲事實所蒙蔽，儘管沒有任何陰謀在內，也會引發幾個問題。首先，居然沒人實際去好好檢驗基本細節和其中的假設，怎麼可能？然而，雖然很不眞實，但這種看似檢查缺失的情況其實相當正常。很多時候的確有人檢查，但結果和驗證的人早已深受團體迷思所影響而未提出異議，於是看起來就像沒人查驗過一般。過去多年間，外國人去到蘇聯旅遊，無不誤信蘇聯當局努力營造出來的正面假象。但是，這不代表沒有相左的證據，也並非意味少數見多識廣的人完全沒有意識到自己身在一場騙局中。這麼多人完全忘了要檢查資訊來源，也許令人難以置信，但就如同福爾摩斯所說，排除其他所有解釋後，無論再怎麼不可能，剩下的必然就是事實⑪。孔恩也曾提出相似的解釋，當我們遇到與我們自身理論相互矛盾的事實，而且我們的推理沒錯，那麼一定有一或多個預設出錯。從預設去倒推其背後的理論，以及支撐這些理論的理念，我們最終可能發現我們不樂見但無可避免的結論，那就是某個我們深信不證自明的眞理其實並不正確，而我們卻是將整個信仰建構在錯誤的預設之上。

---

⑪ 這觀點極具學究氣，但與第五章的論點相互輝映，而且值得注意的是，柯南．道爾（Conan Doyle）使用的語言並非完全無懈可擊。他含蓄地假設，世上可能的解釋數量有限且已知。然而，除非在特別情況下，我們可以證明反方論證爲假，否則我們通常無法證實這類陳述。因此，所謂「剩下的解釋」，應該是我們爲了方便起見所認定的假設，並非事實。

於是，科學典範失靈。同樣地，當我們提出確鑿的證據和無懈可擊的邏輯，便足以擊垮團體迷思。

大規模團體迷思隱含致命缺陷，引發的第二個問題是：若眞如此，還有什麼也是這樣？如果菁英對某件事集體失智，他們處理什麼事情時也錯得離譜？有沒有可能，整個統治集團眞相信伊拉克擁有大規模毀滅性武器，但其實沒有？有沒有可能《十二怒漢》中的十一名陪審團全都錯了？燒死女巫有可能這麼普遍嗎？民主國家有可能選出希特勒這樣的法西斯獨裁者嗎？以上問題的答案似乎都是「有可能」。只因爲菁英可能在某件事的處理上鑄下大錯，就認定他們在其他事情上也會出錯，其實並不正確——但他們有可能、而且時常犯錯。也因此，最好要查驗證據，並盡可能自主做出判斷。

第三，這是否代表我們眞的責無旁貸，必須負責查證那些以我們的名義採取行動的人是否具備清晰的思緒？是的。我們必須保持警覺，不斷要求決策者說明每項決定背後的理由和證據，特別是在沒有其他人爲我們把關的時候，更應如此。我們應該（師法蘇格拉底），謹記制衡權力比選擇領導者更重要，所以我們至少應捫心自問，這些制衡機制是否正常運作。

要想完全想通這些道理可能極度困難，但我們不應活在哄騙之中。黑格爾看待知識的概念也許是雙重思考，實際上卻是在抑制讓人難以接受的證據。在我們可以接受之前，這類證據可能帶來壓力，並可能致使我們否決其他理念，或甚至直接忽略。我們應小心謹慎，不該封閉心靈對此視而不見。要接受可能非常痛苦，反之當然輕鬆許多，而且不必費盡心力。這是因爲，一旦我們自認已經思考並否決反面證據，就有可能在日後忽視任何類似的證據。對人也是同樣的道理：一旦我們認定某人相信地平說，就可能無視其未來所說的任何一句話，以人廢言，但這麼做，可能是大錯特錯。

重點摘要

- 爲了欺騙而胡亂地散布片面事實和謊言，即謂政治宣傳。雖然有人可能刻意捏造錯誤事實，但不需有明確的虛假資訊，也能構成政治宣傳。不清楚顯露意圖的政治宣傳效果最好，而且從事政治宣傳的人受團體迷思影響，本身就沒意識到這點。對立的論點偶爾會以簡化且負面的方式呈現，以便加以反駁。政治宣傳通常持續對反對者發動攻擊，並挑選特定對手大力詆毀和醜化。

- 的確有不錯的例子可以佐證，大多數人都同意，政府能提出合理的說明說服人民。然而，經過全面、平衡的成本和效益評估後據理力爭，與爲了達成有爭議、意見分歧的隱藏目的而廣泛散布扭曲的事實，兩種作法之間仍存在清楚的差異。
- 企圖對整個社會灌輸對災難的恐懼，徹頭徹尾就是令人厭惡的作法。我們應著重於希望，而非恐懼。承平時期，民主國家廣泛地散播官方的政治宣傳，可說欠缺正當性。會有這種現象，是因爲某些重要決策者自認更有智慧，且認定一般大眾無法自行得出「正確」結論。
- 談到新聞，我們通常想到三種寫作類型：報導、公正新聞和行動呼籲。報導者單純記載事實，盡可能不帶情感，只加入些許解釋和背景資料協助理解。公正的新聞記者會添加更多詮釋，幫助讀者／觀眾了解新聞的含義。行動呼籲者則試圖影響閱聽人及推廣特定觀點——也就是政治宣傳。當今許多稱之爲新聞的內容其實是行動呼籲。

- 當團體迷思廣爲散播，重複的論點自我強化，除了可能導致認知上嚴重扭曲，更引發媒體歇斯底里。
- BBC新聞的內容具備許多一般認爲政治宣傳組織才會有的特徵。
- 我們觀察到，普羅大衆與菁英分別出現弱智化和愚蠢化（自我弱智化）的現象。易淪陷於團體迷思的機構不懂得自我檢測。那些堅信某事就是眞實（但其實不然）的人最難說服。他們排拒與其立場相左的論點、取道心理捷徑、沉迷雙重思考，而且偏愛屈從他人。儘管沒人逼迫，他們仍有意識地走上愚蠢化一途，且心甘情願。
- 科技巨擘要不單純擔任平台方，放棄目前所擁有的修改、排除或編輯內容的職權，要不就承擔傳播內容所應負起的責任。
- 在民主社會中，承受冒犯他人的風險，比害怕冒犯他人而葬送思想和言論自由來得更好。
- 我們應辨識假消息並抵消其影響力，不過應該試著忽略這類資訊，而非刻意壓制，並且減少動用恐懼和侵犯隱私的演算法。與其成立事實查核機構，放任其淪爲團體迷思的思想護衛，我們更應全力協助人們應對新型態的溝通方式。試圖控制所有人的行爲與思想，是醜陋且無法實現的妄想。我們反而應鼓勵大家多多提出各種想法，促進良性競爭。

- 要在媒體圈和政壇平步青雲，機會多是留給那些不踰越同溫層、群體及道德界線的人，與其他領域並無不同。選民排擠異己的心態，催生出更露骨展現道德特徵的政治人物，而在他們上台後，妥協的能力也就隨著降低。無論是善於權宜之計，還是恪守教條，如今政治人物比過去更注重社群媒體和主流傳媒。當今的大環境容易助長團體迷思，不利於在忠於知識的前提下，展開自由攻防的開放辯論。
- 面對社會上大部分的愚蠢行爲，比起一味歸咎於個人缺乏能力或陰謀，群衆團體迷思會是更好的解釋。人類極其容易深陷團體迷思，這經常導致許多人做出非常糟糕的決策。道德占了重要地位，而當群體成員必須爲了自己的罪過贖罪，群體迷思的效果最佳。唯有透過某種犧牲或折磨（即使這種犧牲只流於表面），成員才眞正感覺自己做出正面貢獻。
- 只因菁英在某件事上犯了大錯，就認定他們一定也會對其他事情判斷錯誤，如此妄下結論並不正確——不過他們可能出錯是不變的事實。最好還是要查驗證據，盡可能自主評斷。

第八章 逃離團體迷思

「身處複雜的二十一世紀，我們面臨一個微妙的挑戰：是要甘於困在心理和結構的隔閡間被動地遭受支配，抑或試圖掌控主動權。選擇權握在我們手中。化被動為主動的第一步，是從最基本的事情做起，也就是省思我們每天如何不加思索地將周遭的世界分門別類。接著再試著想像其他可能作法。」

——吉蓮．邰蒂（Gillian Tett），出自《穀倉效應》（*The Silo Effect*）[1]

封城期間，恐懼和悲觀情緒籠罩著整個社會。我最近參加一場公益活動，主講嘉賓大部分時間都在解釋爲何現況如此糟糕，而她端出的論點老套乏味，全是那些意料之內的觀點。她說，環境破壞太多、工業太多、人口太多，甚至理智也太多（一種後現代主義的厭世言論）。她在公益領域負責的是處理兒童心理健康問題，但願她在面對孩子的時候，可以展露更多樂觀的情緒。我為她感到難過。她對世界的理解似乎遠比實際情況更悲觀。更讓我擔憂的是，現場觀眾對她報以熱烈掌聲，顯然她反烏托邦的處世態度獲得了廣大迴響。讀一讀羅斯林的《真確》或瑞德里的《世界，沒你想的那麼糟》（*The Rational Optimist*），或許能幫那天的許多與會人員減少點壓力，排解一下有毒的負面情緒。

當受團體迷思影響的個體逐漸產生懷疑，反覆強調彼此的共同點有助於再次強化信念。要是懷疑的情緒持續不散，就會很難擺脫，心理壓力也就持續累積。當泡泡大到無法挑戰，群體成員就會默許這種封閉思維。正面迎擊懷疑和矛盾是滔天大罪，令人卻步。如同科學家依循孔恩所說的典範從事研究，決策者、記者等許多各行各業的人也只在符合其團體迷思的範疇內履行職責。唯有極少數時候，當飽受懷疑所苦的人發現身邊所有人有機會大幅改變觀點，他們才會準備改變自己的看法。他們不會浪費時間和心力，試圖去改變（或甚至思考）那些看似最難以撼動的事情。至於什麼事可以動搖、什麼事無法改變，是由群體內部的互動所決定，而非外部證據。只有在矛盾與群體內的利益產生衝突，情況才會開始變化。在此之前，反對的聲音只是「瘋子」製造的雜音，群體成員甚至把他們看成團體迷思眞正的受害者，否認他們揭示的眞相。這樣看來，不寬容、仇恨和浪費都是團體迷思帶來的結果。那位在公益活動演說的嘉賓扮演著減少異議雜音的角色，讓她所屬的群體更加堅信主流的災難世界觀。如果你對慈善公益領域熟悉，比起其他許多行業，道德有時可能比理智更能位居主導地位，這現象一點都不意外。

與末日預言恰恰好相反，目前世界處於相當不錯的狀態。比起幾十年前，人們的生活更富裕、更環保，也更幸福。然而，這不表示我們應該就此感到自滿。持續進步的關鍵，在於給予理性和利益主導地位，不受散布恐慌者和專制獨裁者所左右，也不屈服於試圖操控行爲的商業利益。

儘管我們自認理性，實際上卻很少如此。團體迷思是人類大腦的一種特性，是爲了因應歷史環境變遷演化而成的結果，縱使理智占有一席之地，但我們的行爲大多是由情感和道德體系主導。在思考上經常採取捷徑有其好處，但這可能導致一堆人之中，沒有任何人可以挑戰新興或現有的共識。團體迷思一詞最早是由歐文．賈尼斯所創，原本描述一小群決策者的行爲模式。本書則著眼於整體社會，探討大規模的團體迷思現象——而這現象從人類開始在大型社會中生活以來便一直存在。

每次通訊技術發生重大變革，除了帶來解放，也必定伴隨著破壞現狀，而人類通常需要一陣子才能適應。這類轉變給予人們力量，但當人們同時缺乏包容力，大多會造成衝突。如前所述，受益於印刷術問世，《聖經》在歐洲更爲普及，但三十年戰爭也隨之而來。遠遠更多的人民有能力自行思考神學問題，在統治者間常見的領土衝突之外增添激烈的意見分歧。這種時候，團體迷思容易催生部族界線，促使人民區分「自己人和外人」，以價值觀異同來區別彼此，有害無益。現今，新科技讓更多人得以發聲，從許多方面來看都是好事一件，但同時，刻意操弄和水火不容的問題也隨著增加。

人們能夠更廣泛地交流溝通，這種自由狀態鬆綁了以往約束思想和行爲的道德限制。有人認爲，少了宗教的規範，道德標準下放到每一個人手中，促使保守的反動勢力崛起。隨著社會規範崩解，焦慮、壓力和革命可能接踵而至。以前人們重視美德，如今價值觀最重要，儼然成爲區分你我的新標準。我們對利益的認知受企業、企業設計的演算法和政府所操控。不僅如此，政府更發現，引發恐懼是控制民眾最簡單的方式。道德淪喪的現象增加，深入探究問題的欲望減少，加入群體以獲取慰藉的渴望攀升。當有關世界的證據與團體迷思和心理模型之間矛盾日益加深，就會引發心理健康問題。當恐懼和自我懷疑的情緒高漲，身分認同變得複雜，人們不再只有一種身分認同，群體也紛紛向各種身分認同靠攏。讓社會陷入更強烈的恐懼，也符合領導者傾向專制的需求。我們把蘇格拉底的智慧拋諸腦後，選擇相信我們認爲有智慧的人。富有部族意識或盛行集體主義的社會妙不可言，波普形容這是封閉社會，而相對於此的開放社會，則是由個體各自做決定。從開放到封閉的轉變趨勢，正是我們目前面臨的風險。

我們日漸學會如何更妥善地處理這個問題。本書宗旨在於幫助我們了解需在哪些方面加快腳步，然而有個地方需要特別注意：避免損害自由主義和理性，從而失控演變成非民主的政治體制。我的建議是，我們必須提升自我意識和勇氣，不過政府也必須配合採取相關措施，尤其著眼於教育、媒體、社區營造和決策流程。

我認爲，不太需要捏造陰謀論來解釋目前的狀況。理性和容忍是擺脫混亂思緒的最佳途徑。當然，社會上的確有些厭世的人，包括有些人刻意組織高風險團體。看在爲數更多、善意但迷惑的人眼中，他們的一舉一動反而更受到放大檢視。相對於此，絕大多數人自甘滿足於現狀，缺乏特立獨行的動機。喚醒那些安於現狀的人，我們才能保護自由民主制度，以及從啓蒙運動以來所取得的成果。

我不是要散布恐慌情緒——雖說終究只是喜劇小說——但就像亞當斯（Douglas Adams）《銀河便車指南》（*The Hitchhiker's Guide to the Galaxy*）中的傑爾茨（Prostetnic Vogon Jeltz）所說，不關注地方事務可能導致災難般的後果，可說相當貼切。

> 「地球人請注意……如你們所知，為推動銀河系外圍的開發計畫，我們必須穿越你們的星系建造一條超空間快速通道，遺憾的是，你們的星球就在預計拆除的範圍之內。這個過程將花費不到地球上兩分鐘的時間，謝謝。」

我們眞的需要對民主承受的風險有所警覺。我們一向都能選擇是否謹愼思考，而在自由民主制度中，責任落在每一個選民身上，而且每個人都應持續善盡這份責任。蘇格拉底認可的唯一專制行爲，是喚醒未受過教育的人，使其能自我批判，但僅限於此。教師唯有認知到自己所知甚少，其權威才受人尊重。幸運的是，我們還有不只兩分鐘的時間。

我們的課題

保持理性是一種道德選擇，我們應努力做到。不理性的徵象不少，包括不檢討自己的假設、不問自己爲何要做或相信某事，以及不考慮後果。如同康納曼在《快思慢想》的建議，出現發生錯誤的跡象時，應放慢步伐，並從大腦較理性的部分尋求贊同。如果無法進一步確定，就先暫緩決定。

首先，我們必須正視自己的恐懼，以及前美國總統羅斯福所說「對恐懼的恐懼」，除非坦承面對，否則這些恐懼不會自己消失。社會已與勇氣、判斷、理性和責任疏遠，而這些都是管理恐懼的必要特質。我們必須勇於掙脫群體身分認同，若非如此，我們將永遠受制於他人的智慧，尤其是那些極具個人魅力的人物（無論是當代人士或已故偉人）。

雖然極度難受而且困難，但我們絕對有能力擺脫團體迷思。那些孤獨但願意思考的人（或許比許多人更不在乎他人對他們的看法）爲所有人開闢了道路。有時，個體可能一時之間浮現決斷的想法，而不再堅持遵循團體迷思，但在這之前，通常會先歷經大量的疑惑和內在拉扯。在抵達這一刻之前，我們對對立觀點的想法可能從邪惡轉變成敬畏，或是一開始覺得無法接納和危險，最終反而認爲可信、令人信服。我們必須先眞正敞開心胸，對自己的推理能力懷抱信心，而這需要不斷地練習。但如同悲傷五階段一樣，擺脫團體迷思的過程中，我們會先經歷否認、憤怒、討價還價、甚至憂鬱，最後才有可能接受不同的解釋。

再者，我們必須保持懷疑。獨立思考，不因爲某種看似普遍的意見而動搖立場，堅持自己對自我的看法比別人的眼光更重要，維持這心態會有所幫助；沒人可以幫助我們好好思索問題，唯有我們自己。如同費曼所說，科學應經過妥善解釋，讓所有人都願意檢視證據及理性看待，進而能夠理解。科學確實始於懷疑，包含對專家吹捧的觀點抱持懷疑態度。不管是不是專家，那些亟欲終結辯論的呼籲，都應受到抵制。此外，雖然專家在自身的專業領域確實比非專家懂得更多，但在相關領域（而非其專業領域）時，他們的意見不應該比一般人更受信任，有時甚至更不值得信任。羅斯林在書中提到，在第六十四屆林島諾貝爾獎得主會議（Lindau Nobel Laureate Meeting）中，他向多位生理學和醫學領域的科學家與諾貝爾得主詢問他一向喜歡提問的兒童疫苗接種率問題（全球一歲兒童接種疫苗的百分比），結果他們正確回答的比例低於任何公開問卷調查。他也發現，在他出席的婦女權益促進會議上，只有百分之八的女權運動人士知道，三十歲女性的平均就學時間只比同年齡的男性少一年。要知道，他的所有問題都是三選一的選擇題，而在他去過的這些場合中，那些我們通常視爲博學多聞的專家因爲團體迷思的緣故，判斷力竟比一般大衆還糟糕[2]。

第三，我們必須愼選獲取資訊的管道，並謹愼權衡資訊。我們需取回對資訊來源的主控權，不能放任演算法替我們決定。我們需要意識到他人灌輸我們的偏見，並了解自己很有可能嚴重低估了這件事——羅斯林在書中運用數據指出我們普遍對全球發展和健康議題的偏誤認知，而我本身的職場經驗也顯示，投資人對開發中國家往往抱有偏見。對已對主流媒體失望的人而言，找到沒有偏見的替代資訊管道一點也不容易。我們可能否決了某種謬論，但又輕易地接受另外一種。基於事實、深思熟慮、質疑共識的獨立觀點，乍看之下可能離獨立思考很遠——我們應先深入檢視細節，再從中歸結出結論，而非反向爲之。

不管是加劇我們的焦慮情緒，還是重複放送各種影像和迷因，藉以加深普羅大衆的依賴，媒體始終扮演著重要角色。有鑑於此，我們必須爲自己預留些許思考空間，在不斷接收各種訊息後，能有餘裕實踐批判思考。我們必須想辦法處理接收到的網路資訊，尤其是社群媒體上的資訊，必要時不予理會。那些內容策畫者和編輯者的動機，尤其應該一併探究。我們應挑戰他們的論述和動機，雖然我們可能不會知道，而且可能推測錯誤，也還是應該對此有所警覺。

我們應確保自己受到的挑戰，都是經過深思熟慮才提出的觀點，而非只是不同看法。我們應抵制社群媒體、甚至電視新聞炒短線的資訊傳播模式，追求更值得深思的構想和討論——實在沒有什麼可以取代閱讀深入探討的書籍，以及聆聽和參與深具挑戰的辯論。我們應謹記在心，對意見相左的人保持禮貌，理性的辯論才有可能發生。文學經常比新聞更早揭發有關社會的眞相，現今的新聞和對談往往避開禁忌和敏感話題，我們需要費心尋找並仔細思考所有可取得的證據，不僅僅只考慮那些容易取得的鐵證。

第四，我們應試著了解自己，理解我們內在的大象及利益所在。我們應該自我提醒，我們通常並不理性，且多數時候一無所知。如果我們能明瞭自己的習慣和偏見，面臨特定問題時，我們就能發現論理過程中的缺陷和漏洞，爲解決問題創造優勢。也就是說，我們能清楚區分哪些觀點是我們願意以堅定信念強力捍衛，哪些是因為時勢所趨而剛好顯得重要，需要正視。

我們應該要能辨識個人觀點和他人意見的差異，這些差別或許可以幫助我們了解自己心智模型（mental model）的結構、假設和道德基礎。在某種程度上，透過親身體會自己從觀察到概括論斷之間抽象思維的跳躍傾向、明白說出經常未表明的關鍵假設，以及確實探究並擁護不同觀點而不偏廢任何一方，都能有助於緩解心智模型中隱含的問題。我們也可以學著識別自己運用哪些理論解釋自己的行為，以及實際行為透露出哪些具體實踐的理論——換句話說，我們應區別哪些動機是我們對內在大象的自我詮釋，哪些是大象本身真正具備的動機。

偏見極難消除，遠比無知更加棘手。我在第一本書中反對世人以根深柢固的偏見看待新興市場，並將這種偏見稱為「核心／邊陲認知病」。若不破除偏見，我們根本無法接納有用的新知識。國際企業殼牌（Shell）的員工在一九七〇年代發明情境規畫（scenario planning，全球許多企業後來紛紛複製這套作法），但在實施初期就發現，資深員工大多忽視這些努力成果。對此，他們改變目標，不僅要描述未來可能的樣貌，更要在同仁心中撒下懷疑自身心智模型的種籽，以利在必要時可以做好改變觀點的準備。

第五，面對特定問題時，我們必須勇於挑戰自己的推論。當公共論述已退化到蘇格拉底之前的時代，眞理的本質受到扭曲，並由詭辯取而代之（甚至還有人指導如何揭穿和約束思想），我們必須設法恢復社會對理性的重視。科學方法依然是我們拆穿假訊息和假新聞最可靠的工具，而非聽從某個新權威專家的意見，用以取代之前的權威。不幸的是，訴諸傳統領導方式雖能揭穿荒謬論點，但也足以強化。目前的趨勢正朝錯誤的方向發展。政治宣傳氾濫。愈來愈多人利用推力理論操弄普羅大衆的選擇，而人們甚至沒有察覺，也無法從中脫身。近來政府在封城期間試圖以恐懼操控人民行爲，似乎並未從道德層面嚴肅思考就做出這項決策，對於退場問題也未認眞面對。

我們是否落入了亞里斯多德著重本質定義的陷阱，字詞成了建構思想的磚瓦，而非科學家單純用以縮短句子的輔助工具？艾爾弗森和史派塞合著的《愚蠢悖論》提供我們在職場戰勝功能性愚蠢的各種方法，包括養成經常質疑既定思考和做事方式的習慣、扮演反對者的角色、落實事後檢討和事前反思、傾聽新進人員和外部人士的意見（他們大多可以提出新穎或不同的觀點）、與批評者對談，以及透過競爭和競賽等方式鼓勵挑戰現況[3]。

團體迷思的徵兆

我們應愼防團體迷思。當上帝至上的時代過去，壓力團體、團體迷思和演算法繼位成爲塑造道德觀的主要力量。整個社會是否不斷製造道德論述，以此取代理性和證據？訴諸權威是否優先於解釋，而且成了阻擋後續討論的手段？同溫層的迷因是否廣爲散播，並且利用「科學上已有所定論」之類的評論阻止眾人繼續深究？是否有任何想法完全不受爭議，看似不言自明？如果有，事實上眞的是這樣嗎？是否存在開放式的辯論，抑或有人試圖終止？使人難堪的事實是否招來否認、低潮和憤怒？人們是否情緒化、缺乏包容心、粗暴無禮？出現特定證據時，人們能否因此證明某一論點錯誤？當提出的事實或論點遭人推翻，價值觀或更廣大的利益是否變成護航的理由，以說服眾人忽略論述的瑕疵？是否有人利用任何話語或論述指出思考或質疑特定事情是道德淪喪，甚至邪惡？以諷刺的方式暗指道德卑劣和非理性的現象是否成爲禁忌，或刻意不碰觸特定主題？

還有，哪些方面的資訊空白，或哪些問題始終得不到解答？美國作者多麗絲・萊辛（Doris Lessing）回憶父親一九五二年訪問蘇聯時，曾提出一個棘手問題：

「不管哪個社會，即便是最死板固執的社會，都會出現新的思想。通常，人們起初會認為這些想法應受抨擊，甚至煽動叛亂，但後來便會逐漸接納，而後當新的思想崛起，雖然一開始在人們眼中有如異端邪說，終究會取代之前蔚為普及的看法，將其推出歷史舞台。這能避免文化日漸腐敗，或說是日漸僵化，而蘇聯如何應對這種無可避免的過程？」

負責接待的人員必須請示上級，隔天給了以下答案：「在偉大領袖史達林同志的指導下，蘇聯必能根據馬克思主義原則做出正確決策[4]。」只要問對問題，發現團體迷思並不難。拒絕正面回答、不願參與討論，或回絕問題的有效性，一旦發現這些跡象，就應懷疑是否存在團體迷思。

學術論文需通過同儕審查，論文中的觀點已受過多方挑戰，不致讓人有所疑慮，但萬一整個學門（或至少受邀審查論文的學者）抱持同一種立場，所有人深陷確認偏誤或團體迷思，導致未能對論文提出有效的質疑，結果會如何呢？在某些學科，這已演變成探討某些問題時不得不面對的嚴重問題。同樣地，議會辯論的原意是對新立法提出挑戰，以達把關目的，要是在重大法律通過之前，幾乎沒人反駁或質疑，也算是團體迷思的跡象。

另外，懷疑存在團體迷思時，能否釐清團體迷思的緣由？團體迷思的形成誘因爲何？爲何發展過程中未遭遇有效挑戰？英國政治、社會評論家克里斯多福·布克（Christopher Booker）在《全球暖化》（*Global Warming: A Case Study in Groupthink*，暫譯）一書中，解釋了近來對於全球暖化議題的團體迷思。從媒體利用政治宣傳、社運人士獵巫和霸凌持相反意見的人、政治人物曲解ＩＰＣＣ專家小組的基礎科學共識、不道德地操弄資料數據，乃至社會或議會缺乏有意義的辯論，書中都一一提出解釋。透過這些解釋，他主張團體迷思確實存在，論述紮實令人信服。

觀察思想護衛過去的行爲舉止和群體阻止辯論與思考的約束手段，即可洞悉團體迷思——線索在於團體迷思留下來的智識空洞。這現象在政府政策中經常清晰可見：表面上的目標和實際政策之間是否缺乏關聯？提案的基本邏輯是否有缺失？可能造成什麼結果？這些結果是否眞的會發生，與實際結果之間是否有落差？英國的能源政策混亂不堪，從這就能明白得知，團體迷思已經阻礙系統層面的批判性思考。雖然某些政策還是可以發現理性思考的痕跡，但人們依舊逃避從整個體制思考問題的責任。

包容、勇敢、平衡

包容心是理性辯護不可或缺的要素，第二章已說明信任和社會資本對維護社會福祉和民主的重要性。維持信任的關鍵在於給出承諾，並且信守承諾，而當行為造成不可逆的後果，也要懂得寬恕。寬恕是必須理解並原諒人性缺陷。善惡共存於每個人身上，並非某些人全然善良（我們），而其他人全然邪惡（他們）。

當關係從人與人之間變成公民與國家之間，人類互動中諸多微妙之處和相互信任難免就會失去。國家必須制定適用於不同情況的簡單規則，因此規則無法很適切地符合各狀況的需求。如前所述，政府重視權利可給予所有人所需的安全感，但也可能產生特權感。權利與責任可能形成不對等的狀態，尤其當眾人認為權利由群體（而非個體）把持的時候更是明顯。如果應得的權利未能得到滿足，就可能激發怨恨，從而產生分歧、憤怒和仇恨等負面情緒。

為避免這種情況發生，權利必須融入與當地社群或國家的關係之中，而社群或國家必須具有社會資本、政策參與，且人與人互相信任。沒有責任和平衡，讓某一群體擁有權利，便有可能是以其他群體的權利爲代價。

寬容不等同於一切都無所謂。我們應避免衝動行事及未經深思熟慮就做出激動的回應，並且試著理解道德觀上的差異。此外，我們也應從批判的角度聆聽他人意見，亦即禮貌地提出質疑，而不是一味透過狹隘的眼界看待事情，或讓謬論順利過關，絲毫不受任何挑戰。

人類擁有反脆弱的能力，稍微受到冒犯反而可能刺激思考，比過度縱容更有助益。面對恐懼需要勇氣，這裡所謂的勇氣，是指和古希臘人一樣，爲達成崇高目標所展現的英勇特質。沒有明確的目標，勇氣只是潛力的展現，不一定能發揮實質作用，最糟糕的是還有可能變成以自我爲中心，無法專心致志。邱吉爾認爲，勇氣是展現其他特質的保證，爲所有人類特質之首要。勇氣爲我們帶來自信，也賦予我們自嘲的能力；對於自己的判斷和未來，都能具有信心。我們敢於信任他人、敞開心扉，並擺脫狹隘的胸懷和過度謹慎的短淺眼光，不拘泥於機率至上的思維模式。

我們的風險思維需要徹底革新，以消弭不經思考即產生的預防動機。即便我們的道德觀占據不可撼動的地位，而必須以預防的形式妥善保護，我們仍應檢視達成目標的各種方法所需付出的成本。緊急情況必須眞實發生才是緊急，而非仰賴想像去描繪，唯有在發生攸關個人的緊急事件，才有必要分秒必爭地做出決策，並以此爲藉口拋棄批判性思考，而且即使是這樣，也僅限於當下。

領導者的課題

要在人們日漸不願包容不同聲音的時代處理團體迷思，實屬不易。這必定需要集結衆人的力量，以實際行動共同對抗目前的各種謬論，而且也需要時間。然而，除了上述個人層面的反省之外，政治和政策方面也能有所改革，以利解決問題。

民主制度

並非凡事都要牽扯政治，我們需要學著體認這點。相對於極左派的後現代主義論述，生活並非不同群體或階級間持續不斷的鬥爭。我們可以抱持樂觀態度，彼此合作，共同袪除腐蝕人心的荒謬言論，擁抱理性。我們應將妥協列爲可能選項，依據理性交流的規則追求共識，接著展開有意義的政治辯論。萬一沒能發揮效果，我們也應避免採取破壞力過大的抗爭和暴力行爲。在公民對話的框架中，我們也不應害怕（或受威脅而恐懼）挑戰他人的看法。或許會冒犯到對方，但這並非本意，只是我們需要誠實面對及挑戰不同觀點，才能確定各方的分歧點，進而找到共同基礎。

我們也要試著維護和建立有利於促成妥協與共識的制度。群衆型政黨可能會持續減少，這個空缺需要由其他形式的組織和參與方式來塡補，或許是增進與地方的連結。公共廣電服務可能在這方面扮演要角，支持地方社群的力量也不容或缺，兩者相輔相成有助於深化普世價值。

人民必須先信任政府，才能參與公民和政治生活。當人民認爲政府藉由煽動恐懼來操弄選民，信任感就很難建立。政府施政過度仰賴焦點團體和民意調查，對人民而言可能形同風向政治，是領導才能的劣質替代品。焦點團體幾乎堪稱孕育團體迷思的絕佳溫床，而且在預測人民對政策決定的可能反應時，常常會產生誤導性判斷。以焦點團體取代更貼近個人的對話，效果低劣且短視近利，更別說深入的政策研究、透明化和合法性等考量。民主政體要充滿活力地健康運作，選民和政策制定者不僅需從根本上了解當下的潮流趨勢，更要掌握各種重要議題、理解哪些作法符合國家利益，並釐清可能的解決方案。倚靠焦點團體等於暗示政府缺乏領導力。

公務員必須在專業上保持公正，致力服務民主，但意思並非遊說部會首長，或試圖操控政治或選民。英國愈來愈多特別顧問，加上不受議會監督的獨立機構劇增，這些都是退步的徵象。政治人物需要直接面對選民，不該躲在專家或技術官僚後面，由其代爲決策。爲向行政首長提供優質、公正的政策建議，英國公部門的改革勢在必行。改革範圍不僅包含公務員體系中指定的部門和職員，也包括獨立機構。程序和治理工作都應有所革新，以識別並紓解團體迷思的負面影響。

傳統媒體

誠如第七章所述，公共廣電服務應自發辨別並挑戰其內部的團體迷思，或接受監管，由外力輔導其達成。公共媒體（尤其是ＢＢＣ）應塡補民營媒體之不足，並非排擠或與其競爭。ＢＢＣ應提倡公正新聞報導，減少行動倡議（並清楚標示主觀看法），以及維持公共服務的最高標準；在和平時期不該淪爲政治宣傳機器；不應對各議題抱持不變的立場，並且應該摒棄自以爲最懂的錯誤心態。

組織與組織文化都需要大幅改革。許多資深職員絲毫沒有察覺自己的意識型態偏誤，也沒意識到自己拋棄了公正立場。可以肯定的是，組織若深陷於團體迷思、充滿不具代表意義的觀點，內部文化可能根本無從改變。在這種情況下，BBC新聞也許就該解散。

教育

麥特．瑞德里指出「以科學爲準則」（也稱爲科學方法）與「以科學爲制度」兩種作法的差異，後者並不穩定，且時常受社運人士和政治意圖所挾持。在許多人心中，科學是一套反映事實的知識，但每個人對這個權威來源的解釋不盡相同，所以關於「科學告訴了我們什麼」，不同觀念之間才會爆發爭端。科學永遠不會維持於定論，懷疑是其核心精神。科學家太常偏離常軌，走上議題倡導的偏鋒，而且原應區別事實和動機的行事準則，也已受到嚴重破壞，學術圈的無法復現危機即爲明證，其中又以醫學和社會科學領域爲甚。推測性質的模型冒充爲科學知識，通過層層把關，但名不符實。於是，社會大衆對科學家的信任不斷流失。

就像第五章所說，爭逐權威地位的過程可以說是反科學，集結後現代主義者的各種荒謬言論，而這些謬論不會因爲相互矛盾而毀滅，反而更加蓬勃發展，不僅否認客觀現實，更侵蝕理性、科學和歷史。這問題彷彿癌細胞擴散到學術圈的大部分領域，需要有效圍堵才行。英美世界的巨大優勢一向在於務實主義比理論概念更爲強勢。我們不受所有類型的哲學和理論所綑綁，其實有益於進步，儘管招惹理論學家不滿，卻能幫助他們保持誠實，並與眞實世界維持一定的關聯。爲重建社會對科學做爲行事準則的信任，我們必須更勇於懷疑，並學習蘇格拉底對智慧的理解。

我們也要捍衛大學校園的言論自由，並守護大學追求知識的首要目標，而這需要的是質疑和挑戰，不是持續的溺愛與呵護。研究非主流的思想典範，也應獲得補助，如此才能揭發及反駁團體迷思。

好奇心經過訓練即可辨識拙劣的推論，以及無法公正審議事實的缺失，進而洞悉團體迷思的種種跡象。教師肩負刺激年輕人推理能力的艱難任務，應引導他們思考不同想法，而不是企圖灌輸更高層次的價值觀。孩子一旦擁有學習動機，就會渴求深入理解。想要改變孩子在學校的學習動機，可能由一名老師循循善誘就能辦到。因此，教師的啓發非常重要，孩子必須有充足時間在課堂上接受教育才行。體育可以促進團隊精神、強化互信關係，而在培養愛、信任和意志力等方面，藝術尤其扮演重要角色。

歷史無法輕易地由任何人論斷，不同時代對歷史的解讀各異。然而有一種觀點認爲，學校科目都應該當成歷史的一部分來教授，好讓學生了解知識並非固定不變，而是用以解釋世界、不斷演變的想法[5]。思想史提供背景脈絡，能激勵學生了解過去的人擁有不同道德觀、規範和誘因。歷史應支持蘇格拉底對於道德宇宙的質疑，而非只對我們所在的物質世界存疑。

目前，社會並未充分鼓勵孩子獨立思考，而是將問題歸咎於心理健康。他們學會了無助感。路加諾夫和海德特在《爲什麼我們製造出玻璃心世代？》一書點出，美國的莘莘學子展現出六個互相影響、值得令人擔憂的行爲趨勢：政治兩極化日益加劇；青少年憂慮和焦慮的情形增加；家長因擔憂害怕而過度保護孩子；遊戲和冒險的機會遭到剝奪；校方過度保護學生；後現代主義者固執於不平等與平等所造成的結果。

學生需要勇敢質疑，也需要受到他人挑戰。換句話說，無止境的正面鼓勵必須劃下句點，我們必須宣揚不確定性和懷疑，這才有可能衍生新思想和促成理解，亦即詩人濟慈（John Keats）所謂「消極能力」（negative capability）。我們需要仔細觀察、用心詮釋，然後回過頭去質疑最初的想法。因此語意學就很重要——包括不斷自問「爲什麼?」——這不僅能提升閱讀和寫作技巧，也能協助學生培養質疑假設和眞相的能力、挖掘目的，以及體認語言扭曲事實的力量。由此，學生才能培養精準批判性思考的習慣。我們需要對抗亞里斯多德本質主義的字詞使用方式，以此建構而成的思維已讓我們偏離科學進步的正軌。綜觀歷史發展，這一向是孕育空洞語言和迂腐學究的途徑。

科技巨擘

印度史學者羅賓・傑佛瑞（Robin Jeffrey）和人類學者亞薩・多倫（Assa Doron）合著的《印度手機發展大全》（*The Great Indian Phone Book*，暫譯）[6]詳述手機爲印度商業、社交和政治帶來的改變。其內容所提及的，幾乎都是正面的改變，從增進魚市場的運作效率（漁夫還在海上就知道將漁獲載往哪個港口價格最好），到打擊地方貪腐（手機可錄下官員的犯罪行爲），都是很好的例子。不過也有例外，例如婆婆通常會沒收媳婦的手機。新科技能解放和促進行事能力，但也能鞏固既有權力關係。社群媒體、網際網路和手機帶來許多重要影響，我不希望因爲聚焦於某些負面問題，而貶低了龐大的正面效益。然而，起初我們以爲更緊密的聯繫有益於民主發展，這種烏托邦式的樂觀心態已然屈服於現實。溝通變成更像公開表演，助長情感霸凌和不願包容的心態，並加劇社會分裂，進而減少建立信任關係的機會。

社群媒體已成爲心理疾病患者增加的因素，並導致不寬容的現象和政治極端主義日益猖狂。我們是製造工具的動物，尚未適應新的溝通媒介，而這些新媒介正在改變我們的行爲、思想和道德觀。科技巨頭的商業模式奠基於摧毀隱私和擅自竊取個人資料之上，接著在社會大眾身上實驗，操弄人心，促使群眾行爲更容易預測。截至目前，現有法規和新通過的隱私法對這整個系統幾乎不構成任何影響——歐盟的一般資料保護規則似乎扼殺了創新，也減少了競爭。

社群平台需要負起更多責任。爲減少危害，這些企業和監管機構必須明智觀察人們行爲，據以推動變革。我在第一本書中主張，監管機構應更了解投資者類型和行爲，不該只關注金融工具，才能減少金融市場的系統性風險；同樣地，這些組織也應嘗試理解新媒介對人們影響的概況，並深入挖掘隱晦之處。我們應提供替代的社交管道，並幫助部分孩子減少耗在社群媒體上的時間。監管機構應設法打破某些壟斷和寡占的市場現況。社群服務一旦構成網路，自然可能形成規模經濟，一時間很難破除，但監管機構應堅持各社群平台互通，提高競爭力道。美國手機服務呈現寡占狀態，主要由三家供應商把持，相形之下，歐盟有上百家電信業者，競爭更激烈，從此就能看出上述建議作法的好處。這是互通法案（interoperability legislation）的施行結果。由於這點差異，美國用戶的使用成本是歐盟的兩到三倍。

社群媒體平台僱用上萬員工監督內容，但這類審查規則卻是由經營這些公司的少數股東所控制，而這些人就跟其他一般人一樣，容易深陷團體迷思之中。而結果便是那些他們不認同的人，言論自由因而受到限制，因爲眞相和陰謀全由他們和員工決定。尤其新聞平台不應過度編輯內容，否則就應承擔法律責任。沒有法令強制執行這點的話，大型科技公司最終可能會淡化偏頗的政治立場，或面臨更多競爭，只是這可能需要很長的時間。

隨著追逐利益的演算法日漸成爲形塑道德觀的一股力量，我們終將面臨弱智化和逐漸失去自由的命運。未來可能與赫胥黎《美麗新世界》所描述的世界有點相像，人們對政治愈來愈冷漠，政治功能失調。政府繼續與商業利益結盟，或接手操控行爲，我們將拱手讓出自由。當操控群衆的力量來源日益增加，包括極端分子、行動主義者和境外勢力，未來必定更加混亂。唯有選民持續對政治保有一定的關注，並有充分資訊可以要求掌權者負起應有責任，才能阻止國家朝威權體制發展的趨勢。

不論自發或礙於規定，社群媒體可設法減少對使用者的負面影響（如心理疾病和缺少包容），具體方法包括滿足小衆互動和隱私維護的需求，例如提供更多選項來限制群組規模及限制演算法分析某些資料類型；減少未經身分驗證的帳號（或許是取消許多使用情境中的匿名機制）；放緩回覆／回應的速度，讓用戶在行動前有充足的反思時間。祖博夫在《監控資本主義時代》指出，我們應設法反制、勇敢挺身對抗，以及堅定方向和信念，將數位未來打造成能發揮人類價值的世界，且這種新型態的力量必須受民主約制，爲此，我們必須培養互信關係[7]。

我不贊成控制科技巨頭這種更激進的提議，但我認同近來政府在這些企業獲利的地區向其課稅的作法。時光無法倒流。不過，政策制定者應嘗試抑制寡占勢力，並與民間企業合作，共同減少其業務服務對人類行爲的負面衝擊。

建立在地互信關係與地方社群

沒人想生活在班費爾德研究中一九五〇年代南義地區的那種世界，當地人除了直系親屬外，誰都不信任，萬一家務需要人手幫忙，也只會收留手足身後遺留的孤兒。我們需建立信任和社會資本，以維持健康的民主參與，未來這一點將更爲重要。許多人幾乎不與人往來，孤獨地生活；也有人愈來愈沉溺於社群媒體，讓生活過度暴露於社會大眾面前。

舉辦更多社群活動，鼓勵面對面、更著重於個人的固定聯繫和交流，有利於強化目前的人際互動。地理位置和與當地人的往來互動很重要。在鼓勵禮貌互動的範圍內，減少自主挑選接觸對象（亦即加入一些隨機成分），有助於改善目前意見分歧、互不包容的發展趨勢。這迫使我們思考別人的觀點，更能體諒他人認爲合理的限度。由此促使我們社會化。

過去，我們對於規畫地方社群一向毫無章法，但現在我們擁有更詳盡的資料，有機會推動更完善的社群發展。例如，慈善機構和公部門（包括國家和地方層級）之間或許能更頻繁地協同合作。我們可以運用人工智慧去爬梳公益團體和公家機關目前極度分散的資料，整理出龐大、富有意義的資料集。接著利用標準統計分析方法，確定應結合和依序實行哪些政策，以達到最理想的干預成效，滿足人們各種複雜又有時效性的需求。後續再從三個面向切入，評估施政成果：福祉、公部門省下的支出（效果預期會相當顯著）和社會資本。透過這些評估結果，我們可以找到最佳組合方案，再如法炮製推行到全國各地。

更完備的基礎建設、住宅政策和地方媒體，都能增進人與人之間的信賴感和社會資本，普特南已在他的義大利研究中指出這是可行之道。如雅各絲在她獨具開創性的著作中所說，建築和都市設計在促進城市居民互信、形成社群等方面都有著重要地位，不過，適當的介入方式因地而異。至於實際的實踐方法，同樣可以從比過去遠遠更加豐富的資料中找到。

政治授權或許也是適當的作法，尤其比起更高層級，地方政治更容易讓人覺得，個人意見也能產生影響力。然而，政治權力應具備相對應的正當性，在某些情況中，地方政治可能很難實現這點。此外，中央不願放棄權力是另一個問題。在政治實務上，人們時常援引輔助原則（subsidiarity）——權力應移交給政策可以發揮最大功效的階層——爲歐盟中央集權辯護，而非將權力下放。不過，爲了支援充滿活力的民主，輔助原則不僅應涵蓋技術層面，更應將正當性納入考量。在瑞士的民主制度下，行政區（canton）比中央政府握有相對更大的權力，這似乎是國家日益集權化的可靠替代方案。就我猜想，新媒體或許也能有助於大幅促進地方民主。

我們不需要另一名追隨馬克思的理想主義哲學家，而是漸進式的社會工程，而「推力」是其背後所仰賴的重要工具。運用行爲科學以特定方式導引人們做出預期的行爲，一方面可以支撐團體迷思，另一方面也可以成爲解決方案[8]。政府提供了幾個成功的推力範例，像是可以精心設計政策，幫助人們做出更好的選擇[9]。然而如我們所見，政府也可以利用推力來追求那些不想讓選民發現的目標，而要達成這些目標，需高度仰賴散播恐懼和減少自我反思。因此，我們需要適當的治理框架，確保道德標準能夠落實，而且還要符合公共利益（目前這點尚需努力）。英國可從追究封城期間推力技巧的運用方式開始做起。推力可協助公民做出更恰當的決定，而且可以進一步促使他們承擔更多責任。只不過，能發揮這般成效，大多是因爲人民相信政策制定者會以大衆利益爲出發點做出決策。一旦人民的信任遭受濫用，上述理想就無法實現，於是只能走上渲染恐懼和強制執行一途。

不顧後果的預防心態

第二次世界大戰後，英國的食物配給制一直到一九五四年七月才正式終結——而戰爭早已結束九年！若能更早回歸以市場爲基礎的物資分配，對消費者更有效益，不過政府突然全面停止干預，供給和價格的混亂局面勢必接踵而至，且延續好幾個星期。領導者缺乏面對民衆憤怒的勇氣，因而寧願捨棄最佳方案，改而採行次要的漸進主義（gradualism）。官僚掌握權力的時間太久。當時剛歷經國家大力干涉經濟的階段，輿論也普遍不支持回歸市場機制。

人們對風險的期望必須有所改變。基於預防動機而引發恐懼及阻止理性思考，對民主是一大威脅。以此取代成本效益分析更是魯莽之舉。

衆多案例都能發現預防動機造成的代價。瑞德里表示：「加拿大從二〇〇五年以來已核准七十種基因轉殖作物，歐盟光核准一種就花了十三年，但通過批准的作物早已不合時宜。」少數極端分子發動抗議，隨後歐盟便中止所有對新基因改造作物的審核工作。如此過分謹慎的作風成本高昂，與有機農業經營者持續使用硫酸銅——不僅有毒，還會在生物體內累積——滅殺食用作物上的眞菌形成強烈對比。由於沒有其他替代方法，因此目前仍未禁止有機產業使用。農民也拒絕使用更新、更安全的殺菌劑。這種前後不一致的虛僞措施，反映出不理性的跡象和群體的道德思維——也就是團體迷思。

儘管未符合所有條件，不完全算是團體迷思，但金融市場確實充斥僵化的偏見和從衆心態。主要的原因包括：過度相信特定經濟理論、簡化和誤解風險和不確定性、太仰賴從過去的經驗推斷，以及太傾向關注可輕易量化的事物。於是，系統性風險始終維持在高位。

我們忍受胡言亂語，一部分是因爲學校的教育環境讓我們忘記，未徹底擊倒我們的逆境會促使我們更強大。安全文化扼殺了風險、冒險、主動精神、親身體驗和學習能力，使人萎縮退化。以不健康的態度看待恐懼和對風險，是我們未能眞實認識自己何以怯弱的主要因素。

領導統御

在人類目前找到的最佳社會治理模式下，各種想法能良性競爭，所有人能享有行爲自由，而這一切的前提是不侵害任何人的權益。試圖限制自由往往會減損我們的幸福感與福祉，而非增進。最優秀的政治領導者，通常要能面對有效的權力制衡，且政策理念禁得起各種挑戰。如果領導者自認掌握了重要資訊而有必要採取重大行動，就應公開資訊，並妥善回應各方質疑，再眞正付諸實行，而非一味預設自己最了解狀況。

歷史眞相具有多種面向，可以有各種不同詮釋。我們可以欣賞過去的進步和成就，但不該就此自滿或傲慢。我總覺得，馬克思和其追隨者以決定論看待一切，並且過度強調權力和階級，這種詮釋法不僅太過火，也誤導認知。已有衆多證據顯示，不只是歷史上的社會和經濟力量決定了歷史走向，重要人物也能發揮關鍵作用。領導能力相當重要。認爲亞歷山大大帝或拿破崙並未改寫歷史，可說荒謬可笑。此外，我們應爲過去許多偉大領導者感到自豪，並給予尊敬。英國廢奴主義者威廉·威伯福斯（William Wilberforce）等人合力終結大西洋奴隸貿易，由此改變了歷史發展，不僅使英國付出龐大的經濟代價，也違背國內外重大的既得利益。受惠於英國遍及全球的政治力量，他們才得以實踐道德領導，在欠缺經濟誘因的情況下成功實現理想。

身處這個充滿謊言的時代，衆多眞相彼此矛盾、各種道德觀爭奇鬥豔，加上人們日漸不願接納不同意見，此時有位睿智的領導者挺身保護民主比以往更爲重要，以免群衆在宣洩憤恨與仇恨的過程中傷害了民主。對此，我已在本書多次表述，我們需要對權力設下強大的制衡機制、形成有效的反對力量、挑戰主流觀點，並普及政治參與；我們也需要領導者能跳脫同溫層，看清團體迷思造成的社會分裂，並以希望團結我們所有人。

針對團體迷思，賈尼斯舉的著名例子是甘迺迪內閣未能打破團體迷思，才發生豬玀灣事件，以及甘迺迪隨後改弦易轍，找到化解古巴飛彈危機的辦法。政策制定者從中吸取教訓，並試著尋找創新構想，但這通常還不夠。有時他們缺乏政治資本，有時不夠有勇氣抵抗有害的團體迷思。太多時候，我們只在同溫層內竭力尋求解決方案，從未衝破框架往外尋覓。

更糟的是，不少菁英分子仍不願意理解反對陣營的觀點，或向其學習；他們沒有意願擺脫團體迷思。有些人沒有顯著的共同國家認同或普世價值，缺乏中心思想，並爲此而努力，一心只想著爭權；有些人抱持區分異己的心態，（暗中）放棄對民主的堅持，認爲民主簡直太難履行，不切實際。有些人打著反民族主義和全球主義的大旗，試圖掩蓋這個傾向，還有許多人就只是憤世嫉俗。顯現在外的形式，是披上技術官僚的外皮，包裝成獨立機構；不將正當性置於首位，並且希望盡量減少與選民的基本溝通。除此之外，這些心態結合自大、地位和野心——簡單來說就是以自我爲中心。脫歐造成很深的創傷，在很大的程度上，這表示人民拒絕再相信這方面的種種現狀。

我們需在領導統御和正當性間重新取得平衡，以反映蘇格拉底對民主的觀點，並與當前較主流的柏拉圖式理念形成對比。領導者必須與選民重新建立連結，擺脫以往對口號和政治宣傳的過度倚賴。我們必須對抗愚蠢化的趨勢。政府不應繼續躲在授權的技術官僚背後，並停止藉由煽動恐懼，試圖操控我們。政府應針對推力政策制定道德準則。我們必須建立機制，包括成立紅隊專家小組，以對抗團體迷思和其他政策制定的陋習。我們應支持國家的普世價值。除了學校和公衛服務需要改革，我們也要容許國家領導者挑戰我們的恐懼，以此促進全民心理健康。以前偉大的領導者都能做到這點。

領導與問責是一體兩面，而且近來政治人物需扛責的事務範疇已顯著擴大。英國自從脫歐並從布魯塞爾收回決策權後，更是如此。不過還有另一項原因。保羅·塔克在《非民選權力》中，列出授權獨立機構的先決條件，其中一項是穩定的選民偏好①。然而，新的大眾傳播科技，以及這類科技對道德觀和行爲的影響，一再的打亂選民偏好。也就是說，領導者可能必須承擔更多責任，或減少對公部門職位的委派權，以往這些職位給人的印象是低調、無爭議且著重於技術層面，但如今政治和黨派的卻是色彩日漸濃厚。由於現今貨幣政策對財政的影響極大，因此央行也包括在其中。

領導者自視甚高並試圖盡其所能地操控我們，而且他們總能全身而退，實在有違民主精神。民主需要的是備受信賴的領導者，而信任必須靠實際行動去贏得。

①其他條件包括擁有明確目標、社會偏好維持穩定、既存的政策體制存在信譽問題、對政策工具抱有信心、決策不涉及資源分配的重大取捨、立法機構有能力監督獨立機關，以及獨立機構的政策制定者擁有一定的名聲，使其能專注達成目標。

我們需要思考和勇於挑戰，以身作則。我們需要的領導者必須兼具勇氣和遠見，不是只懂得利用恐懼又短視近利。我們需要的是恐懼的對立面，也就是希望②。

結論

人是非理性的動物，團體迷思可能在大型群體中占據主導地位。團體迷思能讓人們將注意力集中在群體內部，但也有造成認知長期嚴重錯誤的危險。通訊科技歷經變革，加上第二次世界大戰後出現的「哲學癌」不斷成長茁壯，不再侷限於大學校園，反而演變成對理性、科學和歷史的攻擊。這也助長不包容異己的心態和厭世情緒。平均而言，主流媒體和政治菁英更容易深陷團體迷思，他們非但沒有展現強力捍衛自由民主的決心和理智，反而選擇默許和姑息。由此所帶來的結果，是政策抉擇失常、政府充斥技術官僚、心理健康和其他社會問題使我們付出巨大代價、正當性流失，而且國家逐漸走向威權主義。

我們必須制止傷殺力最強的團體迷思。過去兩千年來，即使通訊技術和富裕程度已截然不同，但在心理和政治上，人性並未改變太多。發生豬玀灣事件後，前總統艾森豪問甘迺迪：「總統先生，在你批准此計畫前，您是否找來所有人展開全面辯論，您因而明白利弊得失，才做出決策？」顯然他沒有這麼做。後來甘迺迪處理古巴飛彈危機的方式，誠如賈尼斯所記載，正是對抗團體迷思的典範。我們可以從歷史中學到很多，可惜我們時常未從歷史中記取教訓。

拯救民主的行動已經展開。未來可能的樣貌之一是像赫胥黎筆下的反烏托邦世界。那個世界或許殘存某些民主制度，但除了主流的經濟利益，整個社會可能呈現無政府狀態：我們的想法、道德觀和行爲逐漸由追求利益的演算法所形塑；我們變得愚昧、容易預測、滿足於現狀。另一種可能則是歐威爾在《一九八四》中描繪的世界，中央集權的政治勢力不斷散播恐懼，掌控整個社會。

布林頓指出，革命爆發前，人們開始談論革命可說是爲數不多的共同警訊之一。這不表示地球不久就要滅亡，猶如克努特大帝（King Canute）無法阻擋海浪。幸好狂熱的觀點無法改變物理定律。不過，有鑑於現今人們對政治領導者和民主的不滿日益加劇，我們無疑即將邁向政治動盪的時代。

---

②希望與恐懼具有以下共同特徵：機率不是決定因素；訴諸行動就能促進良好結果；與重要成果有所關聯；而且可能伴隨著無力感。

我是樂觀主義者，相信選民將會覺醒。但願這本書可以幫上一點忙。柏拉圖的思想不該獲得這麼多關注。我支持蘇格拉底的觀點，希望選民能更有自覺，明白自己現正面臨哪些威脅。正如波普所說：「不能只注重安全，我們更須全力守護自由，因爲如果沒有其他考量，只有自由能夠確保安全受到保障。」

人民最自滿、安逸、麻木的社會最難調適。比起較貧困的人民和國家，有錢人和富裕國家有本錢耽溺於團體迷思，浪擲更多時間。菁英更是使自身更全面且徹底地接受謬論的教育，並且不願放下自身的優越感，固執又自負。開發中國家對於政治暴力創傷和經濟政策災難的記憶猶新，當地的生活條件或許較爲貧乏，但選民更了解政策錯誤的下場。我認爲，他們更有能力應對即將到來的轉變。

眼前的地緣政治衝突大多源自發達的經濟體企圖跨越國界展現控制的野心，遂行其政治目的，而且無可避免地，其中包括不時對國家和人民強加不正當的政策。如同歷史上的帝國，現代帝國在經濟和道德因素的驅使下運作，正是這種道德因素，使帝國變得極其惡毒和危險，缺乏理性或妥協的能力。就像第六章所提，這類作爲反映的並非國家利益，而是國內政治，包括備受團體迷思制約的政治活動。權力使人腐化；即便立意良善，也只是金玉其外，敗絮其中。西方國家需要更妥善地了解國家利益所在，據以擬定外交政策，以促進這些利益。只要簡單檢視一下英國和歐盟的能源政策，就能確定目前並非朝著這個方向邁進。

對抗偏見需要付出很大的努力，最好能一開始就防止偏見產生。試圖改變媒體內容幾乎不可能，因此我們必須將心力集中於過濾和忽視其內容，並在教育中教導孩子理性思考，告訴他們如何辨識和應對團體迷思。

若能增進面臨團體迷思的應對能力，對我們所有人都有好處。對政治保守派的好處似乎顯而易見，但隨著社會上的恐懼情緒日漸高漲，主流左派的損失會是最大。這是因爲，恐懼既能鼓動激進的左派人士，也能讓反動選民更往右派靠攏。正如海德特所解釋，共和黨人似乎更了解民主黨人，反之卻不盡然如此，如果左翼陣營能用心理解當前的眞實狀況，必能獲益匪淺。

所以，我們都瘋了嗎？有點瘋狂是人的本性。面對與自己立場相反的證據，我們習慣由不理性的本能引領我們堅守道德解釋，而且我們有多種手段可以做到這點；極端一點的話，這會造成精神疾病。一個人若能如路易斯・卡洛爾所說，在早餐前相信六件不可能發生的事，雖然具有較好的應對能力，但也較容易受團體迷思所奴役。有些菁英人士更是瘋狂，我們（選民）必須引導他們回歸理性。

總之沒錯，我們確實瘋了，而且症狀日漸嚴重，既失去理智也容易動怒，淋漓盡致地體現了英式英文和美式英文對於「mad」一字所個別著重的面向。

但我樂觀以對，情況將會好轉。我們必須相信自己，也信任彼此。與其相信菁英，我對自由民主更有信心。只要我們能充分覺醒，脫離目前往威權發展的趨勢——我相信應該這麼做——我們可以更強大。不過我也深信，要是菁英分子可以對團體迷思更有意識，將會更有能力和意願去識別及對抗這個思考上的陷阱。接著，新科技帶來的大解放就能帶領我們邁向光明的未來，人民擁有雄厚的社會資本，地方社群更強盛，而且民主蓬勃發展。

引用書目

前言

1 I. Janis, *Victims of Groupthink* (Boston: Houghton Mifflin, 1973).

第一章：自欺欺人

1 Quoted in R. D. Kaplan, *The Coming Anarchy: Shattering the Dreams of the Post Cold War* (New York: Vintage, 2000), p. 152.

2 Quoted in D. Robson, *The Intelligence Trap* (London: Hodder & Stoughton, 2019), p. 40.

3 H. Melville, *Moby-Dick* (London: Richard Bentley, 1851).

4 M. Alvesson and A. Spicer, *The Stupidity Paradox: The Power and Pitfalls of Functional Stupidity at Work* (London: Profile, 2016).

5 G. Klein, *Sources of Power: How People Make Decisions* (Cambridge, MA: MIT Press, 1999).

6 M. Polanyi, *Personal Knowledge* (Chicago: Chicago University Press, 1958).

7 D. Kahneman, *Thinking, Fast and Slow* (London: Allen Lane, 2011), p. 24.

8 Robson, *The Intelligence Trap*, p. 84.

9 J. Haidt, *The Righteous Mind: Why Good People are Divided by Politics and Religion* (London: Penguin, 2012), p. 52.

10 A. O. Hirschman, *The Passions and the Interests: Political Arguments for Capitalism before Its Triumph* (New Jersey: Princeton University Press, 1977), p. 110.

11 Quoted in F. Furedi, *How Fear Works: Culture of Fear in the Twenty-First Century* (London: Bloomsbury Continuum, 2019), p. 25.

12 D. Riesman, *The Lonely Crowd* (New York: Yale University Press, 1961).

13 P. Bruckner, *The Fanaticism of the Apocalypse* (Cambridge: Polity, 2013).

14 See G. Lukianoff and J. Haidt, *The Coddling of the American Mind: How Good Intentions and Bad Ideas are Setting Up a Generation for Failure* (London: Penguin, 2018), p. 100.

15 M. Bond, *The Power of Others: Peer Pressure, Groupthink, and How the People Around Us Shape Everything We Do* (London: Oneworld, 2014), p. 119.

16 Haidt, *The Righteous Mind*, p. 31.

17 G. Himmelfarb, *The De-Moralization of Society* (New York: Vintage, 1994).

18 J. Henrich, S. Heine and A. Norenzayan, 'The Weirdest People in the World?', *Behavioural and Brain Sciences* (2010), vol. 33, pp. 61–83.

19 D. Kahneman and A. Tversky, 'Prospect Theory: An Analysis of Decision Under Risk', *Econometrica* (1979), vol. 47, no. 2, pp. 263–91.

20 See Kahneman, *Thinking, Fast and Slow*, p. 144.

21 Furedi, *How Fear Works*, p. 158.

22 See A. King and I. Crewe, *The Blunders of our Governments* (London: Oneworld, 2013).
23 See Lukianoff and Haidt, *The Coddling of the American Mind*, p. 208.

第二章：和睦共處

1 E. C. Banfield, *The Moral Basis of a Backward Society* (New York: Free Press, 1958).
2 R. Axelrod, *The Evolution of Cooperation* (New York: Basic Books, 1984).
3 R. Putnam, *Making Democracy Work: Civic Traditions in Modern Italy* (New Jersey: Princeton University Press, 1993).
4 L. Dodsworth, *A State of Fear: How the UK Government Weaponised Fear During the Covid-19 Pandemic* (London: Pinter & Martin, 2021).
5 J. Burnham, *The Managerial Revolution* (London: Penguin, 1941).
6 P. Tucker, *Unelected Power: The Quest for Legitimacy in Central Banking and the Regulatory State* (Oxon: Princeton University Press, 2018).

第三章：社群媒體

1 S. Fry, J. Peterson, M. E. Dyson and M. Goldberg, *Political Correctness Gone Mad?* (London: Oneworld, 2018), p. 26.
2 Riesman, *The Lonely Crowd*, p. 176.
3 S. Zuboff, *The Age of Surveillance Capitalism* (London: Profile, 2019), p. 457.
4 M. Gladwell, *The Tipping Point* (London: Little, Brown, 2000).

5 N. Christakis and J. Fowler, *Connected: The Amazing Power of Social Networks and How They Shape Our Lives* (London: Harper, 2009), p. 133.

6 G. Henriques, 'Groupthink and the Evolution of Reason', in D. M. Allen and J. W. Howell (eds), *Groupthink in Science* (Switzerland: Springer, 2020).

7 According to Zuboff, *The Age of Surveillance Capitalism*, p. 456.

8 Quoted in Lukianoff and Haidt, *The Coddling of the American Mind*, p. 48.

第四章・・危機不斷

1 J. Jacobs, *The Nature of Economies* (New York: Modern Library, 2000).

2 M. Ridley, *How Innovation Works* (London: Fourth Estate, 2020).

3 Per Bak, Chao Tang and Kurt Wiesenfeld, 'Self-Organized Criticality', *Physical Review A* (1988), vol. 38, p. 364.

4 K. Hopper and W. Hopper, *The Puritan Gift: Reclaiming the American Dream Amidst Global Financial Chaos* (London: I. B. Tauris, 2009).

5 R. G. Rajan, *Fault Lines: How Hidden Fractures Still Threaten the World Economy* (Oxon: Princeton University Press, 2010).

6 'Oral Evidence: Coronavirus: Lessons Learnt', Health and Social Care Committee and Science and Technology Committee, HC 95, 26 May 2021.

7 M. King, *The End of Alchemy: Money, Banking and the Future of the Global Economy* (London: Little, Brown, 2016).

第五章：科學與反科學

1 J. E. H. Smith, *Irrationality: A History of the Dark Side of Reason* (Oxon: Princeton University Press, 2019), p. 295.

2 K. Popper, *The Open Society and Its Enemies*, 5th edn (Oxon: Routledge, 1945).

3 Ibid., p. 229.

4 A. Bloom, *The Closing of the American Mind* (New York: Touchstone, 1987), p. 21.

5 L. Breuning, 'The Neurochemistry of Science Bias', in Allen and Howell, *Groupthink in Science*, p. 11.

6 R. Scruton, *Fools, Frauds and Firebrands: Thinkers of the New Left* (London: Bloomsbury Continuum, 2015), p. 159.

7 For further details see H. Pluckrose and J. Lindsay, *Cynical Theories: How Universities Made Everything about Race, Gender, and Identity – And Why This Harms Everybody* (London: Swift, 2020).

8 Ibid., p. 209.

9 Both examples from D. Murray, *The Madness of Crowds: Gender, Race and Identity* (London: Bloomsbury Continuum, 2019).

10 See for example A. Brannigan, 'Conflict Between Public Health Science and Markets: The Case of Tobacco Research – Illustrations from Tobacco and CO_2', in Allen and Howell, *Groupthink in Science*.

11 D. M. Allen and E. A. Reedy, 'Seven Cases: Examples of How Important Ideas Were Initially Attacked or Ridiculed by the Professions', in Allen and Howell, *Groupthink in Science*, pp. 51–3.

12 Dodsworth, *A State of Fear*, p. 151.

13 See A. Montford, *The Hockey Stick Illusion* (London: Anglosphere, 2010) and Chapter 4 in C. Booker, *The Real Global Warming Disaster* (London: Continuum, 2009).

第六章・還有更糟糕的情況

1 Hirschman, *The Passions and the Interests*, p. 13.

2 Quoted in Himmelfarb, *The De-Moralization of Society*, p. 60.

3 See for example P. Bobbitt, *The Shield of Achilles: War, Peace and the Course of History* (London: Penguin, 2002).

4 Y. Mounk, 'Yes, American Democracy Could Break Down', Politico, 22 October 2016, and quoted in I. Bremmer, *Us vs Them: The Failure of Globalism* (London: Portfolio Penguin, 2018), p. 163.

5 Hirschman, *The Passions and the Interests*, p. 44.

6 Popper, *The Open Society and Its Enemies*, p. xxxviii.

7 Scruton, *Fools, Frauds and Firebrands: Thinkers of the New Left*, p. 57.

8 C. Brinton, *The Anatomy of Revolution: Revised and Expanded Edition* (New York: Vintage, 1965).

9 See Kaplan, *The Coming Anarchy*, p. 135.

10 Popper, *The Open Society and Its Enemies*, p. 442.

11 Brinton, *The Anatomy of Revolution*, p. 58.

12 Scruton, *Fools, Frauds and Firebrands*, p. 271.

13 See J. Sides, M. Tesler and L. Vavreck, *Identity Crisis: The 2016 Presidential Campaign and the Battle for the Meaning of America* (Oxon: Princeton University Press, 2018).

14 P. Collier and J. Kay, *Greed is Dead: Politics After Individualism* (London: Allen Lane, 2020), pp. 38–9.

15 D. Runciman, *Political Hypocrisy: The Mask of Power, from Hobbes to Orwell and Beyond* (Oxon: Princeton University Press, 2008), p. 205.

16 A. Bacevich, *After the Apocalypse: America's Role in a World Transformed* (New York: Metropolitan Books, 2021), p. 27.

第七章：媒體與菁英泡泡

1 H. Rosling, *Factfulness* (London: Sceptre, 2018).

2 M. C. Nussbaum, *The Monarchy of Fear: A Philosopher Looks at Our Political Crisis* (New York: Simon & Schuster, 2018) pp. 211–12.

3 Furedi, *How Fear Works*, p. 167.

第八章：逃離團體迷思

1 G. Tett, *The Silo Effect* (London: Little, Brown, 2015), p. 254.

2 Rosling, *Factfulness*, p. 188.

3 Alvesson and Spicer, *The Stupidity Paradox*, p. 229.

4 Martin Kettle, *The Guardian*, 24 June 2021.

5 As argued in N. Postman, *Technopoly: The Surrender of Culture to Technology* (New York: Vintage, 1993).

6 R. Jeffrey and A. Doron, *The Great Indian Phone Book: How Cheap Mobile Phones Change Business, Politics and Daily Life* (London: C. Hurst, 2013).

7 Zuboff, *The Age of Surveillance Capitalism*, p. 524.

8 See for example B. Frischmann and E. Sellinger, *Re-Engineering Humanity* (Cambridge: Cambridge University Press, 2018).

9 See R. H. Thaler and C. R. Sunstein, *Nudge: Improving Decisions About Health, Wealth, and Happiness* (London: Yale, 2008).

致謝

這本書是封城期間的產物。沒有其他令我分心的雜務，我也沒有逃避的藉口。這也要感謝我的鄰居兼好友連・哈里根（Liam Halligan），他固定在週六早晨和我外出散步，在漫長的散步過程中，不只他鼓勵我寫下這本書，我也提出許多想法，試探他的反應。還要感謝朋友和家人讀了初期的草稿後給我寶貴意見，包括喬里昂（Jolyon Booth）、林區－艾爾德夫婦（Nicolas and Jeanne Lynch-Aird）、普拉瑪（James Plummer）、杉德漢（John Sandham）、盧伊西（Hector Lu-isi）、萊利（Peter Lilley）、瓦芮（Sara Varey）和朗伯特（Francis Lambert）。此外要特別感謝出版商Biteback的團隊，尤其是奧麗薇亞・比亞蒂（Olivia Beattie），她富有才智的編輯功力，大大提升了本書的質感。

我們為何走向極端：
團體迷思下的菁英操弄、放棄理性、自由消亡

作　　者——傑榮・布斯（Jerome Booth）
譯　　者——張簡守展
文字編輯——劉懷興

發 行 人——蘇拾平
總 編 輯——蘇拾平
編 輯 部——王曉瑩、曾志傑
行銷企劃——黃羿潔
業 務 部——王綬晨、邱紹溢、劉文雅

出　　版——本事出版
發　　行——大雁出版基地
新北市新店區北新路三段207-3號5樓
電話：(02) 8913-1005　傳真：(02) 8913-1056
E-mail：andbooks@andbooks.com.tw
劃撥帳號——19983379　戶名：大雁文化事業股份有限公司

美術設計——楊啓巽工作室
內頁排版——陳瑜安工作室
印　　刷——上晴彩色印刷製版有限公司
● 2025年2月初版
定價720元

Have We All Gone Mad?: Why groupthink is rising and how to stop it
First published in Great Britain in 2022 by
Biteback Publishing Ltd, London

ISBN 978-626-7465-41-7

缺頁或破損請寄回更換
歡迎光臨大雁出版基地官網 www.andbooks.com.tw 訂閱電子報並填寫回函卡

國家圖書館出版品預行編目資料

我們為何走向極端：團體迷思下的菁英操弄、放棄理性、自由消亡
傑榮・布斯（Jerome Booth）/ 著　張簡守展 / 譯
--- 初版. — 新北市；本事出版：大雁文化發行，2025.02
面　；　公分. –

譯自：Have we all gone mad? : why groupthink is rising and how to stop it.

ISBN 978-626-7465-41-7（平裝）
1. CST: 集體行為　2. CST: 集體共識　3. CST: 社會心理學

541.78　　113016944